사랑에 관한 오해

관계를 망가뜨리는 10가지 잘못된 믿음

사랑에 관한 오해

개리 르완도스키 지음
이지민 옮김

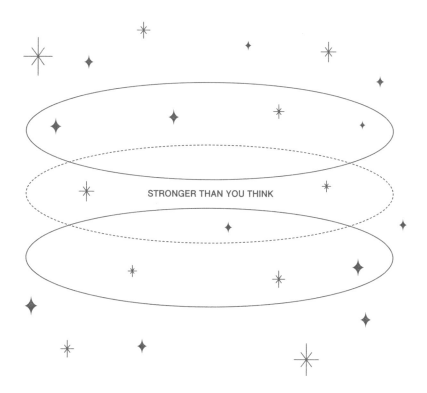

STRONGER THAN YOU THINK

RHK
알에이치코리아

목차

'지금 우리의 관계는 단단한가?',
'나는 정말로 이 남자를 사랑하는 것일까?',
'너무 쉽게 정착한 것은 아닌가?'

　사랑하는 사람하고의 관계에 대한 것만큼 우리를 고민에 빠지게 하는 것은 없다. 우리는 흔히 사랑에 대한 환상, 오해 속에 빠져서 자신의 관계를 바로 보지 못하는 어려움을 겪는다. 자신의 사랑으로 상대를 변화시킬 수 있다고 믿는 오해, 가까울수록 관계가 낭만적으로 오래 유지될 것이라는 오해, 이별을 피하기 위해 무엇이라도 감수하는 것이 좋다는 오해 같은 것 말이다. 심지어 우리가 알고 있는 이러한 사랑에 대한 오해들은 둘의 관계를 단단하게 묶어주기 보다 오히려 망가뜨리기도 한다.

　마음이 둥둥 뜨는 연애를 막 시작했거나, 관계를 오래 유지하고 있음에도 종종, 아니 자주 이런 고민을 해 본 적이 있는 당신이라면, 꼭 읽어 보길 추천한다. 또 상대와의 관계에 자꾸 의문이 생겨서 좀 더 객관적인 시각을 가진 렌즈가 필요한 이나, 차라리 관계를 깨고 이별하는 것이 자신의 삶에 나은 선택이 될 수 있을 거라는 생각을 하고 있는 사람이라면 더욱 이 책은 요긴할 것이다.

배정원, 행복한 성문화센터 대표·대한성학회 명예회장

사랑을 지키는 법, 있는 그대로 보기

누구나 좋은 관계를 맺을 자격이 있다. 당신은 그러한 관계를 맺고 있는가? 나는 그렇다. 하지만 늘 그렇게 확신한 것은 아니었다. 아내와 나는 함께 살기 시작했고 모든 것이 제자리를 찾았다. 하지만 쉽지 않았다. 우리는 가난했고 스트레스에 시달린 데다 관계가 삐걱대기 시작했다. 당시에 진행하던 프로그램에서 좋은 관계의 비밀을 밝히느라 바빴던 나는 자가 진단을 할 수밖에 없었다. 나는 질문을 던지기 시작했다.

'지금 내 관계가 제대로 된 관계일까?', '나는 정말로 이 여자를 사랑하는 걸까?', '나는 운명의 상대를 찾은 걸까?', '더 나은 상대를 찾을 수는 없을까?', '내가 너무 까다로운 걸까?', '너무 쉽게 정착한 것은 아닐까?' 등 대답하기 쉽지 않은 질문들이었지만 반드시 물어야 했다. 나는 단점이 아니라 장점에 집중하는 긍정 심리학을 통해 답을 찾아 나갔고 그 과정에서 내가 크게 오해했던 부분을 깨달았다. 나는 잘못된 것에 집중하고 있었다. 내가 부정적인 면만을 보았기 때문에 단점만 보였던 거였다. 문제는 사실 나였다. 완벽주의를 추구하는 이분법적 사고방식을 접어둔 채 우리가 연인으로서 누리는 장점에 주목해야 했다. 긍정적인 면은 차고 넘쳤다. 내가 그러한 부분을 보지 않은 것은 어디에서 찾아야 할지 몰랐기 때문이었다.

의심의 순간이 찾아오면서 우리를 잠식하기 시작하면 큰 변화가 필요할 것만 같다. 하지만 때로는 가장 단순한 방법이 가장 좋을 수 있다. 나의 경우 관점을 바꿔야 했다. 새로운 관점으로 나의 관계를 바라보자 천재가 된 기분이었다. 나는 우리가 나눈 사소한 언쟁들이 당장이라도 끝날 것 같은 관계를 보여주는 신호가 아니라 두 사람이 충분한 대화를 통해 허심탄회하게 속내를 털어놓아 관계의 개선을 꾀하려고 노력하는 과정이라 보기 시작했다. 친한 친구들끼리는 그러지 않던가. 아내와 나는 이따금 정말로 그랬다.

관계를 공부하기 전까지만 해도 나는 사랑에 대해 전부 파악했다고 확신했다. 하지만 관련 논문을 읽어나갈 때마다 내가 품고 있던 생각이 얼마나 얄팍하고 잘못된 데다 어리석었는지 깨닫게 되었다. 지난 몇십 년 동안 나는 관계를 더 잘 이해하기 위해 수백 건의 논문을 읽으며 부족한 부분을 채워왔다. 관계에 관해 읽고 생각하고 연구하고 가르친 지 20년이 넘은 지금 내가 자신 있게 말할 수 있는 것은 관계에는 최소한 한 가지 공통점이 존재한다는 사실이다. 바로 의문이다.

솔직히 그렇게 중요한 대상에 의문을 품지 않는다면 이상할 것이다. 내가 의문을 품었기 때문에 혹은 여러분을 기분 좋게 만들기 위해 이렇게 말하는 것이 아니다. 지난 시간들을 겪어 오며 사실 나는 이러한 결론을 내렸다. 우리는 관계에서 잘못된 부분을 걱정하고 긍정적인 신호를 여러 번 놓치며 자신의 관계에 지나치게 가혹하다.

몇 년 전의 나와 같다면 여러분의 관계 아이큐 혹은 사랑을 찾고 살리고 키우고 유지하고 끝내는 방법과 관련된 여러분의 지식은 부스터 샷이 필요할지도 모른다. 관계를 둘러싼 우리의 축적된 지혜는 대부분 부모나 가족, 친구, 개인적인 경험, 심지어 언론에 기인한다. 이는 정립된 사실이나 선의에서 나온 허구를 바탕으로 할 테지만 우리는 이 둘을 구별하지 못한다. 우리의 잘못이 아니다. 우리는 과학자가 아니다. 우리는 실증 연구 경험도, 관계를 유지하는 법을 다룬 수많은 과학 논문을 읽은 적도 없다. 그러다 보니 온갖 질문을 던질 수밖에 없다.

관계에서는 질문도 경험의 일부라는 사실을 명심하기 바란다. 가장 큰 질문들은 걱정을 유발하는 불안에서 시작된다. 이 관계는 지금 어떠한 상태일까? 미래가 보이는 관계일까? 더 나은 관계가 있지 않을까? 이 관계는 끝난 걸까? 그다음에는 뭐가 올까? 같은 질문들이다. 요새 사람들은 질문이 생기면 구글에서 답을 찾는다. 구글에서 2017년 가장 많이 검색된 상위 10개 질문은 "관계가 끝났는지 어떻게 알까?", "건강한 관계는 어떠한 것일까?", "이 관계를 살리려면 어떻게 해야 할까?"와 같은 질문들이었다.[1] 확실히 관계에 의문을 품는 사람들이 많아 보인다. 100퍼센트 확신하기란

100퍼센트 불가능하다.

제대로 된 관계를 맺는 법

여러분은 제대로 된 관계를 맺고 싶을 것이다. 삶에서 가장 중요한 요소를 순서대로 나열해보라고 하면 대부분 관계를 가장 위에 놓곤 한다. 데이비드 브룩스는 〈뉴욕 타임스〉에서 이렇게 말한다.

"결혼 상대를 고르는 것은 삶에서 가장 중요한 결정이다. 하지만 배우자를 선택하는 법을 가르쳐주는 수업은 없다."[2]

2017년 하버드 대학교 연구 역시 같은 결과를 보여준다. 이 연구에 따르면 20대들은 서로를 배려하는 오래 가는 관계를 맺을 준비가 되어 있지 않으며 어떻게 이러한 관계를 맺어야 할지 걱정한다고 한다.[3] 삶의 주요한 결정 앞에 준비가 되어 있지 않다고 느낄 때 관계가 진전될수록 불확실성은 커져만 갈 뿐이다.

불안한가? 당연하다. 위험 부담이 크기 때문이다. 어린 시절에 혼자가 된 미래를 꿈꾼 사람이 있을까? 아마 없을 것이다. 관계를 맺는 것은 현명한 선택이기도 하다. 관계는 우리의 목숨을 구할 수도 있기 때문이다. 말도 안 된다고 생각하는가? 그렇다면 사회적 고립, 독신, 외로움이 사망 확률을 높인다는 사실에 주목하기 바란다.[4] 사실 외로움은 흡연과 비만만큼이나 조기 사망 예측 변수로 자주 언급되곤 한다. 전 미국 의무총감 비백 머시는 〈하버드 비즈니스 리뷰〉 기사에서 이렇게 말한다.

"사회적 연결망이 약하거나 외로울 경우 하루에 담배를 15개비씩 피는 것만큼이나 수명이 감축되며 비만으로 인한 것보다 사망 확률이 높다."[5]

혼자가 되고 싶은 사람이 없을 수밖에 없다. 관계를 통해 우리가 누릴 수 있는 이점을 뒷받침하는 증거가 많다. 건강한 관계를 유지할 때 정신 건강과 삶의 만족도, 재정 및 건강 상태, 그리고 무엇보다도 우리의 신체 건강과 수명이 증진된다. 행복한 상대는 특히 우리의 건강에 긍정적인 영향을 미친다.[6] 관계는 우리의 생각과 세계관을 형성하기도 한다.

2017년, 예일 대학교 연구진들은 실험 참가자들에게 자연이나 풍경이 담긴 사진을 보게 한 뒤 그들의 반응을 살펴보았다.[7] 첫 번째 그룹은 혼자서, 두 번째 그룹은 낯선 사람과 함께, 세 번째 그룹은 소중한 사람들과 함께 사진을 보았다. 모두가 똑같은 사진을 보았지만 각기 다른 경험을 했다.

소중한 사람과 함께 사진을 본 이들은 사진을 더 즐겼으며 풍경을 더 실제처럼 받아들였다. 친구들이 옆에 있으면 사진을 보면서 말을 더 많이 하고, 웃긴 말을 주고받으며 히죽히죽 웃거나 눈알을 굴리는 등 서로에게 신호를 보내며 상황을 더욱 즐긴다고 생각할지도 모르겠다. 하지만 이 실험에서 다른 이들과 함께 사진을 본 이들은 어떠한 의사소통도 하지 않은 채 조용히 사진을 감상했다. 사랑하는 이들을 옆에 둔 것만으로 다른 경험을 하게 된 것이다.

공범이 있을 때 우리는 난제 앞에서 조금 더 의연해지기도 한다.

행인에게 언덕의 경사를 예측해보라고 물은 연구 결과에 따르면[8] 옆에 누군가 있던 사람들, 특히 가까운 이들이 옆에 있었던 사람들은 혼자였던 사람에 비해 언덕이 덜 가파르다고 생각한 것으로 나타났다. 관계는 확실히 우리가 세상을 바라보는 방식을 긍정적으로 바꿔 삶을 편안하고 안락하며 더 나은 방향으로 이끌어준다.

불확실한 상황에서 우리가 내리는 결정

성공적인 관계를 꾀하려면 어떻게 해야 할까? 우선 불확실한 상황을 받아들일 줄 알아야 한다. 의문이 들거나 모호한 감정이 찾아올 때 우리는 행복해지기를 바라는 마음에 지나치게 자주 자신에게 눈가리개를 씌워버린다. 2017년 연구에 따르면 사람들은 삶이 힘겨워지고 자신을 옥죄어올 때면 아무것도 모르기를 바란다고 한다.[9] 내가 언제 죽을지 알 수 있다면 여러분은 그 언제를 알고 싶을까? 사망 원인은 어떠할까? 여러분이라면 내가 죽게 되는 이유를 알고 싶을까? 아닐 것이다.

여러분만 그런 것은 아니다. 천 명에 가까운 사람들을 대상으로 진행한 인터뷰에 따르면 대부분 자신이 죽는 시기나 원인을 알고 싶어 하지 않았다. 사랑하는 사람의 죽음은 어떠할까? 알고 싶지 않을까? 사랑하는 사람이 언제 죽을지 알 경우, 함께 있는 시간을 최대한 누릴 수 있을지도 모르기 때문이다. 집을 수리하는 대신 함께 여행을 더 자주 갈 수 있을 것이다. 하지만 10명 중 9명이 알고 싶지 않다고 대답했다. 죽음은 삶의 마지막 단계인지라 우리가 통제할 수 없는 영역을 걱정하는 것은 무의미한 일일지도 모른다. 그렇다면 관계는 어떠할까? 연구진들은 실험 참가자들에게 이렇게 물었다.

"여러분이 신혼부부라면 자신이 결국 이혼하게 될지 지금 당장 알고 싶겠습니까?"

이번에도 86.5퍼센트의 사람들이 모르는 편을 택했다. 관계를 둘러싼 선택이나 결과를 운에 맡긴 뒤 그저 최고를 바라는 이들이 지나치게 많은 것이다. 속 편하게 모르는 상태는 실패를 부를 수 있다. 관계에 도움이 될 수 있는 유용한 통찰력을 거부할 때 우리는 더 큰 문제에 마주하게 된다. 관계가 부담스럽거나 불안정할 때 우리는 극단적인 생각을 하기 쉽다. 관계를 끝내려는 것이다. 프랑스에서는 비극적인 결말을 생각하는 이러한 경향을 일컬어 '공허 속의 외침'이라 부른다. 낭떠러지에 몰린 기분이 들 때면 뛰어내리는 것이 합리적으로 느껴진다. 저기에 분명 더 나은 기회가 있을 것이기 때문에 이제 그만 끝내려는 것이다.

마우스 단추를 한 번 누르면 새로운 상대를 만날 수 있는 시대에 기술은 현대적인 관계를 재규정하고 있다. 이러한 변화가 꼭 바람직한 것만은 아니다. 우선 다양한 상대를 만날 수 있다 보니 선택의 폭이 넓다. 잠정적인 파트너 풀이 방대하기 때문에 우리는 더 나은 상대가 있을지도 모른다고 계속해서 의심하게 된다. 이 때문에 우리는 까다로워질뿐만 아니라 게을러지기도 한다. 문제를 해결하기 위해 시간과 수고를 들이는 대신 쉽게 관계를 끝내고 새로운 관계를 맺는다. 오늘날 관계는 일회적이다.

하지만 주의하기 바란다. 또 다른 상대를 끊임없이 찾아 나설 경우, 진짜 나의 짝을 놓칠 수 있다. 잘못된 결정을 내리고 싶은 사람은 없다. 나에게 맞지 않는 상대에 너무 쉽게 안주하거나 지나치게 빨리 상대를 떠나고 싶어 하는 사람은 없다. 더 나은 결정을 내리고 싶다면 나도 모르는 사이에 관계를 망가뜨리는 오해를 직시해야 한다. 하지만 연인으로서 우리가 지닌 장점과 단점을 따져보기란 쉽지 않다. 고려해야 하는 사항이 너무 많기 때문이다. 성공할 관계와 실패할 관계를 예측한 연구는 많지만 우리에게 필요한 것은 관계의 운명을 예측하려면 어떠한 부분을 가장 고려해야 할지 알려주는 연구일 것이다. 지금까지는 그러한 연구가 없었다.

사만다 조엘이 바로 그러한 연구를 진행했다. 사만다는 오토바이를 즐겨 타는 캐나다 교수이자 웨스턴 대학교 관계 결정 연구소의 연구 책임자다.[10] 사만다는 2018년 연구에서 동료 제오프 맥도날드, 엘리자베스 페이지-굴드와 함께 이러한 질문을 던졌다. 관계를 끝낼지 계속 가볼지 결정할 때 사람들이 고려하는 요소는 무엇일까?[11] 수백만 가지 요소가 있을 것이다. 범위를 좁히기 위해 연구진들은 실험 참여자들에게 관계의 미래를 결정할 때 중요하게 생각하는 요소를 기술해달라고 요청했다.

50개의 보편적인 요소가 드러났는데 그중 관계를 지속할 27가지이유에는 매력, 신체적·정서적 친밀감, 자기 발전, 의존, 응원, 나은 미래를 향한 희망, 홀로되기의 두려움, 상대가 소울메이트일 거라는 믿음, 불확실성이나 미지에 대한 두려움이 있었다. 참여자들이 꼽은 헤어지고 싶은 23가지 이유에는 반대로 매력 상실, 친밀감 부족 등이 포함되었다.

이들이 현실에서 결정을 내릴 때 이 같은 이유가 실제로 어떻게 적용되는지 알아보기 위해 연구진은 이별이나 이혼을 생각 중인 200명을 상대로 후속 연구를 진행했다. 연구 결과에 따르면 의문을 품기는 했지만 참여자 중 절반에 가까운 이들이 평균보다 높은 확률로 관계를 유지하는 성향을 보였다. 타당한 결론이다. 관성은 힘이 세다. 하지만 이들은 동시에 평균보다 높은 확률로 관계를 유지하지 않는 성향을 보이기도 했다. 꽤나 상충하는 결과 아닌가?

이 연구는 두 가지 이유에서 중요하다. 우리가 얼마나 자주 관계에 의문을 품는지 보여주며, 우리가 가장 자주 생각하는 관계 영역에 존재하는 오해를 찾는 데 도움이 된다. 이 연구의 도움으로 나는 수많은 오해 가운데 이 책에서 다룰 10가지 핵심 오해를 선택할 수 있었다.

이 책을 읽는 방법

내가 관계를 망가뜨리는 10가지 잘못된 믿음을 없애는 방법을 집필하기 위해 사만다의 연구를 참조한 것이 우연은 아니다. 《사랑에 관한 오해》는 관계를 다룬 다른 책들과는 달리 과학을 토대로 한다. 각 장에서 나는 관계에 관련한 전례 없이 많은 과학적인 사례를 공유할 것이다. 양질의 과학적으로 입증된 연구를 여러분이 더 잘 이해할 수 있도록 연구 절차를 낱낱이 공개하고자 한다. 하지만 모든 분야의 연구가 그렇듯 연구 자체가 어떠한 현상의 절대적인 증거가 될 수는 없다는 점을 이해하기 바란다.

각 연구는 긴 탐구 과정 중 하나의 단계에 가깝다. 내가 이 책에서 다룬 주제의 수많은 측면은 관계 전문가들에 의해 철저히 연구되었다. 학자로서 나는 각 연구 분야에 대한 종합적인 리뷰를 작성하고 싶은 욕망을 계속 억눌러야 했다. 지면의 제약과 가독성을 고려해 필요한 것만 선별해야 했기에 훌륭한 연구를 수없이 제외해야 하기도 했다. 논문의 저자들이 너그럽게 양해해주기를 바란다.

강의나 강연을 할 때 그런 것처럼 나는 연구 자료를 바탕으로 서사를 엮어 가능한 응집적인 이야기를 전달할 것이다. 자료를 토대로 내가 내린 추정은 오롯이 나의 책임이지 연구진들의 책임이 아님을 확실히 밝힌다. 내가 이 책에서 소개할 연구들을 추가적인 고찰에 필요한 자료를 제공하는 증거이자 자신의 관계를 들여다볼 또 다른 렌즈로 생각하기 바란다. 이 책에서 제안하는 조언이 누구에게나 적용되는 것은 아니지만 대부분 사람에게 해당될 것이다. 가슴에 와닿는 조언도, 관계를 바라보는 관점을 궁극적으로 바꿀 만한 조언도 있겠지만 크게 와닿지 않은 조언도 있을 수 있다.

어떠한 관계도 같을 수는 없으므로 모두가 이 책에서 똑같은 정보를 취할 수는 없을 것이다. 나는 해당 개념들이 여러분과 여러분의 관계에 어떻게 적용되는지 더 잘 이해할 수 있도록 연구진들이 이용하는 질문을 던지기도 할 것이다. 실험 참가자들에게 던졌던 질문과 최대한 비슷한 질문들이다. 향후 연구에 참여할 이들을 위해 너무 많은 내용을 공개하지는 않겠지만 여러분이 자신의 관계를 제대로 들여다보는 데 도움이 될 것이다.

나는 이 책에서 관계가 마찰하는 주요 지점과 관계를 망가뜨리는 가장 흔한 오해들을 소개할 것이다. 0장에서는 그릇된 가정과 잘못된 정보에 의존할 때 우리가 존재하지도 않는 문제를 찾아 헤매게 되는 이유를 살펴본다. 1장부터 10장까지는 사랑을 둘러싼 우리의 오해들이 어떻게 관계를 망가뜨리는지 보여준다. 우선 여러분은 다른 이들의 관계를 통해 잘못된 믿음이 관계에 어떠한 영향을 미치는지 직접 목격하게 된다.

그다음에는 잘못된 부분을 바로잡기 위해 해당 사안과 관련된 과학적인 연구 결과를 살펴보며 마지막으로 이 같은 오해를 없애는 방법, 연구를 바탕으로 한 현실적인 해결책을 배우게 된다. 이같은 깨달음을 통해 우리는 관계에서 더 많은 관심을 주고 제대로 인정해줘야 하는 부분을 파악하게 될 것이다. 이 모든 정보는 여러분이 오해에서 벗어나 관계의 진정한 가치를 더 잘 이해하는 데 도움이 될 것이다.

자신의 관계에 의심을 품고 있거나 변화를 생각 중인 사람이라면 이 책을 반드시 읽어보기 바란다. 《사랑에 관한 오해》는 다음 단계를 생각 중인 사람이나 현재 자신이 맺고 있는 관계에 조금 더 확신을 갖고 싶은 사람을 위한 책이다. 지금의 관계에 회의를 느껴 오래 지속될 의미 있는 관계를 찾고 싶은 사람에게 도움이 될 것이다. 단단한 관계를 맺고 있지만 미래가 걱정되어 다른 관계를 생각 중인 사람들이 읽어도 좋다. 단순히 정착하기 위해 상대에게 적응하고 싶지 않은 사람, 자신이 무엇을 원하는지 알지만 자신이 무엇을 갖고 있는지 모르는 사람에게도 이 책을 권한다.

관계 전문가다 보니 관계를 둘러싼 풍부한 지식이 내 관계에 도움이 되는지 자주 질문을 받는다. 진짜 답을 들으려면 아내에게 물어봐야 할 것 같다. 아내와 나는 20년 넘게 함께 살고 있으니 그 긴 세월이 의미하는 바가 있을 거라 본다. 물론 관계 전문가인 점이 나에게 큰 도움이 되기는 했다. 하지만 여러분이 생각하는 부분에서는 아닐 것이다.

나는 연구 결과들을 아내에게 언급하거나 결혼생활의 축복을 최대한 누리기 위한 가장 좋은 방법을 알아내기 위해 아내를 상대로 실험을 하지는 않는다. 도움이 되는 점이 있다면 큰 그림을 볼 수 있는 능력이라 하겠다. 나는 더 이상 중요하지 않은 사안에 감정적인 에너지를 소모하지 않는다. 많은 사람들이 놓치는 긍정적인 신호를 간파할 줄도 안다. 이러한 신호를 보기 때문에 감사하는 마음을 품게 되며 이는 아내와의 관계에 도움이 된다.

관계를 공부하면서 나는 대부분의 사람이 관계를 있는 그대로 보지 않는다는 사실을 알게 되었다. 행동에 나서기 전에 먼저 나의 관계를 충분히 생각해보기 바란다. 직감만 믿기에는 위험부담이 너무 크다. 우리는 과학적인 관점으로 사랑을 바라봐야 한다. 잘못된 것이 아니라 올바른 것에 집중해야 한다. 조언이나 견해, 확률 높은 추측이 아니라 확실한 자료를 바탕으로 사랑을 평가해야 한다. 사실 사랑은 이해하기 쉽지 않다. 우리는 올바른 것에 집중하며 올바른 질문을 던지고 정말로 중요한 것에 주안점을 두고 있는지 확신할 수 있어야 한다.

이 책은 여러분이 자신의 관계를 아마 처음으로, 명확하게 바라보도록 통찰력을 제안할 것이다. 여러분이 더 이상 잘못된 부분에 집중하지 않고, 존재하지 않는 문제를 바라보는 일을 멈추며, 사소한 문제는 무시한 채 정말로 중요한 부분을 들여다보기 시작하고, 관계의 성공에 대해 더 생각하는 법을 배우도록 도움으로써 여러분의 관계 아이큐와 자신감을 높여준다. 또한 여러분이 관계의 바람직한 부분을 직시하게 함으로써 불안하거나 바로잡아야 하는 부분을 보완할 수 있도록 돕는다. 문제를 시정하기 위한 첫 번째 단계는 이해하는 것이다. 문제를 제대로 이해할 때 우리가 놓친 것이 마침내 눈에 들어오게 된다.

관계는 중요하며, 시간은 짧다. 제대로 된 관계를 맺어보자.

관계를 망가뜨리는
10가지 잘못된 믿음

우리가 오해하고 있는
사랑에 대하여

STRONGER

THAN YOU THINK

'사랑이 눈을 멀게 만든다.'

한 번쯤 우리는 사랑에 관해 이야기할 때 이런 말을 들어봤을 것이다. 사랑은 귀도 멀게 하고 우리를 바보로 만들기도 한다. 사랑에 빠질 때 눈이 먼다는 사실을 인정하고 싶은 사람은 없다. 하지만 우리는 이런저런 그릇된 믿음을 고수하는 바람에 자신도 모르는 사이에 오해를 품는다.

우리 모두 오해를 한다. 이러한 오해는 우리가 던지지 않는 중요한 질문, 우리가 놓치는 신호, 우리가 간과하지 못하는 징후, 우리가 과대평가하는 특징, 우리가 오해하고 있다는 사실을 보여주는 지표 등 다양한 형태로 나타난다. 오해 때문에 우리는 너무 자주 관계에 감춰진 미덕을 간과하고 상대를 과소평가하거나 관계를 위협하는, 서로 의존적 관계를 맺으며 서로를 제약한다.

저마다 정도의 차이가 있기는 하지만 거의 모든 사람이 낭만적인 관계를 맺는다. 당신, 친구, 가족, 심지어 동료조차 예외는 아니다. 이러한 공통적인 경험 때문에 대부분 관계를 직관적인 기초 상식처럼 취급한다. 하지만 이는 사실과는 거리가 멀다. 관계가 정말로 상식적이라면 완벽한 상대를 찾는 것은 그리 어려운 일이 아닐 것이며 모두가 더없이 행복한 관계를 누리게 될 것이다. 현실에서 관계는 영원히 풀리지 않는 매듭 같으며 해독하기 어려운 암호처럼 느껴진다.

아무리 애를 써도 우리는 나도 모르는 사이에 내 관계에 가장 위협적인 존재가 되고 만다. 내가 나도 모르는 사이에 관계를 악화시키고 있다니 믿을 수 없는가? 다음 질문을 생각해보자. 나의 관계가 어떻게 될지 누가 가장 잘 예측할 수 있을까? 연구진들은 관계를 가장 잘 판단할 수 있는 사람이 누구일지 우리가 품고 있는 일반적인 생각을 실험해보았다. 우선 관련 정보를 가장 많이 알고 있는 관계 당사자에게 물었다.[1]

100명이 넘는 대학생들을 상대로 진행된 두 연구에서 연구진들은 실험 참여자들에게 자신에 대한 예측을 얼마나 확신하는지 물었다. 그리고 사실을 확인하기 위해 그들의 친구와 부모들에게 똑같은 질문을 던졌다. 반년 혹은 1년 후, 연구진들은 이들의 예측이 사실인지 살펴보았다. 여러분도 눈치챘겠지만 학생들은 자신을 지나치게 과신했다. 나의 관계를 나보다 잘 아는 사람이 어디 있겠는가? 룸메이트나 부모는 당사자보다는 덜 확신했는데 그럴 수밖에 없었다. 그들에게 주어진 정보는 관계 당사자보다 적었기 때문이었다.

그렇다면 실제로 연애의 결말을 가장 정확히 예측한 사람은 누구였을까? 친구가 1위였으며 그다음은 부모였다. 학생들의 예측은 가장 많이 빗나갔다. 자신의 관계와 관련해 누구보다도 많은 내부 정보를 갖고 있었지만 학생들의 예측은 형편없었다. 이 연구 결과는 사람들이 자신의 연인 관계를 남들보다 정확히 예측하지 못하는 데다 그러한 예측을 지나치게 확신한다는 사실을 보여준다. 내가 다른 사람보다 나의 관계를 더 잘 알고 있다는 믿음은 그릇된 것으로, 외부인의 유용한 조언을 차단하게 만든다.

어떻게 된 것일까? 그렇다, 우리는 사랑에 빠진 것이다. 다시 말해 편향적 판단을 내릴 수밖에 없다. 특히 관계 초반에는 모든 것이 근사해 보이기 때문에 우리는 지나치게 낙관주의적인 관점을 품게 된다. 우리는 완벽한 관계가 영원할 거라 믿는다. 하지만 그건 머리가 아니라 가슴이 하는 말이다. 지나치게 감상적인 상태에 빠질 때 우리는 판단력이 흐려지며 올바른 결정을 내릴 수 없게 된다. 상황을 정확히 판단하기 어려워지는 것이다.[2]

하지만 친구나 가족은 그러한 문제를 겪지 않는다. 그들은 우리의 연인과 사랑에 빠지지 않았기 때문에 머리로 생각한다. 이 관계에 감정적으로 관여하지 않기 때문에 관계의 불완전한 부분을 간파하고 관계를 보다 정확히 평가하게 된다. 사랑은 우리를 조금 바보로 만드는 것이다.

○ 　자기 이해의 한계

　　자신의 관계를 직시하려 할 때 우리가 직면하는 가장 큰 장애물은 스스로 자신의 삶을 꽤 잘 알고 있다고 확신하는 것이다. 자기 이해 연구에 따르면 우리는 생각보다 자신에 대해 잘 알지 못한다고 한다.[3] 자기 성찰적인 생각을 하는 데 우리가 얼마나 적은 시간을 보내는지 생각해보면 별로 놀랄 일도 아니다. 우리는 관심을 갈구할지 모르지만 자신을 들여다보는데 막상 그리 많은 시간을 보내지 않는다.[4]

　　몇십 년 전, 연구진들은 사람들이 자신에 대해 얼마나 많이 생각하는지 밝히고자 했다. 그들은 100명이 넘는 성인에게 무선호출기를 달아준 뒤 그들의 일상을 몰래 엿보았다. 참여자들은 일주일 동안 하루 중 아무 때고 방금 무엇을 했는지 묻는 메시지를 받았다. 연구진들은 4,700번이나 메시지를 보냈지만 그중 참여자들이 자신에 대해 생각했다고 보고한 경우는 8퍼센트밖에 되지 않았다.

　　왜 그렇게 적었을까? 사람들은 자신에 대해 생각하는 것을 별로 달가워하지 않는다. 사실 참여자들은 자신에 대해 생각했을 때 음식 같은 다른 것을 생각할 때에 비해 긍정적인 감정이 별로 들지 않았다고 보고했다.

　　미국 성인들이 여유 시간을 어떻게 보내는지 살펴본 최근 설문조사에 따르면 사람들이 편안하게 쉬며 생각하는 데 보낸 시간은 하루 24시간(1,440분) 중 17분밖에 되지 않았다.[5] 하루의 0.01퍼센트밖에 되지 않는 시간이다. 잠시 생각해보자. 이는 말도 안 되게 낮은 수치처럼 보이지만 여러분이 주의를 산만하게 만드는 대상에서 완전히 벗어나 자리에 가만히 앉아 나 자신이나 나의 관계에 대해 정말로 깊이 생각해본 적이 최근에 언제인가?

관심을 가질 대상이 넘쳐나는 가운데 가만히 앉아 생각할 시간을 갖는 건 불가능한 일처럼 느껴진다. 하지만 출퇴근 중에, 모닝커피를 마실 때, 샤워하는 동안, 잠이 들기 전에 자기 성찰을 할 시간은 충분하다. 그런데도 우리는 소셜 미디어에 올라온 글을 확인하거나 연예인 가십을 들여다보거나 정치 뉴스를 살피는 등 자진해서 주의를 산만하게 만드는 일에 빠질 확률이 높다. 스크린 타임을 위해 나 자신과 보낼 시간을 희생하는 것이다.

바빠서 자기 성찰을 하지 못한다고 말할 수 있다. 하지만 정말로 그럴까? 누군가 여러분이 그러한 시간을 갖도록 강요한다면 어떨까? 버지니아 대학교와 하버드 대학교 연구진들은 실험 참여자들에게 가만히 앉아서 생각할 수 있는 기회를 주었다.[6] 실험 참여자들에게는 스스로 전기충격을 가할 수 있는 대안도 주어졌다.

전기 충격을 선택한다면 이상하지 않겠는가? 그들은 전기충격은 고통스럽기 때문에 이를 피하려면 돈이라도 기꺼이 지불하겠다는 데 전부 동의한 상태였다. 하지만 자신들이 원하는 것, 즉 자기 자신, 관계, 삶에 대해 차분하게 숙고할 기회가 주어졌음에도 10명 중 약 4명만이 전기충격을 선택하지 않았다. 나머지는 가만히 앉아 생각에 잠기느니 전기충격을 받는 편을 택했다.

인정하기 힘든 일

삶에서 정말 중요한 문제에 마주할 때, 특히 그 문제가 나 자신이나 나의 관계와 관련 있을 때 나의 무지나 불확실한 상태를 인정하기란 쉽지 않다. 하지만 무지를 인정해야 제대로 된 도움을 받을 수 있다. 시험에 통과할 확률을 높이려면 이미 알고 있는 단어는 건너뛰고 잘 모르는 단어에 집중해야 한다. 그러려면 우선 모르는 단어가 있다는 사실을 인정해야 한다.

연구진들로부터 과제를 받은 실험 참여자 가운데 자신이 모르는 단어를 기꺼이 파악하고자 했던 이들은 더 효율적으로 공부했으며 무엇보다도 시험 점수가 높았다.[7] 자신이 부족한 부분을 파악하고 인정한 결과 그들은 궁극적으로 이득을 취할 수 있었다. 관계에는 어떠한 어휘 시험에서보다도 큰 위험이 수반되기에 우리는 자신의 무지를 인정하기 두려워한다. 하지만 이 연구 결과에 따르면 우리가 잘 모르는 부분을 파악해야 도움을 받을 수 있는 것으로 나타났다. 안타깝게도 우리는 그렇게 하지 않으려 한다.

우리는 스스로를 너무 믿는다

우리는 강요가 필요하다. 아무런 강요 없이 스스로 내 삶을 들여다보기란 쉽지 않다. 하지만 나에 대한 추가 성찰이 있어야 우리는 큰 그림으로 상황을 바라볼 수 있다. 우리는 자신의 지식과 능력을 모른 채 스스로를 너무 믿는다.[8] 지나치게 자신만만한 태도는 다른 사람들이 곁에 있을 때 더욱 두드러진다.[9] 99명의 타인과 방 안에 있다고 치자. 여러분은 여러 질문을 받게 된다. 방 안에 있는 다른 사람들에 비해 내가 키스를 잘한다고 생각할 경우 손을 들어 보자. 나의 유머 감각이 다른 사람들보다 낫다고 생각할 경우 손을 들어 보자. 지능은? 타인의 성격을 간파하는 능력은? 여러분이라면 이 질문에 거의 대부분 손을 들 것 같나? 아마 그럴 확률이 높다.

문제는 다른 사람들도 그렇다는 것이다. 하지만 상식적으로 절반이 넘는 사람이 평균이나 중간점 이상일 수는 없다. 여러분과 방 안의 모든 사람은 자신에게 그러한 권리가 없는데도 지나치게 확신한다. 결혼식 당일에 100명의 커플에게 "당신들은 결국 이혼할 것 같습니까?"라고 물어본다고 가정해 보자. 자신들이 이혼할 거라고, 그것도 결혼식 당일에 그럴 거라고 생각하는 사람은 아무도 없다. 하지만 여러분도 알다시피 그중 절반에 이르는 이들이 100퍼센트 잘못된 생각을 하고 있다. 이 같은 비현실적인 낙관주의는 무해해 보일지 모르지만 지나친 자신감은 특히 잘못된 상황에서 발휘될 확률이 높다.

가령 특정 주제에 관해 정보가 부족할 때 우리는 과신하기 쉽다. 코넬대학교 심리학자 데이비드 더닝과 저스틴 크루거는 〈무능과 무지〉라는 논문에서 은행 강도 맥아서 월러의 사례를 언급한다.[10]

윌러는 레몬주스에 대한 근거 없는 믿음만 아니었어도 피츠버그 지역 은행을 턴 두 건의 강도 행각에서 잡히지 않았을지도 모른다. 윌러는 레몬주스에 감시 카메라에 찍히지 않게 만드는 힘이 있다고 믿었다. 맥아서 윌러는 은행 두 곳을 터는 동안 자신의 얼굴에 레몬을 문지를 뿐 자신의 신분을 감추려는 그 어떠한 노력도 하지 않았다. 감시카메라에 아주 선명하게 찍힌 영상이 저녁 뉴스를 타고 방영된 지 1시간 만에 그는 경찰에 체포되었다. 윌러를 바보로 만든 것은 카메라가 아니라 그의 무지였다.

윌러의 믿음은 어리석어 보인다. 카메라와 레몬에 대해 우리는 충분히 알고 있기 때문이다. 안타깝게도 윌러는 둘 다 잘 몰랐기에 과신할 수 있었다. 알고 있는 사실이나 정보가 부족할 때 우리는 흑백 논리로, 옳거나 그르거나, 좋거나 나쁘거나 하는 식으로 생각하기 쉽다. 상황을 명확히 보고 있다는 잘못된 믿음은 우리가 내린 결론을 절대적으로 확신하게 만든다. 더 많은 자료가 주어질 때 우리는 회색의 다양한 음영을 볼 수 있으며 현실을 보다 미묘하고 정확하게 바라볼 수 있게 된다. 이 사실이 의미하는 바는 명확하다. 정보가 불충분할 때 우리는 더욱 쉽게 확신하는 것이다.

○　　　경험의 한계

관계를 둘러싼 우리의 지식은 생각만큼 완전하지 않

다. 경험은 지식과 동일하지 않다는 점을 명심하기 바란다. 우리는 자신의 데이트 전력을 잘 알고 있기 때문에 자신의 경험이 일반적이라 믿기 쉽다. 물론 우리는 다양한 데이트와 관계를 경험했을 것이다. 하지만 우리는 한 명일 뿐이며 한 명이 할 수 있는 경험에는 한계가 있다.

나만의 독특한 경험이겠지만 그 정보만을 바탕으로 관계에서 결정을 내리려 할 때 우리는 다른 이들이 제공하는 지혜를 놓치게 된다. 게다가 나의 경험이 아무리 많을지라도 그 경험이 최고의 지식이 되는 것은 아니다. 자동차 사고를 많이 냈다고 훌륭한 운전수가 되는 것은 아니다. 사실 반대에 가깝다. 수많은 관계를 경험한 것역시 마찬가지다. 나만의 독특한 배경에서 벗어나야만 진짜 전문적인 지식을 얻을 수 있다.

문제는 바로 그것이다. 자기중심적인 성향 때문에 우리는 자신이 일반적이라 여기며 자신의 경험이 표준이라고 단정 짓는다. 하지만 모두가 정상일 수는 없다. 사람들은 자신의 경험이 지닌 한계를 고려하지 않은 채 자신의 경험을 바탕으로 무엇이 옳고, 정상인지 결정한다. 모두가 다른 사람의 경험이 나의 경험과 어찌하여 그렇게 다를 수 있는지 이해하지 못한다. 나 자신의 관계는 물론 모두의 관계를 성공적으로 이끌기 위한 비법을 알아내려면 수백 명의 경험으로부터 광범위한 정보를 수집해야 한다. 그렇게 해야 우리의 관계를 바람직한 방향으로 이끄는 방법을 파악할 수 있다.

예를 들어 자기도취에 빠진 영악한 상대와의 관계가 우리가 맺은 최고의 관계일 수 있다. 하지만 우리는 한 사람에 불과하다. 100배에서 200배나 많은 샘플로 연구한 결과 자기도취에 빠진 이들은 훌륭한 상대가 아니라는 사실이 밝혀질 경우 여러분이 향후 바람직한 관계를 맺는 데 도움이 되는 정보는 어느 쪽일까? 당연히 과학적인 정보다.

하지만 우리는 복잡한 것을 싫어하기 때문에 과학적인 정보가 아니라 단순한 정보를 믿는다. 컴퓨터 프로그래머들이 자주 사용하는 말처럼 무가치한 자료를 넣으면 무가치한 결과가 나온다. 잘못된 정보가 들어가면 제대로 해석하기 어렵거나 해석이 아예 불가능한 정보가 나온다. 관계 역시 마찬가지다. 우리가 맺고 있는 관계의 진정한 가치를 평가하려면 어떠한 정보가 중요한지 알아야 한다. 주위를 둘러보면 우리가 맺고 있는 관계의 가치를 입증할 단서나 힌트, 미묘한 신호, 심지어 명백한 증거를 찾을 수 있다.

하지만 우리는 때를 잘 맞추지 못한다. 우리는 자신의 관계를 너무 늦게 평가한다. 상대를 처음 만났을 때를 생각해보자. 우리는 사랑에 빠져 좋은 시절을 보내느라 시간 가는 줄 몰랐다. 모든 것이 완벽했고 우리의 자신감은 하늘로 치솟았다. 잠재적인 문제를 찾아 지금의 좋은 상태를 망치고 싶은 사람은 없다. 연구 결과에 따르면 그래야 했을지도 모른다. 어떠한 관계가 지속되고 어떠한 관계가 끝나는 것인지 파악하기 위해, 관계의 결과를 예측할 수 있는 조기 신호가 있는지 살피기 위해 관계를 오래도록 추적한 전형적인 연구가 있다.[11]

우선 연구진들은 보상, 다시 말해 사랑이나 응원, 애정 등 관계가 가져다주는 긍정적인 부분을 살펴보았다. 초반에는 지속적인 관계와 끝나는 관계 모두 보상의 개수가 같았다. 초반에 유익한 관계를 맺는 것은 아주 독특하거나 특별한 일이 아니라는 의미다. 하지만 온통 좋은 것에 관심이 쏠려 있을 때 우리는 상황을 제대로 보지 못한다. 실수를 저지르는 것이다.

관계에는 대가나 자유나 독립성 상실, 갈등 등 부정적인 경험이 수반되기도 한다. 이 연구에서 살펴본 모든 관계는 전반적으로 대가가 보상보다 훨씬 낮았다. 다시 말해 관계의 장점이 단점보다 컸다. 하지만 결국 끝나고 마는 관계는 지속되는 관계에 비해 대가가 컸다. 따라서 자신의 관계가 어떠한 결말을 맞이할지 정말로 알고 싶다면 관계 초반에 내가 포기해야 하는 부분을 살피면 된다. 안타깝게도 우리는 새로운 관계를 맺을 때 내가 희생하는 부분을 기꺼이 무시하려 한다. 우리는 완전히 거꾸로 가고 있는 것이다.

우리는 문제들이 알아서 해결되거나 사라질 거라 생각하기 때문에 초기에 발견한 대가를 무시하려 할지도 모른다. 상황이 나아질 거라 확신하는 것이다. 안타깝게도 이 같은 장밋빛 희망은 잘못된 것으로 밝혀졌다. 신혼부부들을 4년 동안 추적해 시댁이나 처가 식구와 관련된 문제를 살펴본 결과 애초에 불거졌던 문제는 시간이 지나도 사라지지 않았다.[12] 또 다른 연구 결과에 따르면 불행한 결과를 맞이한 커플들은 처음부터 상대를 배려하고 염려하는 마음이 부족했으며 결혼을 망설인 것으로 나타났다.[13] 이러한 의심이나 문제는 계속해서 그들을 괴롭혔을 뿐만 아니라 결국 관계의 파탄을 가져왔다. 초기에 발견되는 문제를 무시한다고 문제가 해결되는 것은 아니다. 관계에서 발생하는 문제들은 우리를 끈질기게 따라다닌다.

어떠한 문제는 특히 다른 문제들보다 심각하다. UCLA 연구진들은 관계의 파멸에 가장 큰 영향을 미치는 문제가 무엇인지 최근에 이혼한 사람들에게 물어보았다. 그들이 언급한 주요 문제는 의사소통, 관계를 회복하려는 의지 부족, 신뢰였다.[14] 놀라운 점은 이혼한 이들이 이 문제가 갑자기 생겼다고는 생각하지 않았다는 것이다. 문제는 늘 그곳에 있었다. 소 잃고 외양간 고치는 격이지만 관계 초반에 그들은 이러한 문제를 눈치채지 못했거나 부인했거나 아무런 조치도 취하지 않았다. 갑자기 당한 기분이 들지 않으려면 이 같은 오해에서 반드시 벗어나야 한다.

이제 어느 정도 시간이 지난 관계를 살펴보자. 관계가 무르익으면서 우리는 일상에 적응하게 된다. 함께 살다 보면 결점이, 그것도 엄청나게 많은 결점이 보이기 시작한다. 화장실 휴지를 잘못 놓는다든지 비행기가 착륙할 때마다 박수를 친다든지 하는 사소한 습관들도 있다. 하지만 깜빡하는 습성, 식당 종업원을 대하는 방식, 운전 습관, 소비 습관, 식습관, 정리정돈 습관 등 좀처럼 쉽게 넘어가기 힘든 것들도 있다.

이러한 문제는 처음부터 있었지만 그때 우리는 상대의 잘못을 눈감아 주었다. 더 이상은 그러기 힘들다. 이제 관계는 더 이상 새롭지 않고 설레는 감정도 사라졌으니 우리는 상대에게서 마음에 안 드는 부분을 조목조목 따지려 들며 상대의 잘못을 쉽게 눈감아 주지 못한다. 결국 우리는 상대의 문제를 지나치게 고치려들고 문제 같지도 않은 문제를 찾아 나서게 된다.

○   나를 너무 몰아붙이지 말자

우리는 사람들이 자신과 관계에 너무 무르다고 생각할지도 모른다. 하지만 이는 사실과 다르다. 처음에는 상황을 낙관적으로 바라보던 사람도 시간이 지나면 바뀐다. 관계가 무르익어갈수록 우리는 처음과는 달리 문제들을 그냥 지나치지 못한다. 이제 우리는 존재하지도 않는 문제를 찾기 시작한다. 실재하지 않은 갈등의 원인을 만들어낸다. 아무런 근거가 없는데도 곤경에 처할 거라 상상한다. 별거 아닐 문제들에 집착한다. 실제로는 존재하지 않는 문제이지만 정말로 해로울 수 있는 문제를 만들어내는 것이다.

그리하여 우리는 자신의 관계를 지나치게 몰아붙인다. 어떠한 경험의 부정적이거나 안 좋은 측면에 끌리거나 치중하는 것은 부정 편향(negative bias) 때문이다.[15] 관계에 아무런 문제가 없을 때 긍정적인 것들은 우리 눈에 들어오지 않는다. 우리는 좋은 것들은 당연하게 여긴다. 그렇다면 우리의 관심을 사로잡는 것은 무엇일까? 바로 문제다. 무심한 말 한마디, 깜빡한 집안일, 말다툼, 잡동사니, 불편한 마음은 당연하게 여겨지는 평화롭고 행복한 현 상태에서 벗어나 있기 때문에 쉽게 눈에 띈다. 안 좋은 것을 알아채는 우리의 성향은 확연하다.

2018년 〈사이언스지〉에 발행된 연구에 따르면 관계에 큰 문제가 없을 때 우리는 작은 문제를 크게 부풀린다고 한다.[16] 우리는 상대적으로 고요한 상태에 감사하기보다는 있지도 않은 문제를 만들어 내는 것이다. 살아가려면 드라마가 필요한 것일지도 모른다. 문제를 찾아나서는 전형적인 성향이다.

관계는 그 자체만으로도 어렵다. 관계를 더욱 어렵게 만들 필요가 없다. 좋은 점을 알아채고 이에 감사하며 작은 문제를 부풀리지 않고 별로 중요하지 않은 문제를 무시하는 것을 목표로 삼아야 한다. 단순한 일이지만 일상에서 이 목표를 달성하기란 쉽지 않다. 우리는 지나치게 민감하게 반응하려는 욕망을 억제하고 상황이 생각보다 괜찮다는 것을 깨달아야 한다.

이제 여러분은 내가 관계에 대해 알고 있다고 생각하는 것이 전부 잘못되었다고 의심할지도 모르겠다. 사실을 직시하고 진짜 문제에 집중하며 관계에 관대해질 때다. 소크라테스는 "진짜 지식은 자신이 아무것도 모른다는 사실을 아는 데 있다."라고 말했다. 관계에 있어 내가 아무것도 모른다고 말하는 것은 다소 과장된 말처럼 느껴진다. 내가 어렸을 적 어머니는 "네가 무엇을 모르는지 아는 게 진짜 똑똑한 거란다."라고 말씀하셨다.

삶이든 관계에서든 이는 훌륭한 조언이다. 관계에서는 소크라테

스보다 어머니의 조언이 더 유용하다. 이제 지나치게 자신만만한 태도를 내려놓고 나의 관계 아이큐를 조금 향상할 필요가 있다는 사실을 깨달아야 한다. 내가 가진 지식의 한계를 인정할 때 이해의 폭을 넓힐 수 있다. "무지는 부끄러운 것이 아니다. 배우려는 의지가 없는 것이 부끄러운 것이다."라는 벤자민 프랭클린의 말이 떠오른다. 이제 배워야 할 때다.

우선 관계를 제대로 알아가는 길이 순조롭지 않다는 것을 명심하기 바란다. 오해의 순간이 밝혀질 때도 있을 거고 내가 진실이라 믿었던 것들이 잘못으로 드러나는 때도 있을 것이다. 모두가 나의 생각이 맞기를 바라기에 그렇지 않을지도 모른다고 말해주는 새로운 정보를 마주할 때면 고통스러울 것이다. 이 고통에 마주한 뒤 앞으로 어떻게 할지가 중요하다.

가장 전형적인 반응은 '그렇기는 하지만'이라는 비생산적인 반응이다. 이는 마음에 들지 않는 상황으로부터 나를 보호하기 위한 방어 메커니즘이다. 우리는 본능적으로 현 상황을 방어하려는 경향이 있다. 과학 자료가 나의 믿음과 상충할 때 우리는 맞서 싸운다. 건성으로 받아들이며 "그렇지……."라고 말한 뒤 "하지만"이라며 곧바로 반박하기 시작한다. "그렇기는 하지만"이라고 방어선을 친 뒤 자신이 아는 친구의 이야기나 어디서 주워들은 이야기를 꺼낸다.

자신의 경험에서 나온 이야기나 우리가 진실이라고 믿는 다른 사실을 언급하며 "그건 ……할 때나 그런 거지."라며 해당 정보를 특정한 상황으로 한정 짓기도 한다. 맞대응할 거리는 누구에게나 있다. 진짜 문제는 우리의 관계가 과학의 도움을 받을 수 있을 때 우리가 "그렇기는 하지만"이라는 반응을 취한다는 것이다. 자신의 믿음을 고수할 때 우리는 성장할 수 있는 기회를 놓치게 되며 오해의 싹을 뿌리게 된다.

머리 대신 가슴으로 말하는 성향, 자기 인식 및 성찰 부족, 지나친 자만심, 개인적인 경험에 지나치게 의존하는 자기중심적인 태도, 안 좋은 타이밍, 존재하지도 않는 문제를 찾는 경향, 기존 믿음에 상충하는 증거를 무시하는 성향이 만나면 어떠한 결과가 찾아올까? 보나마나 쓸데없이 의심을 키우는 바람에 관계를 위협하는 크나큰 오해들이 쌓이게 될 것이다. 이제부터 과학의 도움으로 나의 관계를 똑바로 바라보자.

1장에서 10장까지 우리가 살펴볼 10가지 잘못된 믿음은 다음과 같다.

- 남자와 여자는 다르지 않다. 남자와 여자가 다르다고 생각할 때 문제가 발생한다.
- 소울메이트를 찾으려 해서는 안 된다. 현실적으로 소울메이트를 찾기란 쉽지 않을뿐더러 그러한 사고방식은 우리를 불안하게 만든다.
- 상대의 외모에 집착할 때 관계는 흔들린다. 그보다는 상대의 성격에 주목하자.
- 우리는 잘못된 사랑에 쉽게 빠지고 성적인 관계에 지나치게 격

정한다. 하지만 현실에서 우리가 해야 할 잠자리 횟수는 생각보다 적다.

- 상대가 변하고 싶다고 말해도 상대를 바꾸겠다는 생각은 좋지 않다. 받아들일 건 받아들여야 한다.
- 관계를 위해 희생할 때 역효과가 발생한다. 이기적인 태도로 상대보다 나를 우선으로 할 때 건강한 관계를 유지할 수 있다.
- 상대와 어느 정도 거리를 두는 편이 좋다. 가까운 관계가 낭만적으로 느껴지겠지만 이는 관계에 문제가 있다는 사실을 암시하는 점정적인 신호다.
- 훌륭한 의사소통이 중요하지만 갈등이 없는 관계는 해로울 수 있다. 명확히 이해하고 감정을 곰곰이 들여다보고 집중하고 다르게 말하고 열린 질문 던지기를 명심하자.
- 상황이 안 좋을 때보다 좋을 때 상대의 응원을 받을 수 있어야 한다.
- 언제 관계를 끝낼지 알아야 한다. 관계를 끝내는 것은 생각만큼 나쁘지 않을 수 있다.

가치 있는 것은 쉽게 취할 수 없다고들 한다. 우리는 잘못된 세계관을 기준으로 세운 위태로운 기단 위에 나의 관계 수완을 쌓아왔다. 자책하지 말기 바란다. 완벽한 사람은 없다. 모두가 관계를 망치는 그릇된 믿음, 진실을 가리는 오해를 품고 있다. 자기 성찰이 필요할 때다. "그렇기는 하지만"이라는 변명은 이제 그만 내려놓기 바란다. 나와 나의 관계를 지나치게 몰아붙이지 말기 바란다. 문제를 찾아 나서거나 존재하지도 않는 문제를 찾는 대신 있는 그대로의 현실을 바라보기 바란다. 나의 관계를 믿어보자. 이제부터 나의 관계를 망치는 10가지 잘못된 믿음을 구체적으로 살펴보도록 하겠다.

1장

남자와 여자는
애초에 달라

남과 여, 절대 다르지 않다

STRONGER

THAN YOU THINK

"당신은 어쩔 수 없는 여자야."

닉은 이 말을 끝으로 방으로 들어갔다. 토리는 그가 그렇게 말했다는 사실이 끔찍이 싫었지만 그를 이해할 수 있었다. 토리는 지나치게 감정적이고 예민했다. 닉의 잘못은? 닉은 말할 기분이 아니었는데 토리는 그를 가만두지 않으려 했다. 그들은 왜 이렇게 안 맞는 것일까? 토리는 질 게 뻔한 싸움을 하고 있다는 걸 알았다. 남자들은 늘 그런 식이기 때문이었다. 마음에 들지 않았지만 자신이 이제껏 만난 남자들은 전부 그랬다. 아버지도 이런 식이었다. 생각해보면 닉도 그랬다. 남자는 여자와 애초에 다르게 설계되었을 뿐이다. 토리는 사려 깊고 다정하고 대화하기 좋아하는 상대를 바라지만 그런 남자는 별로 없다. 닉은 여자들은 누구나 지나치게 감정적이고 호들갑을 떨며 감정 기복이 심하다고, 전반적으로 기분을 맞춰주기 어렵다고 반박할 거다.

하지만 토리는 그러한 상대를 바랐고 자신은 더 나은 대우를 받을 자격이 있다고 생각했다. 둘 사이가 특히 소원할 때면 토리는 '만약에' 시나리오를 생각해보곤 했다. 닉과 갈라선다면? 다른 사람과 더 잘 지낼 수 있다면? 그런 생각을 하지 않을 수 없었다. 하지만 토리는 닉이 자신에게 정말 좋은 상대라는 걸 알았다. 남자인 것을 그의 탓으로 돌릴 수는 없었다. 토리가 여자인 것을 그가 어찌할 수 없는 것처럼 말이다. 그만 속상해하고 남자와 여자는 다르다는 보편적인 진실을 받아들일 때인지도 몰랐다.

○   당신이 아는 전부가 오해라면?

> "남자와 여자는 삶의 모든 부분에서 다르다. 남자와 여자는 의사소통하는 법뿐만 아니라 생각하고 느끼고 인식하고 반응하고 대응하고 사랑하고 필요로 하고 감사하는 법도 다르다. 남자와 여자는 다른 언어로 말하고 다른 영양분을 필요로 하는 다른 행성에서 온 것처럼 보인다."
>
> _존 그레이, 《화성에서 온 남자, 금성에서 온 여자》

남자와 여자는 정말로 다를까?

아니다. 절대로 아니다. 남자와 여자가 완전히 다르다는 믿음은 가장 만연한 동시에 해로운 오해이자 관계의 잠재력을 인위적으로 제한하는 오해다. 쉬운 질문을 하나 던져보겠다. 남자와 여자 중 누가 더 낭만적일까? 여자라고 답했나? 틀렸다. 이것은 잘못된 믿음이다. 남자가 여자보다 더 낭만적이다.[1] 남자들은 사랑이 모든 것을 좌우한다, 좋은 관계를 유지하려면 사랑에 빠지기만 하면 된다와 같은 로맨틱한 생각을 믿는 경향이 여자보다 높다. 그렇다면 여자는 어떨까? 여자들은 현실적이다. 그들은 사랑을 보다 실용적인 관점에서 바라본다. 관계에 온전히 투신하기 전에 상대가 약물중독이 아닌지, 직장생활을 유지할 능력이 있는지, 성격이 좋은지 같은 민감한 사항을 따져보곤 한다.

관계에서 보이는 행동도 마찬가지다. 누가 사랑에 더 쉽게 빠질까? "사랑해."라는 말은 누가 먼저 꺼낼까? 쉬운 질문이다. 실험 참여자들 역시 그렇게 생각했다.[2] 10명 중 9명에 가까운 이들이 여자가 더 쉽게 사랑에 빠진다고 생각했으며 4명 중 3명이 사랑한다는 말을 먼저 꺼내는 쪽이 여자라고 생각했다. 하지만 연구진들은 실험 참여자들의 말을 곧이곧대로 받아들이지 않는다. 그들은 늘 사실을 점검한다.

이 가정의 진실을 밝히기 위해 연구진들은 실험 참여자들에게 얼마나 빨리 사랑에 빠지는지, "사랑해."라는 말을 그들이 먼저 내뱉는지 물었다. 미신이 자료와 만나면 재미있는 일이 일어나는데 바로 미신이 깨지는 것이다. 현실에서 사랑에 더 빨리 빠지는 쪽은 남자였다. 그것도 아주 큰 차이로 말이다. 사랑한다는 말을 먼저 꺼내는 쪽도 남자였다. 남자가 먼저 사랑한다고 말할 확률이 64퍼센트였다.

나의 로맨틱 지수는 어떻게 측정할까?

내가 얼마나 로맨틱한지 궁금한가? 연구진들은 훨씬 더 복잡한 방법을 사용하지만 몇 가지 간단한 질문만으로 나의 로맨틱 지수를 알아볼 수 있다. 아래 문장에 얼마나 공감하는지 1부터 5까지 점수를 매겨보자.

  1. 나는 진정한 사랑을 만나는 순간 알아볼 수 있다.
     전혀 아니다   1   2   3   4   5   매우 그렇다

  2. 평생 진정한 사랑은 단 한 번밖에 못 만날 거라 생각한다.
     전혀 아니다   1   2   3   4   5   매우 그렇다

  3. 진정한 사랑은 순식간에 스르륵 찾아오며 세월의 시험을 견딘다.
     전혀 아니다   1   2   3   4   5   매우 그렇다

점수가 높을수록 로맨틱 지수가 높은 사람이다.[3]

로맨티스트는 여자가 아니라 남자다. 우리가 존재하는지조차 몰랐던 큰 오해다. 놀랐다면 아직 이르다. 이것은 빙산의 일각에 불과하다. 이 같은 성 차이는 알고 보면 전혀 차이가 아닌 것으로 나타난다. 가령 "남자와 여자의 뇌는 다르게 설계되었다."와 같은 표제

를 본 적이 있을 것이다. 모두의 이목을 사로잡을 만큼 설득력 있어 보이지만 사실과는 다르다. 남자와 여자의 신체 차이는 누가 봐도 명백하므로 이 말은 사실처럼 보인다. 우리는 남녀의 뇌 또한 다를 수밖에 없다고 믿게 된다. 하지만 실제로 뇌를 비교해보면 이는 사실이 아님을 알 수 있다. 이 사실을 입증하려면 수많은 뇌를 살펴봐야 한다. 한 무리의 연구진들이 바로 그 일을 수행했다.[4] 1,400개의 뇌를 MRI 분석한 결과, 그들은 구조적으로 '남성의 뇌'와 '여성의 뇌' 같은 것은 없다고 결론 지었다. 그렇다면 남자와 여자는 똑같이 생각하고 느끼고 행동한다는 뜻일까?

남자와 여자가 다른지 제대로 알아보려면 남녀가 다를 거라 의심되는 영역만 살펴봐서는 안 된다. 기술이나 역량, 사회적 행동, 성격, 정신 병리, 웰빙 등 다양한 영역에서의 차이를 수백 개의 논문을 통해 종합적으로 점검하는 공정한 평가를 수행해야 한다. 하지만 여러분은 이 모든 연구를 전부 읽고 싶지는 않을 것이다. 다행히 연구진들은 해당 주제에 관해 찾을 수 있는 모든 연구 결과를 하나로 합치기 위해 메타 분석이라는 분석 기술을 이용한다.

수많은 실험 참여자가 제공한 정보를 바탕으로 한 메타 분석은 연구진에게 막강한 분석력을 제공한다. 성 차이를 살펴본 중대한 메타 분석 결과, 남자와 여자는 거의 대부분의 심리 변수에서 동일한 것으로 밝혀졌다.[5] 성 공통성 가설을 후속 검토한 결과도 같았다. 수학이나 어휘력, 자부심, 성실성, 리더십 자질, 공격성, 혼외정사를 바라보는 태도 등에서 남녀 간의 차이는 극미하거나 없었다.[6]

메타 분석만으로도 흥미롭지만 한 단계 더 나아간 메타 합성도 있다. 이는 메타 분석을 하나로 합친 것으로[7] 방대한 양의 자료를 이용해 해당 주제를 철저히 살펴보는 가장 효과적인 방법 중 하나다. 연구진들은 100개가 넘는 메타 분석 자료를 수집해 메타 합성을 수행했다. 그들은 차이가 존재할 수 있는 400개의 분야를 살펴보았는데 차이가 적거나 극미한 경우가 대부분이었다. 다시 말해 남자와 여자는 아주 비슷하다. 남녀 간의 차이가 두드러지는 삶의 영역이 있다면 바로 관계일 것이다.

《화성에서 온 남자, 금성에서 온 여자》를 읽은 수백만 명의 사람은 남자와 여자가 관계를 대하는 방식이 어떻게 다른지 확실히 알고 있을 것이다. 정말로 그럴까? 남자와 여자가 관계에서 정말로 무엇을 바라는지 살펴보기 위해 플로리다 대학교의 연구진은 수백 명의 실험 참여자를 대상으로 세 건의 연구를 진행했다.[8] 그들은 함께 시간 보내기, 잠자리, 응원, 배려 등 수많은 행동을 살펴보았다. 모든 연구에서 공통적으로 성 차이가 발생한 영역은 단 한 곳뿐이었다. 즉, 관계에서 응원을 기대하는 성향의 경우 여자가 남자보다 높았다. 예를 들어, 여자는 상대의 생일을 기억하는 일을 남자보다 중요하게 생각했다. 남자와 여자가 정말로 다르다면 연구진들은 다른 영역에서도 차이를 발견했겠지만 그러한 차이는 발견되지 않았다.

잠자리 같은 흥미로운 주제는 어떠할까? 연구진들은 800개가 넘는 연구를 살피고 잠자리와 관련된 30개의 각기 다른 변수를 비교해보았지만 차이보다는 공통점이 더 많이 발견되었다.[9] 연구진은 첫 경험 연령, 온라인 성경험 유무와 같은 항목에서 차이를 발견했지만 그리 크지는 않았다. 혼전 성경험, 혼외 성경험, 자위 같은 성행위에 대한 태도 역시 극미한 차이를 보일 뿐이었다. 남자들이 이러한 행동에 살짝 관대했다.

남자와 여자가 비슷하다는 사실을 입증할 증거를 더 많이 댈 수 있지만 여기서 그만하겠다. 이러한 자료는 엄청나게 많으며 이 자료들이 보여주는 사실은 명확하다. 남자와 여자가 다르지 않다는 것이 아니다. 남자와 여자는 다르다. 하지만 남자와 여자는 비슷한 점도 많다. 우리는 차이만 보고 공통점은 간과한다. 진짜 차이가 있다 하더라도 눈에 띌 만큼 크지는 않다.

차이가 조금 있다고 완전히 다른 것은 아니다

내가 언급하지 않은 영역에서 성차가 존재한다고 생각할지도 모르겠다. 물론 그러한 차이는 분명히 존재한다. 가장 큰 차이는 키나 몸무게, 팔 크기, 어깨 넓이, 전반적인 체형 같은 신체 차이다. 남녀 모두 출전하는 육상경기 가운데 투포환 던지기, 높이뛰기, 투창 던지기, 멀리뛰기 등에서 확실히 남자가 우세했다. 또 다른 연구에 따르면 사람들이 자유 시간을 보내는 방식에서도 큰 차이가 발견된다.[10] 남자들은 골프를 치고 비디오게임을 하고 권투를 하며 시간 보내기를 선호한 반면, 여자들은 토크쇼를 보고 스크랩북을 만들고 머리 손질이나 화장 등 외모를 가꾸는 데 시간 보내기를 선호한다.

앞서 언급한 메타 분석 결과, 또 다른 영역에서 굉장히 큰 성차가 발견되기도 했다. 남자들은 공간지각 능력과 체력에서 월등히 높은 점수를 보였다.[11] 남자와 여자가 확실히 다른 부분이 존재하며 이러한 차이는 눈에 잘 띈다. 문제는 바로 그것이다. 이러한 차이는 쉽게 드러나기 때문에 성차에 관한 우리의 전반적인 믿음은 쉽게 바뀌지 않는다. 하지만 눈에 띄는 차이는 드문 예외지 일반적인 법칙이 아니다.

○ 우리는 차이에 주목하라고 배웠다

어떻게 그렇게 많은 사람이 잘못 생각할 수 있을까? 그렇게 많은 사람이 정반대의 사실을 믿고 있는 상황에서 남자와 여자가 정말로 비슷하다고 믿기는 어렵다. 대다수가 특정한 사실을 믿을 때 우리는 그것이 옳다고 자연스럽게 여기게 된다. 하지만 우리 주위에도 "지구는 납작하다.", "우리는 뇌의 10퍼센트만을 사용한다.", "설탕은 아이들을 흥분하게 만든다." 같은 보편적인 오해가 널렸다. 전부 잘못된 사실이지만 여전히 많은 사람들이 이 같은 사실이 진실이라 믿는다. 이 말은 수많은 사람이 완전히 잘못 알고 있을 수 있다는 뜻이다. 막연한 오해는 해롭다. 주위를 둘러보면 사람들은 건강에 좋지 못한 온갖 행동을 하고 있다. 성 차이를 둘러싼 자신의 믿음 역시 예외는 아니다.

태어날 때부터 나도 모르는 사이에 우리는 남녀의 차이를 강조하는 특강을 받아왔다. 생각해보면 정말 기이한 일이다. 아기들은 남자와 여자를 구별하기 쉽지 않기 때문이다. 하지만 우리는 곧 죽어도 그렇게 하려고 한다. 남자아이는 파란색, 여자아이는 분홍색으로 말이다. 이러한 태도는 무해해 보이지만 우리의 인식에 큰 영향을 미친다.

연구진들은 우리의 성 인식을 알아보기 위해 아기를 무작위로 파란색이나 분홍색 담요로 감싸는 전형적인 방법을 사용했다.[12] 얼굴만 보고는 남자아이인지 여자아이인지 구별하기 어렵기 때문에 연구진들은 어른들이 실제 성이 아니라 자신들이 생각하는 성을 바탕으로 아기를 다르게 대할지 살폈다.

이 같은 연구를 20건 넘게 살펴본 결과, 사람들은 담요 색만으로 아기가 다른 성격과 물리적인 특징을 보인다고 믿는 것으로 나타났다.[13] 여자아기는 연약하고 수동적이며 남자아기는 크고 튼튼하고 강인하다고 여겨졌다. 남자아이들은 더욱 활동적이고 더 많은 자극을 받도록 장려되었고 여자아이들은 보살핌을 받아야 한다고 배웠다. 남자아이와 여자아이는 태어나자마자 그들을 다르게 대하는 세상에 들어온 것이다. 천 조각 색을 바탕으로 말이다. 아기들에게는 선택권이 없었다. 그들이 누군지는 중요하지 않았기 때문이다. 중요한 것은 각기 다른 성을 향한 사회적 기대였다.

여자아이들은 남자아이들과는 달리 친구들과 파티를 즐기고 휴식과 외모에 관심을 갖는다. 여자아이들은 보살핌을 받지만 남자아

이들은 그렇지 않다. 이런 식으로 자랄 경우 그것만이 유일하고 올바른 방법이라 믿기 쉽다. 양육에 대해 질문을 받으면 보통 "나는 괜찮게 컸어."라고 말한다. 물론 그렇다. 하지만 더 나은 방식으로 자랐으면 괜찮은 사람이 아니라 더 나은 사람이 될 수 있지 않았을까?

다른 방식을 경험해보지 못하면 다른 길이 있다고 생각하기 쉽지 않다. 어이없게 들릴지 모르지만 꽤 통찰력 있는 질문을 던져보겠다. 물고기는 자기가 물에 젖었다는 것을 알까? 확실히 알 수는 없지만 아마 아닐 것이다. 물고기는 평생 물속에서 살기 때문이다. 그들이 경험했고 앞으로도 경험할 유일한 세상이 그것뿐이기 때문이다.

남자와 여자가 다르다는 우리의 믿음 역시 마찬가지다. 우리 주위에는 고정관념과 지나친 단순화가 만연하다. 우리의 믿음은 지난 수년 동안 수많은 맥락에서 형성되어 왔다. 유치원에 들어가 "좋은 아침이에요, 신사 숙녀 여러분."이라는 선생님의 인사를 듣는 순간부터 최근에 공중화장실을 이용하거나 서식을 작성해야 했을 때까지. 세상은 그룹 짓고 나누며 우리에게 남녀 간 경험의 차이를 들이댄다.

사회 역시 비난을 받아야겠지만 우리 역시 기여한 바가 있다. 차이가 있다고 믿으며 굳이 찾으려 들 때 그러한 차이가 눈에 보이기 마련이다. 심리학자들은 이를 확증 편향이라 부른다.[14] 여자가 남자보다 운전을 못한다고 믿을 경우 도로에서 운전을 잘 못하는 사람을 볼 때 그 즉시 우리는 운전자가 여자인지 보려 할 것이다. 운전자가 여자라면 "거봐! 내 말이 맞잖아."라고 쾌재를 부른다. 남자라면 예외도 있다고 생각하거나 역시 남자는 난폭하고 충동적이라며 이를 기존의 믿음을 입증하는 또 다른 증거로 받아들인다.

우리는 남자와 여자가 다른 행성에서 왔다는 사실을 입증할 증거를 그리 열심히 찾으려 하지 않을지도 모른다. 하지만 우리가 이미 선입견을 바탕으로 믿음을 품고 있다면 우리의 생각을 뒷받침할 사건이 기억에 남을 확률이 높다. 게다가 우리는 자신의 실책이나 오류를 망각하는 경향이 있다. 이러한 과정이 평생 반복되면 우리는 나의 믿음을 입증하는 예시 자료를 엄청나게 많이 축적할 것이다. 나의 관점이 편향되어 있다는 사실을 인식하지도 못한 채 말이다.

○　　　　성에 대한 편견, 무엇이 문제일까?

잘못된 전제는 잘못된 결론을 낳는다는 사실을 잊지 말기 바란다. 무가치한 데이터를 넣으면 무가치한 결과가 나온다. 남자와 여자가 완전히 다르다고 믿을 경우 우리가 품고 있는 성차별적인 생각은 자연스럽고 정상적이며 받아들일 만한 것으로 여겨진다. 이러한 믿음에는 크나큰 대가가 따른다. 나와 나의 관계가 흔들리는 것이다. 성 차이를 믿기 시작하면 우리의 관계는 걷잡을 수 없는 소용돌이에 휘말리게 될 수 있다.

　　　　　　　　　　　　　　　　　　　　　○

《화성에서 온 남자, 금성에서 온 여자》의 핵심 주장을 살펴보자. 남자에게는 고무줄처럼 기능하는 친밀성 주기가 있다는 주장이다.[15] 고무줄 이론으로도 불리는 이 이론은 기본적으로 남자는 가까이 다가왔다가 곧 멀어지려고 하며 그러다가 다시 고무줄처럼 돌아온다고 주장한다. 우선 혼자 있는 시간이 필요한 것이 남자뿐이라는 주장은 사실이 아니다. 모든 인간은 타인과의 교류가 필요할 때가 있고 혼자 있는 시간이 필요할 때가 있다. 소통을 좋아하는 것이 여자만의 습성도 아니고 고독을 좋아하는 것이 남자만의 습성도 아니다.

이러한 성향은 성격이나 이전 삶의 경험 같은 요소들과 훨씬 더 큰 관련이 있다. 남자에게 혼자만의 공간이 필요하다고 단정지어버리면 조화로운 관계를 깨뜨릴 수 있는 행동을 일반화하고 용인하게 된다. 연인 간의 의사소통에 관한 연구에 따르면 대화를 회피하며 동굴에 들어가는 등 상대를 차단하는 행동은 최악의 행동 중 하나로 밝혀졌다.[16] 관계를 끝내고 싶지 않다면 이 같은 행동은 큰 문제가 될 수 있다.

O   성 차이를 믿으면 잘못된 상대의
    관심을 사게 된다

성에 대해 편견을 품으면 문제 있는 상대에게 끌려

관계의 실패를 경험하게 될 수 있다. 우리는 다양한 방식으로 상대를 유혹한다. 이 같은 구애 작전은 누군가에게 다가가 "안녕하세요." 하고 자신을 소개하는 것처럼 단순한 방법을 취할 수도 있다. 하지만 누군가는 상대를 고르는 행위를 게임처럼 생각해 연구진들이 단정적인 구애 전략이라 부르는 작전을 펼친다.[17] 그들은 모욕, 놀림, 에두른 칭찬, 친구들로부터 목표 대상 고립시키기 같은 조작적인 전술을 취한다. 하지만 이러한 전략은 효과가 없다면 애초에 존재조차 하지 않을 것이다.

그렇다면 누가 이러한 전략에 넘어갈까? 1,000명이 넘는 남녀를 상대로 진행한 두 연구에 따르면 "여자는 소중히 다뤄야 하고 남자의 보호를 받아야 한다.", "남자들은 여자를 받들어 모셔야 한다." 와 같이 성차별적인 말에 동의하는 이들은 이 같은 단정적인 전략을 이용하거나 이 전략에 우호적으로 반응할 확률이 높다고 한다. 특히 두 연구 모두에서 성차별적인 믿음이 강한 여자들은 단정적인 전략을 매력적으로 받아들였다.

한편, 남자의 힘을 빼앗으려는 여자들과 관련해 "여자들은 남자를 통제하면서 힘을 얻으려 한다."와 같은 성차별적인 믿음을 지닌 남자들은 단정적인 전략을 취할 확률이 더 높았다. 결론적으로 진부한 성 차이에 관한 믿음을 고수할 때 여자들은 조작적인 구애 전략에 쉽게 넘어가고 남자들은 이 같은 전략을 더 많이 사용하게 된다는 것을 알 수 있다.

○ 차이는 거리를 만든다

　　　　남자와 여자가 다르다는 그릇된 믿음은 의사 결정에
영향을 미치는 등 우리의 관계를 보다 미묘한 방식으로 망가뜨리
기도 한다. 우선 남녀의 명백한 차이를 너무 믿다 보면 상대를 향한
기대치가 낮아진다. 무시무시한 말처럼 들리는가? 사실이 그렇다.
성 편향적인 믿음은 그다지 매력적으로 들리지 않는다.

"여자들은 너무 감정적이야."

"남자들과는 대화가 되질 않아."

위와 같은 말들이 성 편향적인 언어의 대표적인 예다.

처음부터 상대를 향한 기대가 낮을 때 관계가 최대의 잠재력을
발휘할 확률이 얼마나 되겠는가? 별로 높지 않을 것이다. 상대가
탐탁지 않은 모습을 보일 거라 예상할 때 우리는 상대의 나쁜 행동
을 더욱 용인하게 된다. 상대에게 지나치게 관대해진다. 잘 작동하
지 않을 거라 생각하는 핸드폰을 사는 사람은 없다. 최악의 관계를
예측하며 누군가를 만난다는 건 더욱 말이 되지 않는다.

최악을 예상하면 최악의 상대를 만나게 된다. 최악의 상대를 만
나면 상대의 많은 부분이 우리를 언짢게 만든다. 자연히 우리는 강
요하고, 재촉하며, 잔소리를 늘어놓는다. 상대를 조금 더 내 마음에
들게, 나의 신경을 조금 덜 거슬리게 바꿀 수 있다는 희망을 품고
말이다. 물론 상대가 우리의 기대에 부응하기 위해 자신을 바꾸려
고 애쓸 때도 있다. 하지만 그들에게도 나름의 변명이 있다. 자신도

어쩔 수 없다는 변명이다.

우리는 그 변명을 믿을 뿐만 아니라 그러한 믿음에 누구보다도 힘을 실어준다. 우리는 마음속으로는 남자와 여자가 근본적으로 다르다고 생각한다. 그렇게 믿으면 변화가 사실상 불가능하다. 남자들은 전부 똑같고 여자들도 전부 똑같다고 믿으며 남자든 여자든 내가 만나는 사람이 최고의 상대가 될 수 없다고 믿으면 상대를 바꾸려는 노력은 의미가 없다. 또 다른 사람을 만나봤자 똑같을 뿐이다. 어떻게도 할 수 없는 상태가 되어버리는 것이다.

상대에게 거는 기대가 낮고 상대가 나아질 거라 믿지도 않는 바람에 이러지도 저러지도 못하게 되는 것은 큰 문제다. 이 모든 태도는 관계의 질을 낮추며 관계의 발전을 저해한다. 게다가 스스로 자처한 이 같은 태도는 너무 만연하기 때문에 무해해 보일지도 모른다. 그래서 여러분은 지금까지 인식조차 하지 못했을지도 모른다.

단순한 원리다. 차이는 거리를 만든다. 남녀가 다르다는 그릇된 믿음에서 벗어나야 나와 내가 사랑하는 사람 간의 거리가 좁혀지기 시작한다. 우리는 적이 아니라 같은 팀이다. 싸우는 대신 동맹을 맺어야 하는 것이다.

현실 연애를 위한 심리 처방전

> "우리는 실재하는 것, 확실한 것, 명백한 것, 현실적인 것,
> 눈에 보이는 것, 구체적인 것, 알려진 것, 생생하고 시각적
> 인 것을 좋아한다.
>
> _나심 니콜라스 탈레브 《블랙 스완》

다들 쉬운 길을 취하고 싶어 한다. 미묘하고 복잡한 상황에 놓이고 싶은 사람은 없다. 다른 이들을 이해하려 할 때 그 사람만의 고유한 특징을 일일이 고려하느니 남자와 여자로 나눠서 생각하는 편이 편리하다. 인간은 본래 효율성을 추구하는 종족으로, 단순함을 추구하며 머리를 최대한 적게 써 정신적인 에너지를 아끼려는 인지적 구두쇠이기 때문이다.[18] 차이는 눈에 쉽게 띄기 때문에 우리는 차이에 주목한다. 남자와 여자는 확실히 겉모습이 다르며 신체 능력 또한 다르고 취미도 다르다. 하지만 이러한 사실들은 관계에서 크게 중요하지 않으며, 남자와 여자는 다르다는 사실에만 집중할 때 우리는 누군가 그러한 행동을 하는 이유를 깊이 생각해보지 않게 된다. 하지만 원활한 관계를 맺고 싶다면 그래서는 안 된다.

나누는 대신 연속체의 관점으로 바라보자

오해에서 벗어나려면 기본적인 성 차이에 주목해서는 안 된다. 우선 모든 관계에 존재하는 수많은 유사점을 헤아려보자. 상대와

내가 비슷한 점을 찾는 것이다. 연령, 출신, 인종, 사회경제적 지위, 가족관, 종교관, 양육 환경, 학교 교육, 정치 견해, 결혼관, 흥미, 성격, 가장 좋아하는 TV 프로그램, 영화, 음악, 스포츠 팀 등 유사점은 의외로 쉽게 찾을 수 있다.

또한 시간을 갖고 찬찬히 들여다봐야 한다. 우리는 보통 성 같은 피상적인 지표로 상대의 첫인상을 결정한다. 이러한 태도는 관계에 생각보다 도움이 되지 않는다. 우리는 개성을 무시하는 일반화의 오류를 저지를 뿐이다. 게다가 습관처럼 그룹을 짓다 보면 '나 vs. 너', '우리 vs. 그들'식으로 편을 가르게 된다.

이 같은 습관에서 벗어나려면 이분법적 구별에서 벗어나야 한다. 누군가 내향적이거나 외향적이라고 반사적으로 판단하기보다는 상대가 연속체의 어디쯤에 놓여 있는지 살펴야 한다. 우리는 모두 그 사이 어딘가에 존재하기 때문이다. 흑백 사고방식은 언제나 옳지 않다. 모든 것에는 회색 음영이 존재한다. 상대가 어떻게 생각하고 느끼고 행동하는지 제대로 이해하려면 그들의 성이 아니라 그들이 지닌 복잡한 결을 들여다봐야 한다.

연구 또한 이 사실을 입증한다. 연구진들은 13,000명의 실험 참여자를 대상으로 광범위한 변수로 볼 수 있는 100개가 넘는 특징을 살펴보았다. 친밀감, 남성성-여성성, 성적 태도나 행동, 짝짓기 성향, 공감, 상호 의존도처럼 관계에 직접적인 영향을 미치는 수많은 변수가 포함되었다. 연구진들은 이러한 변수에서 성 차이가 존재하는지 아니면 남녀 모두 공통적인 연속체에 해당되는지 알아보려 했다. 연속체에 해당할 확률이 높은 사람은 누구였을까? 남녀 모두였다. 연구진들은 이렇게 요약했다.

"《화성에서 온 남자, 금성에서 온 여자》와 같은 대중적인 심리학 서의 주장과는 달리, 남자와 여자가 관계를 생각하는 방식이 질적 으로 다르다는 개념은 사실이 아니다."

지나치게 단순화된 분류에서 벗어날 때 우리는 큰 통찰력을 얻 을 수 있다. 상대를 제대로 이해하려면 심리학자처럼 생각해야 한 다. 그러기 위해서는 남녀라는 단순한 분류에서 벗어나 감정, 개성, 기술, 역량, 동기, 성격, 행동 같은 정보를 살펴야 한다.

다음 빈칸을 채워보자.

"관계에서, 잠자리를 더 중요하게 생각하는 쪽은 _____이며 사랑을 더 중요하게 생각하는 쪽은 _____이다."

"남자가 잠자리에 집착하고 여자는 사랑을 중시한다."라고 생각 하기 쉽다. 하지만 단순하게 생각해서는 안 된다. 사회적 성(socio-sexuality)이라는 개념을 소개하겠다.[19] 이는 잠자리와 사랑의 상관 관계를 얼마나 중요하게 생각하는지 보여주는 심리학 변수다.

연속체의 끝에는 개방적인 사람이 있다. 그들에게 사랑과 잠자리 는 전혀 별개의 것이다. 그들은 두 경험을 구분 지으며 상대와 정서 적으로 친밀하지 않거나 상대를 사랑하지 않아도 잠자리를 할 수 있다. 정반대의 끝에는 보수적인 사람이 있다. 그들에게 사랑과 잠 자리는 불가분의 관계다. 그들은 사랑하지 않는 사람과는 잠자리를 할 수 없다. 하지만 이 둘은 스펙트럼의 양 끝에 불과하다. 즉, 대부분의 사람은 여자든 남자든 그 사이 어딘가에 놓여 있다는 말이다. 남자들은 대다수가 개방적인 성향을 지닌다. 하지만 그러한 성향을 지닌 여자들도 많으며 보수적인 남자도 많다. 성별이 그 사람의 사회적 성을 결정짓는 것은 아니며 반대의 경우도 마찬가지다.

사회적 성은 어떻게 측정할까?

내가 보수적인지 개방적인지 궁금한가? 연구진들이 사용하는 질문지를 토대로 작성한 아래 질문에 답해보기 바란다.[20] 여러분은 아래 문장에 얼마나 공감하는가?

1. 나는 사랑하지 않는 상대와도 잠자리를 할 수 있다.
   전혀 아니다　1　2　3　4　5　6　7　매우 그렇다

2. 잠자리를 정말로 즐기려면 오랫동안 사랑하는 관계여야만 한다.
   전혀 아니다　1　2　3　4　5　6　7　매우 그렇다

첫 번째 질문에 더 공감했다면 개방적인 성향이 강한 사람이다. 하지만 두 번째 문장에 더 높은 점수를 주었다면 보수적인 성향이 강한 사람이다. 동일한 점수가 나왔다면 중간쯤에 해당한다.[21]

사회적 성은 누군가의 행동에 관해 성별보다 훨씬 많은 것을 말해준다. 개인의 사회적 성은 사랑 없는 섹스를 향한 호기심, 다양한 상대와의 잠자리, 바람피울 확률과 관련이 있다. 2018년 연구에 따르면 사회적 성은 누가 데이트 앱을 이용해 바람을 피울지 파악하는 데에도 유용한 것으로 밝혀졌다.[22] "남자들이나 그렇겠지."라고 생각하고 있는가? 틀렸다. 심리학적 변수의 관점에서 생각한다면 이 연구 결과는 그다지 놀랍지 않다. 개방적인 사회적 성을 지닌 남녀, 사랑과 잠자리를 별개로 생각하는 이들이 데이트 앱을 사용해 바람을 피울 확률이 높았다. 다시 말해 성이 아니라 그 사람이 누구인지가 관계적 행동에 심리학적인 영향을 미치는 것이다.

권력을 나누자

관계에 영향을 미치는 기타 심리학 변수 가운데 권력은 가장 두드러지는 변수다. 권력은 상대가 어떻게 생각하고 느끼고 행동하는지에 영향을 미칠 수 있는 역량이다. 사람들이 주장하는 남녀 간의 차이는 남자에게 유리한 권력 불균형의 결과다. 사회적 성 차이에 주목한 메타 분석 결과가 이 사실을 입증해준다.[23] 전국적으로 성평등성이 높은 평등주의 국가에서는 남녀 차이가 크지 않다. 하지만 남자든 여자든 (보통은 남자) 한쪽 성을 편애하는 사회에서는 남녀의 차이가 두드러진다. 이는 사회적 차원의 권력이지만 권력은 관계에도 처음부터 영향을 미친다.

여자들이 상대를 선택할 때 더 까다롭게 군다고 생각할지도 모른다. 보통 그렇기는 하다.[24] 하지만 남자가 먼저 여자에게 다가가야 하는 전통적인 데이트 시나리오의 맥락에서 그럴 뿐이다. 문제는 이러한 상황에서는 아주 뚜렷한 권력 역학이 존재한다는 것이다. 여자가 모든 권력을 누리는 드문 경우 중 하나다. 이러한 상황에서 남자는 여자에게 다가가 자신을 소개하고 거절당할 위험을 감수해야 하지만 여자는 그저 수락하거나 거절하기만 하면 된다. 힘이 없을 때에는 힘 있는 자가 주는 것을 받아들여야 하지만 힘이 있을 때 우리는 자신에게 가장 좋은 것을 취하려 한다.

연구진들은 이 같은 역학에 호기심을 느껴 데이트 시나리오를 뒤집어보려 했다.[25] 그들은 내가 '새디 호킨스 효과(Sadie Hawkins Effect)'라 불리는 것을 실험했다. 여자들이 사회적 통념을 뒤집어 관계에서 먼저 다가가는 역할을 맡을 때 어떠한 일이 일어나는지 살펴본 것이다. 연구진들은 300명이 넘는 대학생을 스피드 데이트에 참석시켰다. 참가자들은 잠정적인 상대와 짧은 만남을 가졌다.

우선 전통적인 시나리오대로 여자들은 자리에 가만히 있고 남자가 돌아가면서 여자들에게 다가갔다. 그다음에는 남자가 가만히 앉아 있고 여자들이 새디 호킨스 스타일로 행사장을 돌아다녔다. 두 시나리오 모두에서 성별에 관계없이 가만히 앉아 상대를 맞이한 사람이 더 까다롭게 행동했다. 행사장을 돌아다니며 계속해서 새로운 상대에게 다가간 사람은 덜 까다롭게 행동했다. 결국 얼마나 간 깐한지는 자신이 누릴 수 있는 권력에 달려 있지 성별과는 큰 관련이 없었다.

관계의 권력 역학은 어떻게 측정할까?

나의 관계에서 누가 우위를 점령하고 있을까? 아니면 우리는 동등한 권력을 누리고 있을까? 아래 질문에 답해 보자.

1. 의사 결정은 대부분 누가 내리는가? (나 / 상대)

2. 관계의 미래에 누가 더 큰 영향을 미치는가? (나 / 상대)

3. 누구의 의견이 더 큰 무게를 지니는가? (나 / 상대)

4. 마음대로 행동하는 경우가 더 잦은 쪽은 누구인가? (나 / 상대)

5. 누구의 말이 더 설득력 있는가? (나 / 상대)

6. 관계에 감정적으로 덜 휘말리는 사람은 누구인가? (나 / 상대)

7. 관계가 끝날 때 새로운 상대를 더 쉽게 찾을 수 있는 사람은 누구인가? (나 / 상대)

각 질문에서 여러분이 동그라미를 친 사람이 더 높은 권력을 누리고 있다는 뜻이다. 동그라미의 개수를 비교하면 관계의 권력 역학을 파악할 수 있다. 이는 여러분의 견해를 바탕으로 한 단편적인 그림일 뿐이다. 연구진들은 양측 모두에게서 정보를 취한 뒤 각 결과를 비교해 상대적인 권력 수준을 결정한다는 사실을 잊지 말기 바란다.

권력은 관계에 막대한 영향을 미치기 때문에 관계의 권력 역학을 이해하는 일은 중요하다. 우선 최소 관심 원칙을 이용해 누가 더 큰 권력을 휘두르는지 파악하기 바란다.[26] 여기에서 최소 관심이란 관계를 덜 필요로 하거나 덜 염려하는 사람이 누구인지 보여준다. 관계 욕구가 낮은 사람이 관계에서 더 큰 영향을 휘두르며 더 많은 결정을 내리고 말다툼에서 이기며 관계를 통제한다. 무엇보다도 관계 욕구가 낮은 사람이 더 많은 권력을 누리는데 이 같은 권력의 불균형은 보통 남성에게 유리하게 작용한다.

권력 불균형에는 대가가 따른다. 권력 차이가 어떻게 성 차이로 둔갑하는지 보려면 상대가 말없이 보내는 신호를 해석하는 능력을 생각해보면 된다. 얼굴 표정이나 제스처, 보디랭귀지처럼 암묵적이고 비언어적인 단서를 읽어내는 데 여자가 남자보다 뛰어나다. 수많은 연구 결과가 이 사실을 입증한다. 왜 그럴까? 비언어적 신호를 해독하는 것은 쉽지 않다. 그래서 여자들은 더 열심히 노력할지도 모른다. 남자들이 관계에서 더 많은 권력을 누린다면 상대적으로 덜 노력해도 그럭저럭 관계가 유지될 수 있다. 남자들이 미묘한 신호를 잘 읽지 못하는 것이 아니라 굳이 애쓰지 않는 것일지도 모른다.

남자들이 정말로 그런 능력이 없는 건지 굳이 신경 쓰지 않는 것인지 알아보려고 연구진들은 실험을 진행했다. 한 무리의 남녀는 상대를 마주 보고 앉은 상태에서 단어 퍼즐 게임을 했다.[27] 참여자의 절반만 퍼즐을 먼저 맞추는 사람에게 5달러를 준다는 정보를 받왔다. 그 후 연구진들은 모두에게 자신이 마주 보고 앉았던 상대의 얼굴 생김새, 옷 등에 대해 물었다. 여기서 중요한 것은 실험 참여자들은 연구진이 이러한 질문을 할지 사전에 몰랐다는 사실이다. 따라서 그들은 퍼즐을 맞추는 동안 시간을 들여 굳이 상대를 살피지 않았다.

실험 결과에 따르면 여자들은 아무런 인센티브가 없어도 상대방에 대해 더 잘 알아챘다. 하지만 상금이 주어지자, 남자들은 여자보다도 상대를 더 잘 기억했다. 상금은 남자들에게 주의를 기울일 인센티브를 제공했다. 다시 말해 다른 이들에게 주의를 기울이는 태도는 남녀 차이에 기인하지 않는다. 이는 노력을 쏟으려는 의지에 달려 있다. 권력을 더 많이 누리는 남자는 굳이 시간을 들여 상대를 살피려 하지 않는다. 그렇지만 남자도 이유가 있으면 그럴 수 있다. 이는 중요한 사실이다. 상대의 성은 바꿀 수 없지만 관계의 권력 역학은 바꿀 수 있기 때문이다.

어떠한 상대가 권력 싸움에서 이기는지에 관계없이 권력의 불균형은 누구에게나 좋지 않으며 관계를 위태롭게 만든다는 사실을 알아야 한다. 의사 결정을 내리고 관계를 통제하고 관계에 영향을 미치는 데 양쪽이 동등한 권력을 지니는 것이 이상적이다. 모든 영역에서 엄격한 평등을 이루기보다는 전반적인 균형을 이루는 것이 중요하다. 차량 관리에서 누군가 더 많은 결정권을 지닌다면 다른 사람은 집 안 인테리어에 더 많은 결정권을 지니는 식으로 말이다. 다행히 권력 역학은 유연하다.

따라서 우리에게는 희망이 있다. 변화가 가능하다. 성별은 숙명이 아니다. 성 차이만을 바탕으로 무언가를 설명하려 할 때 우리는 상대의 행동을 특정한 테두리 안에 가두게 된다. 남자들은 사려 깊지 못하다고, 남자들은 남자일 뿐이라고 단정 지을 경우 상황을 개선할 수 없다. 우리는 사려 깊지 못한 상대와 영원히 함께하게 되는 것이다. 하지만 사려 깊은 행동에 주목하면 관계는 나아질 수 있다. 남자다운 모습을 덜어내기란 쉽지 않은 일이지만 조금만 노력하고 연습하면 누구나 전보다는 더 사려 깊은 사람이 될 수 있다.

결국 남자와 여자가 다르다고 믿는 것은 변명이다. 상대의 행동에 대한 책임을 면죄하는 행위이다. "나도 어쩔 수 없어. 나는 남자라고. 이렇게 생겨먹은 걸 어떻게 해.", "남자는 남자야.", "그 여자는 어쩔 수 없는 여자야."라는 사고방식은 우리의 관계를 저해한다. 우리의 믿음을 우리가 원하는 대로 통제할 수 있다는 사실을 잊지 말기 바란다.

SUMMARY _____

◆ 관계에서 진짜 로맨티스트는 남자다.

◆ 과학적인 증거에 따르면 남자와 여자는 같은 행성에서 왔다.

◆ 남자와 여자에 관한 우리의 잘못된 믿음은 우리의 기준을 낮춰 더 나은 상대를 보지 못하게 만들며 상대가 더 나은 사람이 될 수 있는 기회를 차단한다. 그리하여 우리는 잘못된 사람에게 끌리며 관

계를 망치게 된다.

- ◆ 사랑과 잠자리에 관한 남녀 차이를 제대로 이해하려면 사회적 성을 살펴봐야 한다.

- ◆ 우리는 모든 문제를 성 차이로 돌린다. 진짜 주범은 관계의 권력 균형, 즉 남자에게 유리한 불균형이다.

- ◆ 새디 호킨스 효과에 따르면 데이트 역할이 바뀔 때 여자는 남자처럼 행동한다고 한다.

2장

사랑은
아무 문제가 없어야 해

완벽한 사랑은 없다

STRONGER

THAN YOU THINK

행복한 결혼기념일. 최소한 축하 카드에는 그렇게 써있다. 결혼 기념일인 건 맞는데 행복하다고? 그건 논란의 여지가 있는 말이다. 최근 들어 젠과 체이스의 관계는 확실히 별로였다. 어쩌다 이 지경이 되었을까? 한때 그들 사이는 아무런 문제가 없었다. 그들은 완벽한 커플이었다. 모두가 그렇게 말했다. 젠과 체이스는 소울메이트, 운명의 짝이었다. 그러니 아무런 문제가 없어야 했다. 하지만 현실은 그렇지 않았다.

젠과 체이스에게 큰 문제는 없었다. 둘 중 누군가 바람을 피지도 상대에게 폭력을 휘두르지도 않았다. 그들은 만족했고 전반적으로 행복했으나 젠은 그걸로 충분하지 않았다. 젠도 자신이 까다롭다는 걸 알았다. 하지만 소셜 미디어를 도배한 흠잡을 데 없는 완벽한 관계를 꿈꾸려면 기준을 더 높여야 한다고 생각했다. 문제는 높은 기준은 유지하기 어렵다는 데 있다. 젠은 체이스와의 관계가 어째서 완벽하지 않은지 매일 생각했다. 더 괜찮은 상대가 있는데 그저 그런 상대에 만족해 정착한 거라는 생각에서 벗어날 수 없었다. 정말로 함께할 운명이라면 이건 안 좋은 징조 아닌가? 도대체 어디에서부터 잘못된 것일까?

○ ## 당신이 아는 전부가 오해라면?

모두가 자신에게 거는 기대가 있다. 나의 발전 사항과 성과를 점검하기 위한 나만의 기준이 있다. 나는 충분히 성공했는가? 나는 충분히 날씬한가? 나는 좋은 엄마인가? 나는 좋은 친구인가? 나는 최고의 환경에 살고 있는가? 나는 세상에 영향을 미치고 있는가? 이 질문에 대한 답은 우리의 감정에 직접적인 영향을 미친다. 문제는 현실과 기대를 비교할 때 우리가 종종 스스로에게 가혹하다는 것이다. 우리는 스스로에게 불가능한 기준을 들이대며 부족한 자신을 탓한다. 우리의 희망은 비현실적이며 완벽주의적 성향의 부산물일지도 모른다.

완벽성의 함정

우리는 모두 동화 속 결말을 바란다. 세월의 시험을 견디는 완벽한 관계를 누리기를, 모두가 경탄하고 열망하는 유명한 커플처럼 되기를 바란다. 하지만 그러한 목표는 유지하기는커녕 달성하기도 쉽지 않다. 물론 우리는 그러한 사랑을, 특히 관계 초반에 살짝 경험한 적이 있다. 당시에는 모든 것이 우리가 바라던 대로 흘러갔다. 모든 것이 수월했다. 따라서 관계 초반에 찾아오는 축복이 영원히 지속되기를 바랄 수밖에 없다. 관계가 나의 이상에 못 미치는 순간 의심이 고개를 든다. 이제 우리는 이 관계가 나의 기대에 부응하는지 의문을 품게 된다. 하지만 주의하기 바란다. 이러한 생각은 건강한 관계를 망치는 오해이기 때문이다.

완벽성의 함정은 이상을 현실과 혼동할 때 찾아온다. 둘 간의 차이를 간파하기란 어렵지 않다. 가령 우리는 대부분 억만장자가 되어 해안가 옆 대저택에 살고 싶어 하지만 그러한 일이 일어날 거라 믿지 않는다. 억만장자가 되기에 턱없이 부족한 월급을 받아도 우리는 절망하지 않는다. 직장을 그만둬야겠다고 생각하지 않는다. 하지만 관계에 있어서만큼은 이상과 현실을 자주 혼동한다. 우리는 완벽한 관계를 꿈꾼다.

우리가 거만하거나 으스대는 사람이라 그런 것이 아니다. 살면서 주위에서, 영화에서, 책에서 목격하는 로맨스의 영향으로 관계란 마법과도 같아야 한다고 믿게 된 것뿐이다. 우리는 평생 행복하게 살기를 바라며 괜찮은 상대를 만나면 그렇게 될 거라 믿는다. 안타깝게도 동화 속 결말은 현실보다는 이상에 가깝다. 이상주의자는 현실과는 거리가 있다. 우리도 그 사실을 알지만 자신의 이상주의를 완벽주의 성향으로 포장하면서 이를 숨은 미덕이라 여긴다.

완벽주의 성향에 관한 연구는 이 사실을 보다 명확히 보여준다.[1] 삶에서 말도 안 되게 높은 기대를 걸 때 우리는 절망할 수밖에 없다. 완벽주의 성향은 최소한 두 가지 방식으로 나뉜다. 우선 우리는 다른 사람을 대할 때 스스로가 완벽하기를 기대한다. 나 자신에게 비현실적인 기준을 들이댈 때 삶은 힘겨워지지만 다른 이들에게 완벽한 잣대를 들이댈 때에 비하면 아무것도 아니다.[2]

완벽주의를 추구할 때 우리는 너무 높은 기준으로 상대를 바라보고 상대에게 지나친 기대를 하며 상대를 비판적으로 평가한다. 이러한 태도를 지닐 때 우리는 상대를 불신하고 상대에게 앙심을 품으며 지배적이고 공격적이며 거만한 사람이 된다. 누가 이러한 사람과 만나려 할까? 연구 결과에 따르면 그러한 사람과 관계를 맺고 싶어 하는 사람은 아무도 없다.[3] 비판적인 상대는 인기가 없다.

O   취약함을 보여줘도 괜찮다

완벽에 가까운 상태를 바랄 때 우리는 상대도 같은 것을 바란다고 생각하게 된다. 우리의 결점, 약점, 취약성이 상대를 실망시킬 수 있다고 생각하면 끔찍하다. 한 실험에서 연구진들은 참여자들에게 자신의 약점과 취약성뿐만 아니라 다른 이들의 취약성을 어떻게 생각하는지도 물어보았다.[4] 실험 참여자들은 자신이 전혀 완벽하지 않았던 경험을 떠올려야 했다. 실수를 인정했을 때, 도움을 요청했을 때, 신체 결점에 골몰했을 때나 로맨틱한 감정을 고백했을 때처럼 말이다.

참여자들은 같은 상황에서 다른 이들을 어떻게 바라보았는지도 털어놓았다. 실험 결과에 따르면 참여자들은 자신의 취약성에는 가혹했지만 다른 이들의 취약성은 긍정적으로 평가한 것으로 나타났다. 다시 말해 우리는 완벽하지 않은 자신에게 지나치게 가혹한 것이다. 타인은 우리에게 더 관대할 뿐만 아니라 실수를 긍정적인 신호로 받아들이기도 한다. 실수 효과(Pratfall Effect)로 알려진 이 반응은 인간미를 드러내며 호감 지수를 높여주기까지 한다. 이것이 시사하는 바는 명확하다. 상대는 우리가 완벽하기를 기대하지 않는다. 사실 우리가 빈틈을 보일 때 상대는 내가 나를 바라보는 것보다 나를 매력적으로 평가한다.

○   완벽하지 않아도 괜찮다

완벽한 커플이 되기를 바라는 욕망은 아무런 잘못이 없어 보이며 심지어 관계에 도움이 되는 것처럼 보이기도 한다. 많은 사람들이 관계를 두 영혼의 완벽한 결합으로 본다. 그들은 마법 같은 관계를 꿈꾼다. 현실적으로 이러한 완벽한 관계가 가능한지 살펴보기 위해 연구진들은 미시시피주 앤 아버 거리를 지나가던 행인들에게 관계에 대한 생각을 물어보았다.[5] 관계를 두 영혼의 완벽한 결합이라 생각한 이들은 과거에 경험한 마찰을 떠올릴 때 관계 만족도가 낮았다. 환상을 품을 경우 관계에 별로 도움이 되지 않는 것이다.

문제는 바로 그것이다. 좋은 의도가 우리를 혼란에 빠뜨린다. 나쁜 관계, 평범한 관계를 바라는 사람은 없다. 모두가 평균 이상이 되기를 바란다. 질적으로 좋은 관계는 더 행복하고 더 안정적이기 때문이다. 하지만 "많을수록 좋다."는 생각은 결국 역효과를 낳게 되어 있다. 심리학, 특히 긍정 심리학에서는 좋은 특징들이 지나치면 부정적인 결과를 가져온다는 증거가 넘쳐난다.[6] 질 높은 관계를 바라는 것은 좋다. 하지만 완벽한 관계에 지나치게 집착할 때 우리는 고집스러운 태도로 비현실적인 기대를 품고 상대에게 감사할 줄 모르며 늘 부족하다는 생각에 사로잡히는 등 관계에 해로운 영향을 미칠 수 있다.

완벽함을 추구하는 것이 안 좋은 생각이라면 우리는 왜 그러한 해로운 믿음을 품게 되었을까? 사회적 동물인 우리는 다른 이들과 나를 비교하며 자신에 대해 알아간다. 우리는 이러한 경쟁에 실제로 참여하지 않을지 모르지만 머릿속으로 수많은 경주를 펼쳐본다. 우리는 이기고 싶어 하기 때문에 나보다 못한 사람과 나를 끊임없이 비교한다. 나보다 수입이 낮은 사람, 매력적이지 않은 사람, 스트레스를 더 많이 받는 사람, 애인과 더 많은 문제를 겪고 있는 사람을 찾는다.

이러한 정신 경쟁에서 승리할 때 우리는 상대보다 잘났다는 느낌이 든다. 하지만 때때로 우리는 나보다 잘난 사람들을 마주하기도 한다. 그 순간 우리는 어쩔 수 없이 나의 부족한 점을 인정해야 한다. 나의 외모, 라이프 스타일, 관계가 그들보다 못나 보인다. 우리는 경주에서 패배하고 그 결과 내가 갖지 못한 삶이나 관계를 질투하게 된다. 우리는 기대치를 높인다. 더 많은 것을 바란다. 이기고 싶어 한다. 다른 이들이 이미 가진 것을 갖고 싶어 한다.

우리는 자신이 부족한 부분을 인정하지 않으려 한다. 하지만 소셜 미디어 때문에 피할 수 없는 일이 되었다. 소셜 미디어 피드는 다른 이들의 행복해 보이는 삶을 매일 우리에게 강제로 떠먹인다. 사랑에 푹 빠진 커플이 방긋 웃으며 데이트하는 사진을 보며 우리는 열등감을 느낄 뿐만 아니라 완벽과는 거리가 먼 나의 관계에 큰 죄책감을 느낀다. 걱정하지 말기 바란다. 여러분만 그런 것은 아니다. 사람들이 페이스북 게시물에 어떻게 반응하는지 살펴본 연구 결과에 따르면 커플이 페이스북에 사진을 많이 올려 관계를 과시할 때 실험 참여자들은 그 커플이 행복하고 서로를 정말 아낀다고 생각하는 것으로 나타났다.[7]

하지만 실제로는 그렇지 않다. 페이스북에 게시물을 올리는 행위와 관계의 현실이 어떠한 관계가 있는지 살펴본 연구에 따르면 완벽한 이미지로 관계를 보여주려고 애쓰는 커플들은 관계를 널리 알리고 싶어 하지 않는 이들보다 관계가 좋지 않은 것으로 나타났다.[8] 사람들은 상대의 감정에 확신이 없을 때 페이스북에 관계를 보여주는 게시글을 올린 것으로 나타났다. 관계가 불확실할 때 사람들은 모두가 볼 수 있는 곳에 관계를 전시하는 방법으로 위안을 받으려는 것처럼 보인다. 연인과 싸웠다면 최근에 함께 보낸 휴가

나 데이트 사진을 올려 세상에 그리고 나 자신에게 아무런 문제가 없다는 사실을 입증하면 된다. 그만큼 효과적인 방법은 없다.

소셜 미디어에서 보이는 평화로운 커플의 이미지는 우리의 인식을 왜곡하고 비현실적인 기대를 심어준다. 우리는 눈앞의 이미지가 전부 꼼꼼하게 기획되었다는 사실을 망각한다. 친구나 가족 역시 관계가 위태로울 수 있지만 안 좋은 일을 소셜 미디어에 올리는 사람은 없다. 완벽해 보이는 관계는 사각사각 편집된 가짜 유토피아, 신기루에 불과하다. 이러한 모습만 볼 경우 내 마음대로 결론내리기 쉽다.

이상적인 관계를 유지하고 있는 것처럼 보이는 유명한 커플을 살펴보자. 버락 오바마와 미셸 오바마 부부다. 겉으로 보기에 이 부부는 서로를 지지하며 행복한 결혼생활을 누리고 있는 듯하다. 말도 안 되게 큰 스트레스를 받는 상황에서도 그들은 정말 쉽게 훌륭한 관계를 유지하고 있는 것처럼 보인다. 하지만 로빈 로버츠와의 인터뷰를 요약한 〈인사이더〉 기사에서 미셸 오바마는 그들의 관계가 완벽하지 않았으며 큰 노력이 필요했다고 고백했다.[9] 오바마 부부는 결혼 상담자를 찾아가기까지 했다. 미셸 오바마는 그들의 관계에 대해 이렇게 말했다.

"힘겨워하는 수많은 젊은 커플이 자신들에게 문제가 있다고 생각합니다. 서로를 사랑하며 경이로운 결혼생활로 모두의 부러움을 사는 미셸 오바마와 버락 오바마도 결혼생활을 유지하기 위해 노력하며 필요할 때면 도움을 청한다는 사실을 알았으면 합니다."

이렇게 솔직하게 말하는 경우는 드물지만 현실적인 결혼의 모습이 반영된 이런 말들이야말로 우리에게 진정한 위로가 된다. TV에서든 현실에서든 성공적인 관계를 볼 때 우리는 그러한 관계를 유지하려면 많은 노력이 필요하다는 사실을 기억해야 한다. 물론 삶에서 마주하는 온갖 문제를 소셜 미디어 탓으로 돌릴 수는 없지만 말이다.

○ 완벽주의적 성향이 관계를 망친다

관계에서 큰 기대를 바라는 것은 문제가 아니다. 하지만 비현실적인 기대를 품고 지나치게 비판적이거나 까다롭게 굴지 않도록 유의해야 한다. 언제나 모든 것을 다 가지려는 이들이 있다. 행복해지기 위해 최고를 요구하고 최고의 선택만이 유일하다고 여기는 성향의 사람들이다. 연구진들은 이러한 성향이 있는 이들을 맥시마이저라 부른다.[10]

맥시마이저는 완벽한 상대를 찾기 위해, 최고의 관계를 얻을 수 있는 가능성을 두루 살핀다. 이는 합당한 행동처럼 보인다. 최고를 바라면 최고를 얻을 수 있을 테니 말이다. 하지만 연구 결과에 따르면 이는 사실이 아닌 것을 알 수 있다. 맥시마이저는 완벽한 이성을 얻는 데 실패할 뿐만 아니라 후회하고 좌절하는 일이 더 잦으며 자신보다 잘난 사람을 볼 때 더 큰 위협을 느끼기도 한다.[11] 맥시마이저는 자존감이 낮고 긍정적인 태도나 행복, 삶의 만족도도 낮다.

완벽함과 지속적인 개선을 바라는 욕망 때문에 언제든 뒤집을 수 있는 결정이나 결과를 선호한다.[12] 다시 말해 그들은 상대가 자신의 높은 기대를 충족하지 못할 때 쉬운 길을 택한다. 그러한 태도가 왜 문제가 될까? 장기적인 관계에서 우리가 바라는 것은 '더 나은 방법을 찾을 때까지'가 아니라 '죽음이 우리를 갈라놓을 때까지'이다. 이 같은 태도가 관계에 미치는 영향은 불 보듯 뻔하다. 계속해서 완벽함만을 추구할 때 우리는 여태 쌓아온 진짜 좋은 관계에 감사할 줄 모르게 된다.

○   소울메이트면 된다?

이따금 우리는 완벽성의 함정에 빠진다. 사랑의 궁극적인 목표, 즉 소울메이트를 찾는다는 명분으로 위장한 완벽주의가 하나의 주범이다. 우리는 소울메이트를 찾으면 꿈꾸던 관계를 맺게 될 거라 생각하지만 소울메이트는 허구에 가까운 믿음이다. 여기에 바로 치명적인 결함이 있다. 소울메이트를 믿는 것은 극단적인 사고방식이다. 운명의 상대나 그렇지 않은 상대로 나눠서 생각할 경우 모든 것이 우리에게 달려 있는 것이 아니라 운명에 달려 있다고 믿게 된다.

휴스턴 대학교의 칩 니는 관계의 시작이 좋을 경우 서로를 운명의 상대로 여긴 이들의 관계가 오래 지속된 것을 발견했다.[13] 합리적인 결과다. 관계가 문제없고 모든 것이 순조로울 때 소울메이트와 함께하는 것은 이상적이기 때문이다. 하지만 여기에는 문제가 있다. 상대는 나의 유일무이한 상대이기 때문에 문제를 해결해야 하는 상황이 닥쳤을 때 엄청난 압박을 받게 된다. 소울메이트는 나의 이상적인 상대이므로 완벽해야 한다. 관계가 어쩔 수 없이 흔들리면 무슨 일이 벌어질까? 그러한 일은 애초에 일어나서는 안 된다. 완벽한 상대와는 문제가 없어야 하기에 의심이 고개를 들기 시작한다.

같은 연구에서 운명을 믿는 이들은 금전이나 질투, 갈등 같은 어쩔 수 없는 문제에 마주했을 때 문제를 회피하는 것으로 나타났다. 그렇다. 소울메이트를 믿는 이들은 문제가 있다는 것을 인정해 문제에 정면으로 맞서기보다는 문제를 기피하는 것이다. 문제를 무시하면 상대의 소울메이트 신분을 유지할 수 있는 것처럼 말이다. 하지만 그러한 전략은 일시적으로 유효할 뿐이다. 관계가 흔들리고 있다는 사실이 의미하는 바는 명확하다. 상대가 나의 진짜 소울메이트가 아니라는 뜻이다. 연구진들은 소울메이트를 믿는 이들은 힘을 합쳐 문제를 해결하려 하기보다는 관계를 끝내려는 성향이 높다는 사실을 발견했다. 그들은 '진짜' 소울메이트를 찾아가려는 성향이 높았다. 물론 이러한 노력도 실패가 예정되어 있다. 그러니 다른 상대를 찾아나서는 일은 그만둬야 한다.

우리는 내가 완벽한 이상에 미치지 못할 거라는 사실을 어느 정도 인정해야 한다. 이는 늘 일어나는 일이다. 나는 내가 바라는 만큼 생산적인가? 내가 바라는 만큼 많은 돈을 벌고 있나? 내가 바라는 만큼 잠을 자고 운동하고 건강한 식습관을 유지하고 있나? 꿈의 집에서 살고 있나? 환상적인 곳에서 휴가를 보내고 있나? 이에 대한 답은 대부분 '아니요'일 것이다. 나의 현실은 나의 이상과는 거리가 있다.

목표를 달성하지 못하는 일이 반복되다 보면 별로 문제가 되지 않을지도 모른다. 정말로 그렇게 된다면 말이다. 하지만 완벽주의적인 이상과 현실 간의 격차는 우리의 행복과 자존감에 부정적인 영향을 미친다. 우리가 자신에 대해 느끼는 감정은 나의 현재 모습과 내가 바라는 이상적인 모습의 격차에 달려있다.[14] 이 둘 사이의 격차가 적을수록 우리는 자신에게 만족한다. 하지만 현재 자신의 모습이 내가 바라는 모습에 미치지 못할 경우 우리의 자존감은 타격을 입게 된다.

이 단순한 원칙은 관계에도 적용된다. 모두가 이상적인 관계가 어떠한지 저마다의 믿음이나 기대를 품고 있다. 하지만 우리는 내가 실제 몸담고 있는 현실적인 관계에 머물고 있기도 하다. 현실의 상대가 내가 꿈꾸는 이상에 부응하지 못할 때 우리는 관계에 만족하지 못한다. 연구 결과에 따르면 관계가 이상적인 기준에서 멀어질수록 우리의 행복지수는 낮아진다고 한다.[15] 이제 우리의 상대는 상상 속의 상대와 경쟁해야 한다. 상상 속의 상대는 존재하지 않을 뿐만 아니라 따라잡기도 불가능하다. 이 모든 것은 현재 관계에 악

영향을 미친다.

관계가 나의 이상에 부합하지 않다는 것을 깨달을 때 우리는 분노, 수치, 질투, 혐오 같은 부정적인 감정을 경험한다. 우리는 보통 이 같은 감정에 어떻게 대처해야 할지 모른다. 우리는 이런저런 시도를 하지만 여러 연구 자료에 따르면 우리가 사용하는 전략들은 대부분 도움이 되지 않으며 상황을 악화시킬 뿐이라고 한다.[16] 우리는 나의 기준에 도달하지 못하는 상대를 징벌하거나 폄하하면서 응징하려 할지도 모른다. 또한 자신을 비난하며 상대를 피하려 할지도 모른다.

하지만 이 같은 전략은 전부 부정적인 감정을 낳으며 우리의 관계 만족도를 더욱 낮출 뿐이다. 기대가 충족되지 못하는 상태를 즐기는 사람은 없지만 소울메이트를 믿는 사람에게 이러한 상황은 특히 문제가 된다. 상대의 결점을 맞닥뜨릴 때 소울메이트를 믿는 이들은 특히 현재 관계에 만족하지 못하고 현실과 이상 간의 차이를 언급하며 적대감을 드러낸다.[17] 기대에 조금만 어긋나도 관계가 위태로워지는 것이다.

완벽한 관계나 완벽에 가까운 관계를 바랄 때 관계는 파멸에 이를 수 있다. 상대가 나의 기대에 부응하지 못하면 다른 상대를 생각하기 쉽다. 상대를 떠나는 것만이 갑자기 유일하게 합리적인 해결책처럼 느껴진다. 관계를 끝내기보다는 완벽한 관계를 바라보는 나의 관점을 바꾸기 바란다. 그래야만 지금 내가 맺고 있는 관계의 가치를 경시하는 실수를 피할 수 있다.

○   현실 연애를 위한 심리 처방전

　　　　한 관계에 정착하고 싶어 하는 사람은 없다. 그래서 다들 새로운 관계를 찾아 나선다. 모두가 괜찮은 관계를 경험할 자격이 있다. 그렇기는 하지만 괜찮은 관계가 완벽한 관계는 아니며 여기에 꼭 필요한 자질이 엄청나게 많은 것도 아니다. 우리는 체크리스트가 필요하다고 자신을 설득한다. 심지어 '관계 쇼핑'이라는 무해해 보이는 용어도 있다.[18] 연구진들은 데이팅 앱 이용자들에게 어떠한 식으로 상대를 고르는지 물어보았다.

　어떤 이는 "기계에 들어갈 완벽한 부품을 고르는 것처럼 내가 원하는 특징만 지닌 상대를 찾는다."고 말했으며 또 다른 이는 "쇼핑 카트에 담을 물건을 고르듯 찾는다."라고 설명했다. 연구진들은 이러한 태도는 완벽한 조건을 갖춘 상대를 물색하려는 성향으로 이어진다고 말했다. 제대로 설계하기만 한다면 이상은 주요한 자산이 될 수 있다. 이상은 우리에게 무엇이 중요한지 명확히 알려주고 자신의 기준보다 낮은 상대에게 정착하는 것을 막도록 도와주는 일종의 품질 관리 시스템이다. 우리가 더 나은 관계를 추구하기 위해 우리가 노력해야 하는 부분에 관한 지침을 주는 것이다.

100퍼센트는 없다

　관계의 종말을 막으려면 이상을 포기하지 않되 우리의 사고방식을 미세조정할 필요가 있다. 우리의 관계는 완벽하지 않다. 현실을 인식하고 완벽하지 않은 관계를 받아들인다고 해서 상대를 배신하거나 관계를 포기하는 것이 아니다. 완벽한 관계는 존재하지 않는다. 언제나 혹은 절대라고 말할 수는 없다. 여러분의 상대가 늘 친절하고 행복하고 재미있고 매력적인 것은 아니다. 그들 역시 골치 아프고 지루한 사람이 될 때도 있고 투덜댈 때도 있다.

100퍼센트라는 것은 현실에서 존재하지 않는다. 결혼생활이 100퍼센트 행복으로 가득하지는 않으며, 장례식이라고 100퍼센트 슬픈 것만도 아니다. 삶은 골치 아프고 복잡하며 애매모호하다. 사람은 단순하지 않다. 나쁜 사람도 좋은 일을 하고 좋은 사람도 나쁜 일을 저지른다. 우리의 일, 가족, 자녀, 친구 모두 그들만의 결점을 지니고 있다. 우리의 상대도 마찬가지다. 다이아몬드조차 흠이 있다. 그것이 바로 현실이다. 나의 관계가 지닌 가치를 있는 그대로 받아들이고, 나의 관계가 불완전하다는 현실을 받아들이자.

누군가에게는, 특히 맥시마이저에게는 이러한 제안을 받아들이기가 쉽지 않을 것이다. 하지만 그 편이 낫다. 완벽한 관계를 요구하는 대신 관계에 내제된 문제를 받아들인 뒤 스스로 만족할 만하며 달성 가능한 기준을 세워야 한다. 최소의 필요 조건을 추구하는 '새티스파이어'는 관계에 그렇게 다가간다. 새티스파이어는 충분히 좋은 관계에 만족한다. 핵심은 바로 그것이다. 새티스파이어는 행복해지기를 바라지만 문제를 인정하며 완벽한 관계를 요구하지 않는다. 그들은 현실적인 기대를 품는다. "백만장자가 되어야만 행복할 거야."라고 말하는 것과 "재정적으로 안정적이고 돈 걱정을 하지 않아도 되면 행복할 거야."라고 말하는 것 간의 차이다. 더 나은 결과를 맞이하는 사람은 새티스파이어다. 새티스파이어가 되려면 모든 것을 원하는 사고방식에서 벗어나야 한다. '거의 완벽한'이 아니라 '더할 나위 없이 좋은'을 추구해야 한다.

맥시마이저와 새티스파이어는 어떻게 측정할까?

완벽성의 환상에 더 잘 빠지는 사람들이 있다. 나는 그러한 사람일까? 연구진들은 누군가가 맥시마이저인지 새티스파이어인지 알아내기 위해 보다 복잡한 방법을 사용하지만[19] 아래의 간단한 테스트만으로도 자신의 성향을 판별할 수 있다. 여러분은 어떠한 문장에 더 동의하는가?

1. 어떠한 일을 하든 나는 최고를 바란다.
2. 내 욕구를 충족시키기만 한다면 최고가 아니라도 괜찮다.

첫 번째 문장을 골랐다면 맥시마이저에 가깝고 두 번째 문장에 동의했다면 새티스파이어에 가깝다. 물론 이는 일반적인 성향을 보여줄 뿐이다. 맥시마이저-새티스파이어 성향은 맥락에 따라 다양하게 나타난다. 보다 구체적인 내용을 알고 싶다면 연구진들이 사용하는 전체 질문지를 참고하기 바란다.[20]

관계에 있어 우선순위가 무엇인지 파악하라

나의 관계가 더할 나위 없이 좋은지 알아보려면 나의 관계에서 정말로 중요한 것이 무엇인지 심사숙고해야 한다. 우선순위를 정립하려면 먼저 주요 영향인자를 파악해야 한다. 나의 사고방식에 가장 큰 영향을 미치는 요소는 아마 내가 자란 문화일 것이다. 실제로 그런지 확인하기 위해 전 세계 연구소에서 일하는 9명의 연구진은 5대륙 출신의 실험 참여자 10,000여 명에게 건강, 지능, 자신감, 기쁨, 행복 등의 영역에서 '내가 꿈꾸는 이상적인 삶'에 대한 질문을 던졌다.[21] 연구 결과 몇 가지 중요한 사실이 드러났다.

첫째, 태어날 때부터 완벽함을 꿈꾸는 맥시마이저는 없었다. "나는 전부 갖고 싶어."라는 사고방식은 우리가 자란 광범위한 환경이 미친 영향이었다. 자료에 따르면 중국이나 홍콩, 일본, 인도처럼 상호 연결을 중시하는 전인적인 문화에서 자란 사람은 미국이나 영국, 캐나다, 독일, 프랑스처럼 개인주의를 중시하는 문화에서 자란 사람보다 맥시마이저가 될 확률이 낮았다.

둘째, 전인적인 문화 출신의 응답자가 기술한 이상은 완벽하지 않았다. 사실 그들이 기술한 이상은 꽤 평범했다. 그들은 장수나 지능 같은 요소에서 최고를 바랄 수 있었지만 그러지 않았다. 전인적인 문화에서 자란 이들은 남보다 오래 살거나 똑똑해지기를 바라지 않았다. 그들은 평균보다 높은 것에 만족했다. 불완전한 상황을 받아들였으며 더할 나위 없이 좋은 상태에 만족했다. 다시 말해 전인적인 문화에서 자란 사람은 현실적인 새티스파이어 사고방식을 장려하는 것처럼 보였다. 자신이 속한 문화에 관계없이 불완전한 상태를 받아들이는 이 같은 태도는 관계에 도움이 된다. 이 같은 관점은 열등함과 완벽함 사이에 고결한 중도가 존재한다는 고대 그리스인들의 사상과 일치한다. 이 개념을 관계에 적용하면 우리는 원하는 것을 전부 가질 수 없다는 사실을 조금 더 쉽게 받아들이고 우리가 현재 갖고 있는 것에 쉽게 감사하게 된다. 관계의 중도를 받아들일 때 우리는 "많을수록 좋다."는 사고방식을 장려하는 문화적 압력에 더 잘 맞설 수 있다.

그렇다면 관계에서 중도란 무엇일까? 단순하다. 약간의 노력이 드는 관계, 문제를 해결하고 지속적인 개선을 추구하는 관계다. 다시 말해 관계를 점진적인 노력으로 보는 성장 사고방식이다. 연구진들이 발견한 사실에 따르면 관계가 완벽하지 않다고 생각하는 이들은 관계를 유지하기 위해 더 노력하며 즉각적인 만족보다는 장기적인 행복에 더 집중하는 것으로 나타난다.[22] 관계의 문제를 "해결할 수 있다."고 생각하는 이들은 "사랑해."처럼 확신을 주는 말을 사용하고 긍정적인 태도를 유지할 확률 또한 높다.[23] 시간이 지나면서 관계가 더 단단해질 거라 믿는 이들은 위기를 극복하고 관계의 요구를 자신의 요구보다 우위에 놓음으로써 자신을 기꺼이 희생하기도 한다.[24] 반면 정해진 소울메이트를 믿는 이들은 관계에서 폭력을 행할 확률이 높다.

열정을 바라보는 시각 또한 바꿔야 한다. 불꽃이 있는 관계나 없는 관계로 나눠서 보는 사람이 있다.[25] 그들은 이 불꽃이 한번 사그라지면 영원히 사라진다고 생각한다. 한번 소멸하면 되돌릴 수 없다고 생각하는 대신 식은 열정에도 다시 불을 지필 수 있다고 믿어보자. 이 두 관점이 관계에 미치는 영향을 살펴본 2019년 연구에 따르면 열정에 다시 불을 지필 수 있다고 믿은 이들은 다른 상대를 찾아 나서는 대신 관계에 더 전념한 것으로 나타났다.

노력은 그만한 가치가 있다

관계를 다시 살리려면 관계를 대하는 태도부터 바꿔야 한다. 좋은 관계란 단순하고 아무런 노력이 필요 없으며 쉽게 꽃피울 수 있을 거라는 오해에서 벗어나야 한다. 이 같은 믿음은 로맨틱하게 들리지만 우리의 삶은 로맨틱 코미디가 아니다. 그래도 괜찮다. 우리의 관계는 노력을 기울일 만한 가치가 있기 때문이다. 게다가 노력이 조금 필요한 관계는 그렇지 않는 관계보다 낫다. 흥미롭게도 우리는 너무 쉽게 가질 수 있는 것을 덜 좋아한다. 반대의 경우 역시마찬가지다. 우리는 무언가를 얻기 위해 힘들게 노력할수록 그것을 더 좋아한다.

이러한 현상은 사회 심리학에서 반복적으로 나타난다. 한 그룹의 여성들은 성적인 단어가 많이 들어간 구절을 토론 그룹에 읽어주고 다른 그룹의 여성들은 보다 평범한 단어들로 이루어진 구절을 읽어주는 실험이 있었다.[26] 보다 어렵고 당혹스러운 임무를 수행한 여성들은 쉬운 임무를 부여받은 여성들보다 토론 그룹을 더 좋아하게 되었다.[27] 어색하고 고통스러우며 머리를 아프게 하는 상황을 견뎌야 한다면 거기에는 충분한 이유가 있어야 할 것이다. 아무런 가치가 없는 일을 위해 열심히 노력하는 것은 일관성 없고 무의미한 일이다.

그렇기 때문에 우리는 더 노력을 기울일 경우 가치 있는 일이어야 한다고 스스로를 설득한다. 다시 말해 우리의 행동과 생각, 즉 우리가 노력을 기울이는 이유에 대한 인식을 일치시키려는 것이다. 관계 역시 마찬가지다. 고난을 극복한 관계는 더 가치 있게 느껴진다. 우리는 내가 투자한 노력을 합리화하려 하기 때문이다. 어려운 시기에 기꺼이 서로 곁에 있어 주는 것이 중요하다. 고난을 함께한 경험은 서로를 향한 긍정적인 감정을 끌어올리기 때문이다.

초혼 커플 795명을 상대로 진행한 실험 결과에 따르면 관계에 더 많은 노력을 쏟을 때 관계 만족도가 더 높은 것으로 나타났다.[28] 남들보다 열심히 노력한 커플은 이혼 확률 또한 낮았다. 이 모든 노력은 무언가 잘못되었다는 신호가 아니라 관계를 올바로 이끌겠다는 그들의 헌신적인 마음을 보여준다. 질 높은 관계를 유지하기란 쉽지 않다. 사랑은 우리가 느끼는 감정이 전부가 아니다. 사랑은 관계에 적극적으로 가담하기 위해 우리가 취하는 행동이다. 가수나 운동선수, 음악가가 계속해서 연습하듯 사랑하는 이들은 계속해서 노력해야 하는 것이다.

패턴을 통해 큰 그림을 바라보자

불완전한 관계에 집착하느라 시간과 에너지를 낭비하지 말아야 한다. 그보다는 진짜 중요한 부분, 다시 말해 관계의 부침에 주목해야 한다. 관계의 기복을 추적해 우리가 행복한 미래로 가고 있는지 살펴봐야 하는 것이다. 연구 결과에 따르면 관계의 기복을 더 많이 경험한 커플은 더 괴로워하고 부정적인 행동을 더 많이 경험한 것으로 나타났다.[29] 우울한 감정을 경험할 확률이 높았으며[30] 상대에게 덜 전념하고 이별할 확률이 높았다.[31] 관계의 기복은 이제 막 시작된 인연 사이에서 더 높았으며 관계가 안정을 찾아가면서 감소했다.[32]

관계의 기복을 예의주시해야 하지만 이러한 기복의 흐름이 전부 동일하지는 않다는 사실을 명심해야 한다. 따라서 우리는 관계의 만족도와 전념도가 변하는 패턴에 관심을 가져야 한다. 예를 들어 내리막길을 걷는 관계는 천천히 계속해서 아래로 향하다가 중간에 몇 번 덜컹거리거나 크게 추락할 수 있다. 안정적이었던 관계가 험난한 과정 끝에 소생해 새로운 단계에 진입할 수도 있다.

관계의 기록은 관계의 건강에 큰 영향을 미친다. 문제는 관계의 내부인, 다시 말해 나 자신은 시간이 지나면서 관계가 어떻게 바뀔지 제대로 바라보지 못한다는 것이다. 해결책은 간단하다. 몇 개월 동안 나의 관계를 어떻게 느끼는지 매일 일기장에 적어보면 된다. 내가 이 관계에 얼마나 만족하는지 생각한 뒤 10점을 기준으로(1은 전혀 만족하지 못한다, 10은 매우 만족한다) 점수를 매겨보기 바란다. 행복, 갈등 횟수, 열정, 양립성, 상대를 향한 온기 등 다양한 측면을 평가해볼 수도 있다.

매일의 감정 변화는 미묘할 수밖에 없기 때문에, 일기를 쓸 경우 3개월에서 6개월 사이에 형성되는 큰 패턴을 돌아보는 데 도움이 된다. 특히 시간의 변화에 따른 생각의 변화도 적어놓으면 유용하다. 이 방법을 이용하면 잘못된 인식에 전적으로 의존하는 대신 보다 객관적으로 관계의 변화를 바라볼 수 있다. 일기장을 이용하든, 앱을 이용하든 이렇게 관계를 기록해두면 패턴을 통해 관계의 기복을 파악하는 데 도움이 된다. 이는 우리가 놓칠지 모르는 관계의 발전 사항을 제대로 인식할 수 있는 기회이기도 하다.

○ 관계의 기복 지켜보기

나의 관계를 그래프로 그려본다면 어떠한 모습일까? 꾸준히 성장하듯 위로 치솟는 직선일까? 중간에 몇 번 마찰이 있기는 하지만 아래로 곤두박질치지는 않는 단단한 곡선일까? 결혼을 대하는 양측의 태도가 관계의 결말에 어떠한 영향을 미치는지 살펴보기 위해 일리노이 대학교 브라이언 오골스키와 동료들은 20대 중반의 커플 376명을 인터뷰했다. 연구진은 그들에게 시간이 지나면서 결혼의 가능성에 대한 생각이 어떻게 바뀌었는지 그려보라고 했다.[33] 연구진들은 결혼 확률이 낮아진 지점을 살피는 등 그래프의 수많은 터닝 포인트를 분석했으며 상황이 급속히 진전되었는지 천천히 안 좋아졌는지 같은 패턴을 파악했다. 참여자들은 몇 개월 동안 그래프를 수정했고 이별, 진지한 관계로의 발전, 약혼 등 관계의 변화를 보고했다. 이 자료를 바탕으로 연구진들은 관계 변화에서 보이는 4가지 주요 패턴을 파악했다.

- 극적인 변화를 보인 그룹(34퍼센트): 이 그룹의 관계에는 굴곡이 많았다. 서로를 향한 마음이 급격한 변화를 보였으며 다른 그룹에 비해 관계의 침체기 역시 잦았다. 이 그룹은 자신의 관계를 대수롭지 않게 생각했으며 혼자만의 시간을 더 많이 보냈고 친구나 가족의 응원 또한 별로 없었다.
- 상대에게 몰입한 그룹(30퍼센트): 이 그룹은 상대를 우주의 중심에 놓았으며 관계의 침체를 별로 경험하지 않았다. 서로를 향한 마음의 변화는 상대와 시간을 보냈는지 여부에 주로 영향을 받았다.
- 사회적으로 관계된 그룹(19퍼센트): 이 그룹은 아주 안정적이었으며 극적인 변화를 보인 그룹이나 충돌이 잦은 그룹에 비해 관계의 침체를 덜 경험했다. 하지만 친구나 가족이 관계를 어떻게 바라보는지나 상대의 지인과 얼마나 자주 소통하는지가 관계의 변화를 가져왔다.
- 충돌이 잦은 그룹(12퍼센트): 이 그룹은 관계에서 발생하는 갈등으로 관계의 침체를 가장 많이 경험했다. 결혼의 가능성은 여러 차례 하락했지만 곡선의 기울기가 그다지 가파르지는 않았다. 상대에게 몰입한 그룹과 비교해 이 그룹은 자신의 관계를

별로 긍정적으로 바라보지 않았다. 사회적으로 연루된 그룹에 비해 친구나 가족의 응원도 적었다.

가장 인상적인 결과는 극적인 변화를 보인 그룹이 다른 세 그룹에 비해 이별할 확률이 2배나 높았다는 것이다. 상대에게 몰입한 그룹은 극적인 변화를 보인 그룹에 비해 진지한 관계로 발전하는 등 관계가 진전할 확률이 높았다. 즉, 관계에서 큰 변화를 겪은 이들은 관계를 오래 지속할지 더 염려하는 것으로 나타났다.

SUMMARY ─────────────────────────────────

◆ 완벽한 관계를 꿈꿔서는 안 된다. 완벽성은 더할 나위 없이 좋은 관계를 망치는 신기루나 다름없다.

◆ 고난은 현실이다. 고난은 단단한 관계를 유지하기 위한 비결이다. 고난을 함께할 때 커플은 관계를 더욱 소중히 여기게 된다.

◆ SNS에 자신의 관계를 전시하는 커플일수록 관계가 좋지 않다.

◆ 소울메이트 찾기는 포기하기 바란다. 성숙한 관계를 위한 계획을 짜는 편이 더 낫다.

◆ 진짜로 중요한 것에 집중해라. 관계의 기복을 들여다보면 관계의 잠재력을 파악하고 관계의 미래를 예측하는 데 도움이 된다.

3장

괜찮은 얼굴이 아니면
끌리지 않아

우리는 외모에 대해 오해하고 있다

STRONGER

THAN YOU THINK

진짜 끝내주게 예쁘다. 브라이스는 케일라를 처음 봤을 때 그 생각밖에 나지 않았다. 그녀는 그가 꿈꿔온 모든 것의 집합체였고, 그의 이상형이었다. 브라이스는 케일라가 자신보다 외모가 훨씬 뛰어나다는 사실을 알았고 자신이 잊을라치면 친구들이 그녀는 그가 넘볼 수 있는 상대가 아니라며 그에게 종종 상기시켜주었다. 브라이스는 이 상황을 즐겼다. 뭔가를 해낸 기분이었기 때문이다. 케일라 역시 브라이스의 퀸카 여자친구라는 역할을 기꺼이 받아들였다. 그녀는 자신의 외모를 자랑스러워했고 브라이스가 그 점을 치켜세워줘서 좋았다.

브라이스가 매력적이지 않은 것은 아니었다. 케일라의 말에 따르면 브라이스에게는 자석처럼 상대를 끌어당기는 매력이 있었다. 브라이스는 좌중을 호령했으며 자신에게 쏠리는 관심을 즐겼다. 그는 설득력 있었고 화술이 뛰어났다. 브라이스는 이 같은 자질을 이용해 꽤 성공적인 경력을 쌓았다. 그의 성과와 높은 연봉 덕분에 그들은 경제적으로 안정적인 삶을 누릴 수 있었지만, 브라이스는 그토록 멋진 집에서 보낼 수 있는 시간이 거의 없었다. 그의 오랜 근무 시간은 둘 사이에 갈등을 낳는 수준에 이르렀다. 놀랄 일도 아니었다. 브라이스와 케일라는 언제나 물과 기름 같은 사이였다. 둘은 성격이 맞지 않았고 종종 서로 다른 방향으로 가고 있는 것만 같았다. 하지만 정반대 사람들끼리 서로 끌린다고 하지 않던가.

○   당신이 아는 전부가 오해라면?

관계 초반에 상대는 베일에 휩싸인 존재다. 미스터리를 풀기 위해 우리는 내 안에 자리한 탁상공론 심리학자를 이용한다. 비밀을 파헤치는 데 도움이 되는 어떠한 정보라도 찾아내는 것이다. 정보가 많지는 않기 때문에 우리는 힌트나 단서, 미묘한 신호를 살펴볼 수밖에 없다. 상대가 정말로 어떠한 사람인지 실마리를 던져줄 그 어떤 정보라도 말이다. 파티나 식당, 직장에 있는 모습을 살짝 엿보든, 데이팅 앱에 올려놓은 프로필 사진을 들여다보든 우리가 상대와 관련해 처음으로 접하는 정보는 대게 그들의 외모다. 외모는 상대를 전혀 모를 때 우리가 알 수 있는 유일한 부분이다.

외모는 중요하다. 뇌 스캔 연구에 따르면 신체적으로 매력적인 사람을 볼 때 뇌의 보상 센터에서 이를 인지한다고 한다.[1] 하지만 가볍거나 세속적인 사람처럼 보이고 싶은 사람은 없다. 우리는 내가 숨은 가치를 찾아내고 복잡한 이면을 중시하며 미묘한 차이를 알아보는 깊은 사상가이기를 바란다. 우리는 상대를 객관화하고 싶어 하지도 않는다. 하지만 우리는 여전히 오해를 한다. 관계를 생각할 때 가장 피상적인 정보, 다시 말해 외모에 지나치게 의존하기 때문이다.

외모는 관계에 안 좋은 영향을 미친다

연구 결과에 따르면 신혼부부는 외모가 뛰어난 상대를 바란다고 한다.[2] 그 사실 자체만으로는 놀라울 것도 없다. 문제는 다음과 같다. 연구진들은 실험 참가자들에게 외모가 뛰어난 상대를 둔 것이 관계에 도움이 되는지 물었다. 결론부터 말하면 아니었다. 사실 외모는 결혼생활에 안 좋은 영향을 미쳤다. 외모가 뛰어난 남편은 관계에 만족할 확률이 낮았다. 외모가 별로인 남편은 관계에 큰 영향을 주지 않았고 아내들은 남편의 외모를 별로 중요하게 생각하지 않았다. 하지만 이 연구는 결혼한 지 얼마 안 된 부부를 대상으로 했다. 외모의 매력은 관계가 무르익을수록 중요해지는 것 아닐까?

아니었다. 2017년 하버드 대학교를 비롯한 다른 기관에서 진행한 연구에 따르면 매력적인 상대를 둘 때 관계가 불안정해질 수 있는 것으로 밝혀졌다.[3] 연구진들은 남성 수백 명의 졸업 앨범 사진을 외모 순으로 정리한 뒤 그들의 결혼과 이혼 전력을 확인했다. 고등학교 때 외모가 뛰어났던 이들은 결혼생활이 길지 않았으며 이혼 확률이 높았다. 연구진들은 남성과 여성 연예인들의 사진도 살펴보았다.

역시 외모가 뛰어난 이들은 혼자 지내는 기간이 길었고 이혼 확률이 높았다. 왜 그런 것일까? 우리는 평생 매력적인 상대를 찾아다닌 끝에 그토록 바라던 짝을 만나지만 이는 우리의 관계를 위협하고 만다. 직관에 반하는 데다 공평해 보이지 않는 결과다. 어떻게 그럴 수 있을까? 상대의 치명적인 매력 때문이다. 서서히 빠져들게 만드는 다른 특징과는 달리 첫눈에 우리를 사로잡는 특징들은 시간이 갈수록 우리가 끔찍이도 싫어하는 부분이 된다.[4]

외모가 뛰어난 상대를 만나는 것은 좋은 목표가 아니다. 하지만 상대가 우리의 외모를 좋게 평가하는 것이 문제가 되지는 않을 것이다. 안 그런가? 틀렸다. 놀랍게도 상대가 우리의 외모를 중요하게 생각하는 태도는 관계에 해로운 영향을 미친다고 한다.

2017년, 브리지워터 주립 대학교의 심리학 교수 로라 램지와 동료들은 100명이 넘는 여성에게 상대가 자신을 어떻게 대상화하는지, 그러한 성적 관심을 여성이 얼마나 즐기는지, 관계에 얼마나 만족하는지 물어보았다.[5] 실험 결과에 따르면 남성들이 여성의 외모에 더 큰 관심을 보일 때 여성들은 관계에 덜 만족하는 것으로 나타났다. 성적인 관심을 즐긴다고 말한 여성들조차 다르지 않았다.

확실히 남성들은 여성의 외모를 그만 봐야 한다. 하지만 연구 결과에 따르면 남성들은 상대가 자신을 대상화하고 성적인 관심을 즐긴다고 말할 때 상대를 더욱 대상화하는 것으로도 밝혀졌다. 따라서 양측 모두 이 문제에 미치는 자신의 역할을 인식해야 할 뿐만 아니라 대상화는 로맨틱하지 않다는 사실을 깨달아야 한다. 대상화는 관심을 잘못된 방식으로 표현한 것이며, 결국 관계에 해로운 영향을 미친다. 이 모든 것은 관계에서 매력이 지니는 까다로운 속성으로 귀결된다. 성적으로 호감을 느낄 때 우리는 관계에 더 만족한다. 하지만 성적인 호감을 지나치게 우선시할 때 우리는 상대를 대상화해버리는 것이다.

우리는 외모에 대해 오해하고 있다

외모는 관계의 성공에 아무런 영향을 미치지 않지만 우리는 상대의 외모에 지나치게 큰 의미를 부여한다. 우리도 어쩔 수 없는 부분이 있기는 하다. 우리는 시각 정보를 순식간에 처리한다. 다시 말해 신체적인 특징은 즉각적이고 확실한 인상을 남긴다. 이 같은 과정은 본능적으로 일어나므로 우리는 외모를 바탕으로 상대를 판단해야 하며 이 같은 판단이 도움이 된다고 스스로를 속이게 된다. 이러한 사고방식 때문에 우리는 선한 눈, 신뢰할 만한 미소를 지닌 상대를 찾게 되며 외모로 그들의 성격을 판단할 수 있다고 생각한다.

하지만 신체 특징을 바탕으로 상대의 보이지 않는 특징까지 알아내려 할 때 우리는 안 좋은 정보를 바탕으로 안 좋은 결정을 내리게 될 뿐이다. 전형적인 사회 심리학 실험은 이러한 과정이 얼마나 쉽게 이루어지는지 보여준다.[6] 인식의 영향력을 살펴본다는 구실 하에 연구진은 실험 참여자들에게 인물 사진 3개를 보여주었다. 한 명은 외모가 뛰어났고 한 명은 별로였으며 다른 한 명은 평균 수준이었다.

그들은 사진 속 인물들의 성격과 사회적 성취나 결혼생활을 추론했다. 사진만으로 그들이 그 사람들에 대해 얼마나 알 수 있었겠는가? 하지만 사진은 그들에게 특정한 인상을 심어주었다. 그들은 외모가 뛰어난 사람이 더 바람직한 특징을 지니고 있다고 생각했으며 그들이 더 알아주는 직장에 다니는 것은 물론 결혼할 확률이나 훌륭한 배우자가 될 확률, 바람직한 결혼생활을 즐길 확률도 높다고 생각했다. 단 한 장의 사진으로만 말이다.

외모 같은 한 가지 특징을 너무 높이 평가할 때 그 사람의 다른 부분도 긍정적으로 보이게 되는 효과가 있다. 연구진들은 이를 '할로 효과(halo effect)'라 부른다. 천사가 연상되는가? 그렇다면 조금 더 현실적인 용어로 말해보겠다. 고정관념화다. 외모가 누군가를 좋은 사람으로 만든다고 믿는 것은 고정관념 치고 무해해 보인다. 이것은 칭찬이기 때문이다.

문제는 대부분의 고정관념처럼 우리의 가정이 잘못되었다는 데 있다. 이러한 가정을 바탕으로 내린 결정 역시 잘못될 수밖에 없다. 연구진들이 외모가 뛰어난 사람들이 정말로 훌륭한 이들인지 알아봤을 때 외모와 긍정적인 성격, 삶에서 이뤄낸 성취 사이에는 큰 상관관계가 없었다.[7] 우리는 외모가 뛰어난 사람을 지나치게 관대하게 평가하며 상대를 선택할 때 신체 특징에 지나치게 큰 점수를 부여한다.

우리는 외모에 너무 주목하는 것이 옳지 않다는 것을 어느 정도 알고 있다. 하지만 우리도 어쩔 수 없어 보인다. 우리가 "아름다운 것이 좋다."라고 믿는 것은 아니다.[8] 우리의 과장된 인식은 희망사항에 가깝다. 연구 결과에 따르면 우리는 외모가 뛰어난 사람을 만날 때 그들이 매력적일뿐만 아니라 좋은 사람이라고 스스로를 설득한다고 한다. 상대가 매력적일뿐만 아니라 성격도 좋고 미래도 밝다고 믿는 것이다. 우리는 운도 좋다. 외모가 훌륭한 상대는 다른 이들에게 우리 자신 역시 꽤 괜찮은 사람이 분명하다는 신호를 보낸다.

최고의 상대를 바라지 않는 사람은 없다. 온라인 데이트족을 상대로 진행한 연구에 따르면 대부분 자신보다 외모가 25퍼센트 뛰어난 상대를 찾는 것으로 나타났다.[9] 하지만 이는 우리에게 일어날 수 있는 최악의 일일지도 모른다. 한쪽은 외모가 뛰어난데 다른 쪽은 그저 그런 외모의 커플을 생각해보자.

이 커플의 관계는 위태로울 수밖에 없다. 상대적으로 부족한 외모를 가진 쪽은 뛰어난 외모의 짝을 만나서 뿌듯하겠지만 동시에 남들 눈을 의식하게 된다. 다른 누군가 나의 연인을 채갈지도 모른다는 두려움 때문에 불안해진다. 결국 자연스레 관계를 보호하게 되고 그 과정에서 질투가 폭발한다.[10] 그리하여 상대의 시간을 독점하고 잠재적인 경쟁자를 깎아내리고 감정을 조작하고 상대의 질투를 불러일으키는 등 부정적인 전략을 취한다.[11]

매력적인 상대가 되는 것 역시 쉽지 않다. 이제 막 새로운 관계를 시작한 여성 700명을 상대로 진행한 연구에 따르면 그들이 자신의 외모가 상대 남성보다 뛰어나다고 생각할 때 관계의 장기적인 안정성이 흔들린 것으로 나타났다.[12] 외모가 뛰어난 여자들은 다른 남자와 시시덕댈 확률이 높았고 더 나은 상대를 찾을 수 있다고 믿었으며 이별을 더 자주 생각했기 때문이었다. 하지만 남편의 외모가 자신보다 낫다고 생각한 여성들은 한 가지 핵심 영역에서 문제를 겪었다.[13]

100명이 넘는 신혼부부를 상대로 진행한 연구 결과에 따르면 남편이 자신보다 외모가 뛰어나다고 생각할 때 아내들은 다이어트를 할 확률이 높고 날씬해지고 싶은 욕망이 더 큰 것으로 밝혀졌다. 외모 차이에 관한 이 모든 연구가 말해주는 사실은 명확하다. 커플의 외모 차이가 극명할 때 장기적으로 모두에게 안 좋은 영향을 미치는 것이다.

○　　　엄마가 당신을 가장 잘 안다?

자신이 외모를 얼마나 중시하는지 알려면 객관적인 시선이 필요하다. 이스턴 코네티컷 주립대학교 연구진들은 여성들을 대상으로 잠정적인 상대를 평가하게 하는 실험을 진행했다.[14] 그들은 실험 참여자들의 어머니에게도 딸의 잠정적인 상대를 평가해 보게 했다. 그들에게는 외모가 뛰어나거나 평균이거나 별로인 인물 사진을 비롯해 다양한 성격이 기술된 프로필이 제공되었다.

엄마와 딸의 평가는 달랐다. 딸들은 주로 외모를 중시했으며 상대의 성격과는 관계없이 외모가 훌륭한 사람과 데이트하기를 원했다. 엄마들은 딸보다 덜 까다로웠으며 외모가 뛰어나지 않더라도 성격이 괜찮은 사람을 딸의 데이트 상대로 꼽았다. 다시 말해 그들은 딸보다 객관적이었으며 외모보다는 친절하고 예의바른 태도 같은 긍정적인 성격을 높이 평가했다. 엄마들은 외모는 시간이 흐르면 큰 의미가 없어진다는 사실을 알기 때문에 장기적인 관계에 긍정적인 영향을 미칠 특징을 더 중요하게 생각한 것으로 보인다.

○　　　긍정적인 특징으로 위장한
　　　　문제 있는 성격의 특성

우리가 외모만 보는 것은 아니다. 하지만 피상적인 신체 특징을 무시하려 해도 우리는 자연스럽게 외모에 집착하게 되는데 그러다 보면 잘못된 상대를 만나게 될 수 있다. 가령 친절해 보이던 사람이 알고 보니 너무 물러터진 사람일 수 있고 상대를 배려하던 사람이 강압적으로 모든 것을 지배하려 들 수 있으며 진취적인 성향을 지닌 상대는 우리에게서 멀어질 수 있다.[15]

마지막 특징은 우리가 상대에게서 가장 바라는 요소인 성공과 관련 있다. 야망 있고 성취욕 높은 사람은 재정적인 안정을 안겨주기 때문에 바람직한 상대로 여겨진다. 하지만 지나치게 야심 있는

　　　　　　　　　　　　　　　　　　　　　○

상대를 만날 때 우리는 다른 중요한 부분에서 대가를 치르게 된다. 시간은 돈이다. 돈을 버는 동안에는 가족에게서 멀리 떨어져 있을 수밖에 없다. 가족과 함께 보내는 시간이 중요한 사람에게 지나친 성공은 문제가 될 수 있으며 관계에 악영향을 미칠 수 있다. 그렇기 때문에 안정적이지만 수입이 너무 높지 않은 직업, 초과 근무에 심드렁한 태도, 지나치지 않은 승진 욕구가 관계에는 더 바람직할 수 있다.

성공은 어느 날 우연히 찾아오지 않는다. 성공하려면 야망을 품은 채 누구보다도 열심히 일해야 한다. 카리스마와 지성, 창의성은 재정적인 안정을 가져다줄 뿐만 아니라 매력적인 상대의 자질이기도 하다. 하지만 긍정적인 특징으로 위장한 이 같은 특성들은 사실 위험할 수 있다. 이러한 성격은 어둠의 3요소라 알려진 세 가지 인격에 해당한다.

어둠의 3요소에 해당하는 특징을 지닌 이들은 자신이 특별하며 우월하다고 믿는 나르시즘 성향을 보인다.[16] 이들은 사회에서 매력 있고 흥미로운 인물로 평가받지만 기만적이기도 한 마키아벨리즘 성향을 보이기도 한다. 이들은 충동적일 뿐만 아니라 타인을 향한 적의와 적대감을 보이는 사이코패스이기도 하다. 이상적인 상대와는 거리가 멀다.

어둠의 3요소는 어떻게 측정할까?

어둠의 3요소가 미치는 잠정적인 특징을 고려할 때, 나와 내가 사랑하는 사람의 성향을 미리 파악해두면 좋다. 각 질문에 내가 얼마나 동의하는지 점수를 매겨보기 바란다.

1. 나는 관심의 중심에 놓이는 것을 좋아한다.

   매우 그렇다 1 2 3 4 5 6 전혀 아니다

2. 성공하기 위해서라면 이따금 다른 이들이 내가 원하는 것을 하도록 만들어야 한다.

   매우 그렇다 1 2 3 4 5 6 전혀 아니다

3. 필요하다면 다른 이를 이용하고 거짓말을 해도 양심의 가책을 느끼지 않을 수 있다.

   매우 그렇다 1 2 3 4 5 6 전혀 아니다

1번은 나르시즘 성향을, 2번은 마키아벨리즘 성향을, 3번은 사이코패스 성향을 측정한 것이다. 점수가 높을수록 그러한 성향을 지니고 있을 확률이 높다. 세 가지 성향에서 전부 높은 점수를 보일 경우 큰 문제가 되겠지만 한 성향에서 높은 점수를 보이는 것 역시 문제가 될 수 있다. '어둠의 3요소 더티 더즌'[17]을 참조하기 바란다.

○ 나르시스트가 매력적으로 보이는 이유

이러한 특징들을 조금씩 갖고 있는 사람은 매력적으로 보일 수 있다. 우리가 정신없이 빠져드는 상대를 생각해보자. 처음에는 상대의 지나치게 자신만만하고 건방진 모습, 뛰어난 외모, 즉흥적인 행동이 매력적으로 다가온다. 자신에게도 어둠의 3요소가 있는 이들은 이러한 특징을 더욱 매력적으로 느낀다.

어둠의 3요소 가운데 가장 간파하기 쉽지 않은 요소는 나르시즘이다. 나르시스트는 정말로 매력적일 수 있다. 그들은 자신감 있고 카리스마 넘치며 매혹적이며 사교적이고 자석처럼 상대를 끌어당긴다. 매력 덩어리인 것이다. 안타깝게도 처음에 우리를 사로잡은 특징은 장기적으로 우리를 소진시킨다.[18]

유럽 연구진들이 7건의 연구를 통해 발견한 사실에 따르면 나르시스트가 매력적으로 보이는 이유는 그들의 자신감이 흥미를 불러일으키기 때문이라고 한다.[19] 그들은 다른 이들이 자신에게 보이는 관심을 즐긴다. 하지만 아무리 감탄하던 마음도 시간이 지나면 점차 희미해지기 마련이다. 우리가 상대를 우러러 보는 것에도 한계가 있다. 관계를 지속하려면 서로 관심을 주거니 받거니 해야 한다. 하지만 나르시스트 성향이 있는 사람은 관심을 독차지하고 싶어한다. 한때 파트너십이었던 관계가 이제는 연인 사이에 적대감을 양산하는 경쟁 관계가 되는 것이다.

게다가 어둠의 3요소는 관계의 절대 악인 외도와도 관련 있다.

연구진은 20대 후반과 30대 초반의 남녀 884명을 대상으로 설문조사를 실시했다. 그들은 참여자에게 어둠의 3요소를 측정하는 설문지를 작성하게 한 뒤 "현재 혹은 가장 최근에 헤어진 상대를 두고 바람을 피운 적이 있는가?"[20]라는 질문을 던졌다.

자료를 분석한 결과 남녀 모두에게서 어둠의 3요소는 외도와 큰 관련이 있는 것으로 나타났다. 또 다른 연구에 따르면 어둠의 3요소를 지닌 여성은 바람을 더 많이 피우고 자신이 바람의 유혹에 쉽게 빠진다고 믿었으며 상대가 자신을 두고 바람을 피우는 것에 상처를 더 많이 받은 것으로 나타났다.[21] 조화로운 관계와는 거리가 먼 것이다.

○ 정반대 특징은 처음에는 끌리지만
곧 문제가 된다

우리는 가장 흔하면서도 해로운 믿음에서 벗어나야 한다. 정반대 사람에게 끌린다는 믿음이다. 정반대 성향을 지닌 연인들은 최소한 초반에는 그러한 차이를 매력적으로 받아들이기도 한다. 하지만 정반대 특징은 결국 관계를 위태롭게 만든다. 서로 사람들 사이에서 벌어지는 역학을 생각해보자.

한 사람은 밖에 나가 사람들과 어울리기를 좋아하고 다른 사람은 집에 머물기를 좋아한다. 한 사람은 바다를 좋아하고 다른 사람

○

은 모래를 싫어한다. 한 사람은 깔끔하고 정돈된 것을 좋아하는데 다른 사람은 어지럽히기 일쑤다. 완벽한 상태와는 거리가 멀다. 이처럼 연인들의 성향이 다를 경우 갈등이 발생하고 관계의 잠재력이 제한된다.

한 사람은 돈 쓰는 것을 좋아하는 쇼핑광이고 다른 사람은 저축을 좋아하는 구두쇠라고 생각해보자. 완전히 정반대 성향이다. 연구 결과에 따르면 씀씀이가 헤픈 사람과 절약하는 사람은 보통 서로에게 끌린다고 한다. 서로가 바라는 특징을 상대가 지니고 있기 때문이다.[22] 돈 쓰는 것을 좋아하는 사람은 조금 더 검소해지기를 바라고 저축을 좋아하는 사람은 조금 더 속 편하게 돈을 쓰고 싶어 한다. 괜찮은 계획처럼 보이지만 실제로는 그렇게 되지 않는다.

연구진들이 30대와 40대 기혼자 112명을 살펴본 결과 소비나 저축 경향이 정반대인 경우 결혼생활이 덜 행복한 것을 알 수 있었다. 458명의 기혼자를 상대로 후속 연구를 진행한 결과 돈 문제에서 전혀 다른 성향을 보이는 커플은 재정적인 문제로 훨씬 많은 갈등을 겪었으며 결국 관계의 질이 악화된 것을 알 수 있었다. 이 같은 연구는 우리가 상대에게서 바란다고 생각하는 것에 조금 더 유의할 필요가 있음을 시사한다. 아름다운 외모나 성공, 자신감, 카리스마처럼 우리가 가장 선호하는 특징은 우리가 추구하는 장기적인 행복에 도움이 되지 않는다.

　　명심하기 바란다. 우리가 어떠한 사람에 끌리는지는 결국 우리가 어떠한 사람과 사랑에 빠질지를 보여주기 때문에 가볍게 넘길 문제가 아니다. 신체 특징을 무시하거나 성공할 가망이라고는 없는 매력적이지 않은 상대를 찾으라는 말이 아니다. 그보다는 오래도록 성공적인 관계를 유지하는 데 정말로 중요한 것이 무엇인지 곰곰이 생각해봐야 한다. 극단적인 조치를 취하거나 큰 비용을 투자하지 않는 한 매년 상대의 외모는 시들 것이다. 우리 또한 마찬가지다.

　확실히 외모만으로 상대를 사랑해서는 안 된다. 마찬가지로 단지 나의 신체 특징으로 나를 평가하는 상대라면 경계해야 한다. 그렇다고 상대가 우리를 매력적이라고 생각해서는 안 된다는 뜻이 아니다. 하지만 내가 귀엽다고 생각하는 것과 나의 외모를 사랑해 마음에 들지 않는 성격을 참아주는 것은 별개의 문제다. 스스로에게 묻기 바란다. 시간이 갈수록 외모가 시들 수밖에 없다면 이는 우리의 관계에서 어떠한 의미를 지닐까? 아무런 의미가 없는 것이다.

　자, 이제부터 관계의 기반시설을 재구축해보자.

외모에 신경 쓰지 않을 때 안정적인 관계가 유지된다

　외모에 지나친 가중치를 부여할 때 관계는 확실히 안 좋아진다. 하지만 외모가 관계에 아무런 영향을 미치지 않는 것은 아니다. 우리는 관계에 도움이 되는 방향으로 외모에 주목하는 법을 알아야 한다. 상대의 외모 수준이 비슷할 때 관계가 더 바람직한 방향으로 발전한다는 사실을 명심하기 바란다.[23] 연구진들은 이 같은 현상을 매칭 가설이라 부른다. 700명에 달하는 여성을 상대로 실시한 설문 조사 결과 연인의 외모 수준이 대부분 비슷했다고 한다. 별로 놀라운 결과도 아니다.[24] 여러분의 관계 또한 그럴지도 모르는데 외모 수준이 비슷한 연인이 함께할 확률이 높기 때문에 이는 바람직한 일이다.[25]

그렇기는 하지만 조금 다른 해석도 가능하다. 외모 수준이 비슷한 경우가 가장 좋겠지만 한쪽이 더 매력적일 경우 그 대상이 여성일 때 관계에는 더 좋다.[26] 연구 결과에 따르면 아내의 외모가 더 뛰어날 때 부부는 더욱 편안하게 서로를 지지하며 서로를 긍정적으로 대한 것으로 나타난다. 반대로 남편의 매력도는 아내의 관계 만족도에 별로 영향을 미치지 않는 것처럼 보인다.[27] 몸매도 마찬가지다. 신혼부부를 상대로 한 연구에 따르면 아내가 남편보다 날씬하고 신체질량지수(BMI)가 낮을 경우 부부 모두 처음부터 관계에 더 만족하고 연구가 진행된 4년 동안 같은 상태를 유지한 것으로 나타났다.[28]

이 연구에는 흥미로운 반전이 있다. 약간 살이 찐 상태는 관계에 도움이 되는 것이다. 그렇다. 남녀 모두 관계에 만족하고 안정적인 관계를 유지할 때 살이 붙는 경향이 있었다. 이런 말은 처음 들어봤겠지만 날씬한 몸매가 좋은 것이 아니었다! 그보다는 살이 찌는 것이, 우리가 보통 덜 매력적이라고 여기는 상태가 더 나은 것이다. 도대체 어찌 된 일일까?

관계가 안정적일 때 우리는 아이스크림을 한 통 먹더라도 관계가 흔들릴까 걱정하지 않는다. 하지만 관계가 위태로울 때에는 이상적인 몸매를 유지하는 일이 중요해진다. 새로운 상대의 마음에 들어야 할지도 모르기 때문이다. 결국 좋은 관계는 우리의 허리둘레에는 좋지 않을 수 있다. 뒤집어 말하면 몸무게가 몇 킬로그램 느는 것은 관계에 좋은 신호일 수 있다. 다른 상대에게 매력적으로 보이기 위해 외모에 신경 쓰지 않고 있다는 의미일 수 있기 때문이다.

○ 타이밍이 전부다

물론 외모는 중요하다. 얼마나 중요한지는 관계를 맺기 전에 서로 얼마나 오래 알고 지냈는지에 달려 있다. 연구진들은 연인들이 서로 잘 몰랐을 때에는 외모를 중시해 외모 수준이 비슷한 상대와 만났을 거라고 추측했다.[29] 하지만 연인이 되기 전부터 알고 지낸 경우 외모를 덜 중요시하기 때문에 외모 수준에서 큰 차이를 보일 거라 예측했다. 추측한 대로 만나자마자 진지한 사이로 발전한 커플은 서로 외모 수준이 비슷한 경향이 있었다.

그들이 외모를 중요하게 생각했다는 증거였다. 하지만 연인 사이로 발전하기 전에 서로 오래 알고 지낸 경우 연인의 외모는 큰 차이를 보였다. 그들이 성격을 더 중요하게 생각했음을 알 수 있는 결과다. 서로 9개월 이상을 알고 지낸 경우 상대의 외모는 별로 중요하지 않았다. 관계에서 외모가 차지하는 비중을 낮추고 싶은가? 연인으로 발전하기 전에 서로 알아가는 시간을 가져보면 어떨까.

○ 성격은 중요하며 단순하지 않다

외모를 중시하는 이러한 성향이 너무 얄팍하게 느껴진다면 실제로 그렇기 때문이다. 관계의 발전을 꾀하려면 피상적인 아름다움에만 집착해서는 안 된다. 모두들 이러한 경험이 있을 것이다. 멀리서 누군가를 보고 한눈에 반했는데 만나서 대화를 나누는 순간 호감도가 급감하는 경우다. 반대의 경우도 있다. 외모는 그저 그랬는데 알고 보니 성격이 정말 좋아 그 즉시 상대에게 끌리는 경우다.

대학교와 대학원에서 이러한 경험을 모두 해본 나는 상대의 성격이 그들의 외모에 대한 우리의 인식을 정말로 바꾸는지 그냥 그렇게 느껴질 뿐인지 궁금해졌다. 나는 실험 참여자들에게 외모가 아주 뛰어나거나 평범하거나 별로인 사람들의 사진을 수십 개 보여준 뒤 평가를 내리도록 했다.[30] 그러고 나서 그들이 자신이 매긴 순위를 기억하지 못하도록 9,367에서부터 13씩 낮은 숫자 9353, 9340, 9327를 세도록 시켰다. 몇 분이 지난 뒤 이번에는 7씩 큰 숫자를 세도록 했다. 참으로 지루한 과제였다.

숫자를 세고 난 뒤 그들이 자신이 매긴 순위를 기억하기란 불가능했다. 그다음에 참여자들은 같은 사진을 다시 보았지만 이번에는 각 인물의 성격에 관한 정보도 주어졌다. 똑똑하고 재미있고 친절한 등 긍정적인 성격도 있었고, 우둔하고 재미없고 무례한 등 부정적인 성격도 있었다. 사진과 성격 프로필을 본 뒤 참여자들은 그들의 신체 매력도에 다시 등급을 매겼다.

예상대로 성격은 중요했다. 참여자들은 상대의 긍정적인 성격 특징을 알게 되었을 때 해당 인물의 신체 매력도를 높게 평가했으며 부정적인 성격 특징을 보았을 때 해당 인물의 신체 매력도를 낮게 평가했다. 두 경우 모두 사진은 동일했지만 참여자들은 이 사진을 다르게 인식했다. 다른 연구진들은 몸매를 갖고 이와 같은 실험을 진행했다. 남성들은 여성의 긍정적인 성격 특성에 대해 알게 되었을 때 그들이 가진 다양한 신체적 특징을 매력적으로 평가했다.[31] 하지만 상대의 부정적인 성격 특징을 접했을 때에는 더욱 까다로운 기준으로 몸매의 매력도를 평가했다. 성격은 우리의 인식에 큰 영향을 미치는 것이다.

좋든 싫든 우리는 완벽한 미소, 근육질 팔, 날씬한 허벅지, 빨래판 복근 등 외모의 피상적인 부분을 강조하는 문화에 산다. 상대에게 멋져 보이기 위해 값비싼 화장품을 구입하거나 헬스장에서 죽어라 운동하거나 쫄쫄 굶거나 수술대 위에 오르지 않아도 된다니 정말 다행이지 않은가. 훌륭한 성격이 우리를 더욱 매력적으로 만

든다는 사실이 위안이 된다. 마찬가지로 우리가 상대의 훌륭한 특
징을 알아보면 상대는 우리에게 더욱 아름다운 사람이 될 것이다.

성격은 단순하지 않다. 고려할 측면이 너무 많은 탓에 정말 중요

잠정적인 배우자의 20가지 바람직한 성격 특징

남성이 중시하는 가치	여성이 중시하는 가치
1. 믿을 만한	1. 따뜻한
2. 따뜻한	2. 믿을 만한
3. 공정한	3. 공정한
4. 지적인	4. 지적인
5. 아는 것이 많은	5. 아는 것이 많은
6. 양심적인	6. 상대를 믿는
7. 상대를 믿는	7. 든든한
8. 성실한	8. 성실한
9. 든든한	9. 감정적으로 안정적인
10. 편안한	10. 편안한
11. 감정적으로 안정적인	11. 통찰력 있는
12. 통찰력 있는	12. 관대한
13. 침착한	13. 양심적인
14. 활기찬	14. 활기찬
15. 현실적인	15. 너그러운
16. 호기심 많은	16. 사교적인
17. 사교적인	17. 호기심 많은
18. 창의적인	18. 정리를 잘하는
19. 정리를 잘하는	19. 유연한
20. 여유 있는	20. 여유 있는

한 요소를 파악하기가 쉽지 않다. 여러분이 상대의 좋은 특징을 더 잘 알아볼 수 있도록 배우자의 가장 바람직한 성격 특징 목록을 제시하고자 한다.[32]

이 목록을 잠시 살펴보도록 하자. 상대에게 있지만 내가 눈치채지 못하고 있는 특징들이 있는가? 상대의 진가를 알아보고 외모보다 중요한 특징들에 초점을 맞춰야 할 때인지도 모른다.

상대와 내가 공유하는 특징을 애정 어린 마음으로 바라보기 바란다. 처음에는 쉽지 않을지도 모른다. 비슷한 점은 간과하기 쉽고 차이점은 쉽게 눈에 띄기 때문이다. 특히 서양 문화에서는 개성을 강조하는데, 그러다 보면 상대와 내가 공유하는 부분을 인정하기가 쉽지 않다. 하지만 애정에 불을 지피기 위한 '황금률'이 있다면 서로의 공통점을 찾는 것이다. 다행히도 우리는 자신과 비슷한 사람을 좋아한다.

우리는 생각보다 상대와 비슷한 점이 훨씬 더 많을지도 모르기 때문이다. 연인은 연령이나 인종, 종교, 사회경제적 지위, 지리적 위치, 가족관 같은 인구학적 요인에서 비슷할 확률이 높다. 연인은 개성과 취미, 관심사가 비슷하기도 하다. 관계 초반에는 연인 간의 유사점이 정말 중요하다.[33] 연구 결과에 따르면 관계가 무르익으면서 사람들은 이 같은 공통점보다는 상대가 나 자신이나 내가 되고 싶은 사람과 얼마나 비슷한지를 더 중요하게 여긴다고 한다.[34]

그러니 지금 상대와 비슷하지 않아도 괜찮다. 나에게 앞으로 있었으면 하는 특징을 상대가 갖고 있는 것이 더 중요하다. 가령 상대가 책임감이 있지만 나는 그렇지 않을 경우 내가 미래에 더 책임감 있는 사람이 되기를 바라는 한 이는 관계에 도움이 된다. 우리는 내가 되고자 하는 사람과 비슷한 상대를 높이 평가한다.

○   환상을 이용하라

상대가 갖고 있는 훌륭한 특징을 찾는 과정에서 우리는 스스로를 속일 수 있다. 상대를 바라보는 우리의 관점은 사랑이 초래한 환상일 가능성이 높다. 이 환상에 불을 지피는 것은 자기기만인데 자기기만은 스스로에게 거짓말을 하고 있다는 말을 에둘러 표현한 것에 불과하다. 자신을 속이기란 쉽지 않아 보인다. 연인과 나 사이는 너무 가깝기 때문이다. 우리에게는 사실을 점검하고 그릇된 인식을 교정할 기회가 충분하다. 때로는 진실이 우리의 정신을 번쩍 들게 만들어야 할 것이다. 하지만 그렇지 않다. 로맨틱한 관계에 빠진 이들은 보통 상대의 특징과 관련해 긍정적인 환상을 품는다. 이러한 환상 때문에 상대가 자신을 보는 것보다 긍정적으로 그들을 바라보게 된다.[35]

이 사실을 입증하기 위해 연구진들은 부부에게 자신은 물론 상대의 얼굴과 신체 매력도를 평가하게 했다.[36] 남편은 아내가 자신을 평가한 것보다 더 매력적으로 아내를 평가했다. 가령 아내들은 자신에게 7점을 주었지만 남편들은 아내에게 9점을 주었다. 아내들 역시 남편에게 후한 점수를 주었다. 연인이 서로의 성격을 평가할 때에도 같은 현상이 발생했다.[37] 사랑에 빠진 이들은 상대에게 지나친 환상을 품고 있었다. 그들은 상대가 스스로를 평가하는 것보다 그들이 친절하고 재미있고 똑똑하며 더 나은 사람이라 생각했다.

기분 좋은 거짓말이다. 하지만 우리는 결국 실망하게 되지 않을까? 결국 내가 저지른 실수를 깨닫게 될 테니 말이다. 연구 결과를 보면 그렇지 않은 것을 알 수 있다. 연구 결과에 따르면 우리는 계속해서 자신을 속이며 자신에게 아직 거짓말을 하지 않은 사람은 이제부터라도 그렇게 하는 것으로 밝혀졌다. 이러한 자기기만이 나쁘다고 생각할지 모르지만 긍정적인 환상은 심지어 아주 오랫동안 관계의 질을 향상시키는 데 기여한다.

한 연구에 따르면 신혼부부 가운데 상대에게 긍정적인 환상을 더 많이 품은 사람이 더 깊이 사랑에 빠진 것으로 밝혀졌다.[38] 하지만 관계 초반에는 모든 것이 좋기 때문에 긍정적인 태도를 유지하기가 쉽다, 안 그런가? 하지만 연구진들이 발견한 결과에 따르면 이러한 긍정적인 환상은 그 후 13년 동안 관계를 지켜주었다. 그렇게 오랫동안 자신을 속이기란 혹은 의도적으로 그렇게 하기란 불가능해 보인다. 하지만 부부는 그러한 일이 일어나고 있는지 혹은 자신의 환상이 그저 환상일 뿐인지 깨닫지 못한다.

긍정적인 환상이 이러한 결과를 가져오는 이유는 무엇일까? 지금껏 가장 널리 읽힌 대표적인 자기계발서에 나오는 단순한 조언이 이 현상을 잘 요약하고 있다. 《카네기 인간론》에서 데일 카네기는 "상대방이 훌륭한 명성을 갖도록 해주어라."라고 말한다.[39] 긍정적인 환상을 품을 때 우리는 상대가 실제로 갖고 있지 않은 바람직한 특징을 갖고 있다고 인정하게 된다.

상대는 우리가 틀렸다는 것을 알지만 이제 선택을 할 수 있다. 사실을 밝히거나 이제부터라도 그 기준에 맞춰 사는 것이다. 칭찬은 기분 좋지만 정당하게 얻을 때 더 기분이 좋다. 상대는 우리를 실망시키고 싶지 않을 것이며 과분한 평가에 걸맞는 사람이 되기 위해 노력할 것이다. 이는 그들을 더욱 나은 사람으로 만들어 준다. 자신을 살짝 속여보기 바란다. 그렇지 않으면 관계가 위태로워질지도 모른다.

SUMMARY ────────────────────────────

◆ 매력적인 사람은 관계에서 더 많은 문제를 겪는다.

◆ 상대가 나의 외모를 중시할 때 관계가 악화될 수 있다.

◆ 자신감 있고 카리스마 넘치는 사람은 매력적이지만 이는 상대가 어둠의 3요소를 지니고 있다는 사실을 보여주는 신호일지도 모른다.

◆ 상대의 성격은 상대를 더 매력적으로 보이게 만들 수 있다.

◆ 상대가 얼마나 멋진 사람인지 조금 잘못된 믿음을 갖는 것은 관계에 바람직하다.

4장

사랑이란
신체적 끌림이야

열정적인 사랑은 수명이 짧다

STRONGER

THAN YOU THINK

3주가 조금 넘었나, 정확히 말하면 24일째다. 잠자리를 하지 않은 기간 치고 세계 기록도 개인 기록도 아니지만 그건 헤이디가 남자친구가 없었을 때나 대체로 의도적으로 그랬을 때였다. 잠자리를 하지 않을 때 헤이디는 위태로운 관계를 직시할 수 있었다. 모든 것이 콜을 만나면서 바뀌었다. 그들은 한눈에 서로를 알아봤고 짜릿한 연애를 했으며 상대에게 완전히 빠졌다. 모든 것이 근사했다. 대화, 여행, 잠자리. 잠자리는 특히 좋았다. 1년 반 동안 동거한 뒤 헤이디와 콜은 결혼에 골인했다. 완벽 그 자체였다.

그때는 그랬다. 결혼한 지 몇 년이 지난 지금은 조금 다른 느낌이다. 나쁘지는 않지만 예전만큼 흥분되지는 않는다. 헤이디는 드레스를 입고 클럽에 가는 대신 헐렁한 잠옷을 입고 넷플릭스를 주구장창 본다. 헤이디는 스트레스를 별로 받지 않는 지금의 편안한 생활방식이 좋으며 최고의 친구가 된 콜과 보내는 시간이 정말 소중하고 편하다. 지금 상태는 그렇게밖에 설명할 수 없다.

하지만 여전히 신경이 쓰인다. 이렇게까지 오랫동안 잠자리를 하지 않은 적이 없었다. 이상한 건 콜이 이 사실에 관해 한마디도 하지 않는다는 것이다. 헤이디는 그가 인식하지 못하는 건지 신경 쓰지 않는 건지 궁금하다. 이해할 수 없다. 헤이디는 그 어느 때보다도 안정적이며 늘 꿈꾸던 삶을 살고 있기 때문이다. 하지만 자신도 모르는 사이에 남편을 동거인과 맞바꾼 기분이다.

당신이 아는 전부가 오해라면?

누군들 TV에 나오는 커플처럼 서로에게 시시덕거리고 잠자리를 시사하는 농담을 주고받고 싶지 않겠는가? 그들은 분명 잠자리를 엄청 많이 하고 덕분에 아주 행복할 것이다. 현실의 관계는 그와는 다르다. 서로 주고받는 농담은 지루하고 따분하며 잠자리도 그다지 자주 하지 않아 문제가 된다. 잠자리가 사랑의 궁극적인 표현이라면 우리의 관계에서 잠자리는 어떠한 의미일까?

뇌는 사랑에 반응한다

〈섹스 앤 더 시티〉의 캐리 브래드쇼는 이렇게 말했다.

"어떤 사람은 기꺼이 정착하고 어떤 사람은 마침내 정착하며 어떤 사람은 마음을 간질간질하게 만드는 사람을 만나기 전까지는 절대로 정착하지 않으려 한다."

잠자리와 간질간질한 감정을 향한 집착이 과대평가되었다는 것을 아는가? 노래, TV 프로그램, 영화는 사랑에 관해 확실한 메시지를 전하지만, 이 같은 메시지는 잘못되었다. 월트 디즈니 컴퍼니에서 제작한 뮤지컬 TV 영화 〈하이 스쿨 뮤지컬〉을 예로 들어보자. 연구 결과에 따르면 〈하이 스쿨 뮤지컬〉을 본 여자아이들은 〈헷지〉(인간들에게서 음식을 모으는 숲속 동물이 등장하는 애니메이션)를 본 여자아이들과는 달리 등장인물에 감정 이입을 했고 사랑의 중요성에 관해 이상적인 믿음을 품었으며 첫눈에 빠지는 사랑 따위를 믿었다.[1]

이 같은 결과는 영화와 TV 프로그램이 남긴 인상이 오래 지속된다는 사실을 보여준다. 〈그리스〉, 〈트와일라잇〉, 〈노트북〉, 〈그레이의 50가지 그림자〉, 〈러브 액츄얼리〉, 〈프렌즈〉, 〈디스 이즈 어스〉 등 우리가 보는 프로그램이 사랑에 관한 우리의 생각을 형성하는 것이다. 뇌가 사랑에 반응하는 방식 때문에 우리는 그러한 영화나 TV 프로그램에 끌린다.

사랑하는 사람을 얼핏 보거나 생각하는 것만으로 우리의 뇌는 흥미로운 양상을 보인다. 동기나 보상과 관련된 신경전달물질인 도파민이 풍부한 뇌 부위가 활성화되면서[2] 감정과 기억, 학습을 관장하는 부위가 영향을 받게 된다. 사랑에 빠진 초반에는 신경 성장 인자(NGF) 수치 역시 높아진다. 그 결과 뇌의 연결성과 기능성에 큰 영향을 미치는 뉴런의 발달이 촉진되고 우리는 타인과 가까워지며 희열에 사로잡히게 된다.[3] 사랑에 빠지는 경험은 우리를 기분 좋게 만들 수밖에 없는 것이다.

열정적인 사랑의 기쁨과 위험

뇌 화학물질의 이 같은 변화를 보면 연구진들이 열정적인 사랑이라 부르는, 사랑의 흥미로운 속성이 더욱 중요하게 느껴진다.[4] 우리에게 간질간질한 느낌을 안겨주는 것이 바로 이 열정적인 사랑이다. 이러한 사랑은 성적인 부분에 지나치게 집중되어 있으며 황홀경, 자극, 흥분, 상대를 향한 집착으로 꽉 차 있다. 열정적인 사랑에 빠진 사람은 상대를 이상화하며 그들이 완벽하다고 믿어버린다. 강렬하고 신나는 경험이다. 열정적인 사랑에 푹 빠지면 나의 생각을 제어할 수 없을 것만 같다. 우리는 신체적으로, 감정적으로, 정신적으로 상대를 원하게 된다.[5]

열정적인 사랑은 우리의 생각과 감정, 동기를 전부 사로잡는 종합적인 경험이다. 문제는 바로 여기에 있다. 열정적인 감정은 오래가지 못한다. 연구 결과에 따르면 열정적인 사랑은 수명이 짧다고 한다. 지속되는 동안에는 즐겁지만 그 강렬함은 그리 오래 지속되지 않는 것이다.[6] 왜 그럴까?

우리의 신체는 스카이다이빙처럼 생명을 위협하는 전율에도 적응하도록 설계되었다. 다시 말해 우리는 사실상 그 어떤 것에도 적응하게 되어 있다. 강렬한 사랑이 시들해지는 것도 당연하다. 열정적인 사랑에 집착하는 것은 죽어가는 산업에 기대를 거는 것이나 다름없다. 다시 말해 지나치게 많은 관계 자본을 열정적인 사랑에 쏟아부어서는 안 된다.

사랑이 모든 것을 좌우한다

사랑에 빠질 때 진짜 관계가 시작된다고 믿는 이들이 많다. 그전까지 우리는 관계에 진지하게 임하지 않는다. 우리는 사랑이 진짜 관계를 규정한다며 사랑에 너무 큰 의미를 부여한다. 내 말을 오해하지는 말기 바란다. 사랑은 중요하다. 우리가 생각하는 것만큼 중요하지 않을 뿐이다. 사랑은 건강한 관계를 유지하기 위한 몇 가지 주요 요소 가운데 하나일 뿐이라는 객관적인 관점으로 다가가야 한다. 관계가 발전하려면 상호 존중, 친절, 신뢰, 보살핌, 공통 관심사, 공통 목표 등도 중요하다.

다른 중요한 영역에서 부족한 부분을 사랑이 보충해줄 거라 기대하지 말자. 우리는 사랑에 빠졌다는 이유로 나를 존중해주지 않는 상대를 지나치게 쉽게 용서한다. 다시 한번 말하지만, 우리를 정말로 사랑하는 상대는 우리를 배려하고 존중하며 신뢰한다. 사랑은 중요하지만 사랑이라는 감정만으로 우리가 누려 마땅한 훌륭한 관계를 계속해서 끌고 나갈 수는 없다.

열정에 집착하는 행동은 무해해 보인다. 우리는 "나는 그를 사랑하는가?"와 같은 관계의 핵심 질문에 답하기 위해 상대를 향한 나의 열정을 가늠해보기 때문이다. 하지만 그러다 보면 성에 지나치게 큰 비중을 두게 된다.

○   잠자리 횟수, 이대로도 충분한가?

　　상대와 사랑에 빠졌다고 느꼈던 때를 떠올려 보기 바란다. 관계 초반에 잠자리와 사랑은 동일어로 봐도 무방하다. 우리는 사랑에 빠지고 상대와 성적으로 연결된다. 항상 새롭고 놀라우며, 상대와 정말 가까워지고 더 사랑에 빠진 기분이 든다. 우리의 뇌는 기분 좋게 만드는 신경 전달 물질 속에서 허우적댄다. 그러다 일상에서 스트레스가 끼어들면 우리의 성생활은 영향을 받는다. 정말로 사랑에 빠졌다면 늘 잠자리를 해야 하는 것 아닌가 하는 생각에서 벗어날 수 없다. 완벽한 세상에서라면 그렇겠지만 그런 세상에 살고 있는 사람은 아무도 없다. 예전만큼 잠자리를 많이 하지 않는다고 모든 것을 잃은 것이 아니다. 관계를 너무 몰아붙이는 대신 지금 우리가 누리고 있는 좋은 점을 알아봐야 한다.

　불안한 상태에 놓이면 우리는 다른 사람들이 나보다 나을 거라 지레짐작한다. 하지만 친구가 소셜 미디어에 데이트 사진을 올린다고 그들이 남들보다 잠자리를 자주 하는 것은 아니다. 그들 역시 어쩌다 데이트를 한 뒤 지쳐 쓰러졌을 확률이 높다. 다른 커플의 사정이 궁금하면 용기를 내 직접 물어보면 된다. 어색하겠지만 말이다. 다행히 관계 전문가들은 그럴 수 있다. 그들은 어색한 질문을 기꺼이 던질 뿐만 아니라 그것도 수천 명의 사람에게 던진다.

　영국의 다트머스 컬리지와 워위크 대학의 연구진들은 16,000명의 미국인에게 잠자리를 얼마나 자주 하는지 물었다.[7] 설문 조사 결과에 따르면 그다지 자주 하지 않는 것으로 밝혀졌다. 응답자 대부분이 일주일에 한 번, 혹은 한 달에 두세 번보다 적게 한다고 대답했다. 상대적으로 젊은 40대 이하의 사람들은 조금 더 많이 했지만 그래봤자 일주일에 한 번 정도 더 많이 할 뿐이었다.

샌디에이고 주립대학교의 진 트웬지가 진행한 연구에 따르면 미국인들의 잠자리 횟수는 전보다 더 줄어들었다.[8] 트웬지와 동료들이 26,000명이 넘는 미국 성인들의 자료를 비교한 결과, 2010년에서 2014년 사이 결혼하거나 동거 중인 커플이 1년 동안 한 잠자리 횟수는 2000년에서 2004년 사이에 비해 16번이나 줄어든 것으로 밝혀졌다.

다시 말해 사람들의 잠자리 횟수는 과거보다 더 줄어든 것이다. 잠자리 횟수는 나이가 들면서 감소해 스물다섯 살 이후 매년 3.2퍼센트 감소하기도 했다. 마흔이 되면 스물다섯 살 때에 비해 잠자리 횟수가 절반이나 줄어드는 것이다. 나이가 들고 관계가 세월의 시험을 견디면서 사람들은 자연스럽게 잠자리를 덜 하게 되었다.

다른 커플의 성생활을 살피는 것은 도움이 되지만 유의해야 한다. 남들과 비교하는 순간 나의 관계 만족도가 낮아질 수 있기 때문이다.[9] 잠자리의 횟수는 해석하기 나름이다. 영화 〈애니 홀〉을 예로 들어보자. 이 영화에서 앨비와 애니는 관계에 문제가 생겨 치료 전문가를 찾아간다. 앨비의 치료사가 "얼마나 자주 잠자리를 갖죠?"라고 묻자 앨비는 한탄하듯 말한다. "거의 안 해요. 일주일에 세 번 정도 할까요." 애니는 같은 질문에 자신의 치료사에게 화를 내며 말한다. "말도 마세요. 일주일에 세 번이나 한다니까요." 잠자리의 횟수는 같았지만 해석은 꽤 다른 것이다.

잠자리 횟수에 집착하다 보면 평범한 데이트조차 기분 좋은 감정을 느낀다는 극명한 사실을 놓치게 된다. 잠자리를 하려면 관계를 만족스럽게 만들어야 할 것이다. 연구진들이 신혼부부를 2주 동안 추적한 결과 잠자리를 한 날 커플은 성적 만족도가 높았으며 48시간 동안 그 감정이 지속된 것을 알 수 있었다.[10]

여운은 과학적으로 입증된 사실이다. 여운을 강하게 느낀 이들은 결혼 만족도 또한 높았다. 하지만 이러한 긍정적인 감정이 남아 있는 바람에 우리는 잠자리가 관계에 실제로 미치는 긍정적인 영향을 과대평가한다. 하루 내내 싸운 뒤 15분 동안 화해의 잠자리를 하면 관계가 괜찮게 느껴진다. 잠자리가 관계에 어떠한 영향을 미치는지 제대로 이해하려면 잠자리의 여운에 집착하는 대신 큰 그림을 바라봐야 한다.

○ 잠자리가 관계를 위태롭게 만든다

관계의 수명을 살펴려면 아주 긴 시간이 필요하며 수년 동안 커플들을 관찰할 수도 있어야 한다. 엘리자베스 숀펠트, 팀 러빙을 비롯해 텍사스 대학교 오스틴 캠퍼스의 동료들은 100명의 커플을 추적 조사했다. 그들은 결혼한 지 2년, 3년, 14년 된 커플에게 성생활과 관련된 질문을 던졌다.[11] 연구 결과 잠자리 횟수와 결혼 만족도 간에는 아무런 상관관계가 없는 것으로 나타났다. 부부의 잠자리 횟수는 결혼 만족도에 아무런 영향을 미치지 않았다.

다른 연구 결과도 동일하다. 플로리다 주립대학교 연구진들은 200명이 넘는 부부를 4년 넘게 추적 조사했다.[12] 오하이오와 테네시주에 거주하는 부부들은 6개월에서 8개월마다 관계와 관련된 설문조사에 답해야 했다. 이 기간 동안의 잠자리 횟수가 향후 6개월 혹은 그 후의 결혼 만족도에 영향을 미치는지 살피는 것이 목표였다. 이번에도 남들보다 잠자리를 자주 하지 않는 이들이 훗날 덜 행복한 것은 아니었다.

부부들의 결혼생활을 이렇게 자주 살피다 보면 연구진들은 과학적으로 큰 소득을 얻게 된다. 잠자리 횟수 증가나 감소에 영향을 미치는 요소를 살펴볼 수 있는 것이다. 재미있게도 그들이 알아낸 사실은 완전히 반대였다. 처음에 결혼생활이 별로 만족스럽지 않다고 말한 부부 역시 잠자리 횟수가 증가했다. 지금의 결혼생활이 별로일 때 나중에 잠자리를 더 많이 하게 되는 것이다. 예상 밖의 결과였지만 연구진들은 "결혼생활에 전반적으로 덜 만족하는 부부는 관계를 개선하기 위해서나 현재 자신이 누리는 이점을 극대화하기 위해 관계의 성적인 측면에 집중한다."고 추론했다.

이 같은 해석은 아내와 부부 모두에게 동일하게 적용되는 것은 아닐지도 모른다. 또 다른 연구 결과에 따르면 남편은 아내를 사랑할 때 애정표현을 더 많이 하며 잠자리를 더 자주 시도하는 것으로 나타난다.[13] 아내는 정반대다. 그들은 남편을 별로 사랑하지 않을 때 잠자리를 더 많이 하려고 한다. 잠자리를 많이 한다고 관계가 개선되는 것은 아니며 이 연구 결과에 따르면 아내는 관계에 문제가 있다고 생각할 때 잠자리를 먼저 시도하는 것을 알 수 있다.

이 연구 결과는 사람들이 다양한 이유에서 잠자리를 한다는 사실을 보여주지만 여기에는 잠자리를 많이 할수록 관계에 좋다는 가정이 깔려 있는 듯하다. 자, 이제 놀랄만한 결과를 알려주겠다. 잠자리 횟수를 살펴본 이 두 연구 자료에 따르면 남자의 잠자리 횟수와 만족도로 결혼 만족도를 예측할 수는 없다고 한다.[14]

부부가 평범한 일상에서 벗어나 새로운 것을 시도하도록 만드는 방법 가운데 '잠자리 챌린지'가 있다. 부부가 의도적으로 관계를 되살리기 위해 잠자리 횟수를 늘리는 방법이다. 일주일 내내 하는 경우도 있고 한 달 챌린지도 있다. 이 같은 방법에는 부부가 잠자리를 더 많이 할 경우 행복해지고 관계가 개선될 거라는 기본적인 믿음이 깔려 있다. 그렇다면 이 방법은 과연 효과가 있을까? 카네기 멜론 대학교의 연구진은 100명의 중년 부부를 대상으로 이 같은 실험을 했다.[15] 그들은 부부에게 잠자리 횟수를 두 배로 느리거나 지금과 같은 횟수로 잠자리를 하도록 요청했다.

그 후 3개월 동안 연구진들은 부부에게 연락을 취해 규칙대로 하고 있는지 살핀 뒤 관계의 상태를 물어보았다. 결과는 어떠했을까? 잠자리를 더 많이 한 부부는 연구가 진행된 3개월 내내 흥분이 되지도 에너지가 충전되지 않는 등 기분이 가라앉는 경험을 했다. 잠자리 횟수를 인위적으로 높일 경우 이렇다 할 이점을 얻을 수 없을 뿐만 아니라 부정적인 결과가 나타나는 것이다.

잠자리를 더 많이 하는 것이 답이 아니라면 무엇이 답일까?

○　　　현실 연애를 위한 심리 처방전

문제는 잠자리가 아닐지도 모른다. 흔하지는 않지만 어떠한 부부는 거의 안 하다시피 할 정도로 잠자리를 하지 않는다. 레딧에서 이러한 상태를 가리켜 '죽은 침실'이라 부른다.[16] 하지만 조지아 주립대학교 연구진들이 이 주제와 관련된 연구에서 발견했듯 잠자리를 하지 않더라도 관계가 안정적이며 서로를 떠날 생각이 없는 것으로 밝혀졌다. 그들은 서로의 다른 장점만으로도 관계를 유지할 가치가 충분하다고 생각하며 일이나 취미, 자기 계발 같은 다른 활동에 몰두하기도 한다. 완전히 금욕적인 관계가 목표가 아니라면 도대체 얼마나 자주 해야 충분한 것인지 과학적인 증거를 살펴봐야 한다.

얼마나 자주 해야 충분한가?

사람들이 자신의 관계에서 가장 궁금한 질문은 "잠자리를 얼마나 자주 해야 하는가?"일 것이다. 이 질문에 답하기 위해 토론토-미시소거 대학교 연구진들은 30,000명이 넘는 미국인들의 성생활을

○

살펴보았다.[17] 분석 결과, 일주일에 최소 한 번 잠자리를 하는 커플은 그보다 적게 하는 커플보다 행복했다. 하지만 일주일에 한 번 이상 잠자리를 한다고 눈에 띄는 이점을 누리지는 않았다. 삶의 만족도 역시 마찬가지였다.

그렇다. 일주일에 한 번, 1년에 52번이었다. 꽤 낮아 보이는가? 잠깐, 그게 다가 아니다. 더 놀라운 마법은 일주일에 한 번은 거의 모든 사람에게 황금률처럼 적용된다는 사실이다. 성별이나 연령, 교제 기간 등 모두 상관이 없다. SHaRE(섹스와 건강의 상관관계) 랩[18]의 수석 연구원 에이미 뮤즈는 "연구 결과, 상대와 친밀한 관계를 유지하는 것이 중요하지만 그러한 관계를 유지하는 한 매일 잠자리를 할 필요는 없다는 것을 알 수 있다."고 말했다. 일주일에 한 번은 충분히 합리적이고 달성 가능한 숫자다. 현실적인 목표다.

자신의 연인과 아직 그런 대화를 나눌 정도의 사이가 아니며 일주일에 한 번이 너무 적게 느껴진다면 관계의 현 상태가 그대로 지속되는 것은 아니라는 점을 명심하기 바란다. 상황은 바뀐다. 여러분의 성생활이라고 안 그러란 법은 없다. 개선 여부는 노력 여하에 달려 있다. 노력의 힘을 믿는다면 여러분은 성 성장론을 믿는 사람이다. 잘 맞는 상대를 찾아야 성적으로 만족할 수 있다고 믿는다면 여러분은 성 운명론을 믿는 사람이다.[19]

연구 자료에 따르면 성 성장론을 믿는 사람을 만나야 관계가 좋아진다고 한다. 캐나다 연구진들이 미국과 캐나다에 거주하는 2천 명에 달하는 사람을 대상으로 진행한 6건의 연구 결과, 성 성장론을 믿는 이들은 만족스러운 잠자리를 할 확률이 높았고 만족하는 상대를 둘 확률이 높았으며 관계의 만족도 또한 높은 것으로 밝혀졌다. 성 운명론을 믿는 사람들은 어떠했을까? 별로 그렇지 않았다. 그들은 성생활이 위태로울 때 관계 역시 흔들렸다. 잠자리가 좋지 않을 경우 여러분은 속궁합을 의심할지 모른다. 그리고 결국 관계의 가능성을 의심하게 된다. 이는 좋지 않은 논리다. 상대와의 잠자리가 늘 완벽할 수는 없기 때문이다.

완벽하지 않은 잠자리는 관계가 끝을 향해 달려가고 있다는 신호가 아니다. 중요한 것은 이 상황을 깨닫고 성생활을 개선하기 위해 기꺼이 노력을 기울이는 태도다. 이 연구 결과는 우리가 어느 부분에 노력을 쏟아야 할지도 확실히 보여준다. 만 명에 달하는 50세에서 85세 사이의 성인을 대상으로 진행한 연구 결과 잠자리를 많이 한다고 더 즐거운 잠자리를 하는 것은 아님이 밝혀졌다.[20] 잠자리를 즐겁게 만들 나만의 무기를 준비해둘 경우 잠자리가 더욱 즐거워진다. 어떤 이들은 잠자리를 많이 한다. 좋아 보일지 모르지만 그들이 하는 잠자리는 지루하고 매번 똑같다는 사실을 알아야 한다.

사랑이란 신체적 끌림이 아니다

잠자리의 질과 양은 아무런 관계가 없다. 잠자리를 더 많이 한다고 행복한 성생활을 누리는 것은 아니다. 하지만 성 만족도를 높일 수 있다면 행복한 관계를 누릴 확률이 높아진다. 연구진들이 실험 참여자들을 13년 넘게 추적한 결과 성 만족도가 높은 이들이 행복한 결혼생활을 한 것으로 밝혀지기도 했다.[21]

성 만족도가 높은 원인은 무엇이었을까? 그것은 잠자리 횟수가 아니라 서로에게 얼마나 친절한지, 애정 어린 몸짓을 얼마나 보이는지, 상대를 짜증나게 하거나 화나게 하지 않는지 등 서로를 대하는 방식이었다. 연구진은 "따라서 결혼 만족도라는 감정의 경우 만족스러운 성생활과 서로를 대하는 온정 어린 태도가 잠자리 횟수보다 더 중요해 보인다."라고 결론 내렸다.

모두가 친밀한 관계를 바란다. 하지만 이러한 친밀감은 어디에서 올까? 쉬운 질문처럼 보인다. 외모와 잠자리 아니겠는가. 틀렸다! 다시 한번 우리의 상식은 연구 결과와 상충한다.[22] 관계 전문가들이 친밀한 관계에서 가장 중요한 요소를 살펴본 결과 목록에 없는 것이 무엇이었을까?

바로 잠자리와 열정이었다. 오해하지 말기 바란다. 이것들도 중요하다. 다만 다른 요소들보다 중요하지 않을 뿐이다. 만족할 만한 친밀한 관계의 주 원동력은 신뢰, 상호 이해, 배려, '내'가 아니라 '우리'라는 감각이다. 이러한 요소는 중요하지만 당연하게 취급되며 과소평가된다. 우리는 이러한 요소에 주목하지 않으며 우리의 관계가 제공하는 친밀감을 제대로 인식하지 않는다.

잠자리에 지나치게 큰 비중을 두지 않아야 관계에 이롭다. 하지만 사람들은 사랑에 관한 그릇된 믿음에서 쉽게 벗어나지 못한다. 이 세상에는 지나치게 로맨틱한 이들이 있다. 그들은 침실에 촛불

성 만족도는 어떻게 측정할까?

성 만족도를 높이고 튼튼한 관계를 유지하려면 침실에서의 잠자리를 새롭고 흥미롭게 만들어야 한다. 사라 매튜가 이끄는 사우스웨스턴 대학교의 연구진은 커플의 성생활이 일상적이고 지루한지, 예측불가능한지 보기 위해 간략한 성 만족도 측정 방법을 개발했다.[23] 나의 성생활이 어느 쪽에 가까운지 알고 싶다면 아래 문장을 읽고 점수를 매겨보기 바란다.

1. 잠자리를 할 때 흥미를 유발하기 위해 여러 방법을 시도한다.
   전혀 아니다 1 2 3 4 5 매우 그렇다

2. 흥분을 위해 성적으로 새로운 것을 시도하는 것을 좋아한다.
   전혀 아니다 1 2 3 4 5 매우 그렇다

3. 새로운 체위와 장소를 시도하는 등 만족스러운 잠자리를 유지하기 위해 노력한다.
   전혀 아니다 1 2 3 4 5 매우 그렇다

점수가 높을수록 색다른 잠자리를 즐길 확률이 높다. 연구진들이 설문지를 통해 살펴본 결과 성 만족도가 높은 이들은 애정도가 높았으며 잠자리를 더 자주하고 덜 지루해 하는 것으로 나타났다.

을 켜고 시트에 장미를 깔아 두지는 않을지 모르지만 "사랑은 마법과도 같아."라고 믿는다. 여러분은 "진실한 사랑은 완벽하다.", "진실한 사랑은 단 한 하나뿐이다.", "사랑이 모든 것을 좌우한다.", "첫눈에 반하는 사랑이 있다."[24]와 같은 문장에 동의하는가?

그렇다면 여러분은 낭만적인 성향이 짙은 사람이다. 이러한 믿음은 무해하게 들리며 심지어 관계에 도움이 되는 것 같지만 사실은 그렇지 않다. 가령 연구 결과에 따르면 첫눈에 반하는 사랑 같은 건 없다고 한다.[25] 낭만주의인 성향이 짙은 이들은 사랑을 신체적 이끌림과 동일시할지도 모른다. 친밀감이나 헌신 같은 감정과는 별로 상관없는 요소다.

○　　　　다음 번 데이트에서는 사랑을 나누자

데이트 날짜가 다가올수록 우리는 상대와 단둘이 시간을 보내고 싶은 욕망에 사로잡힌다. 하지만 연구 결과에 따르면 다른 커플들과 시간을 보낼 때 상대를 향한 사랑의 감정이 짙어진다고 한다.[26] 커플들이 서로를 알아가는 활동에 참여한 연구가 있다. 커플들은 둘이서만 혹은 다른 커플들과 함께 "삶에서 달성한 가장 큰 성취는 무엇인가?" 같은 질문을 주고받았는데 둘이서만 이러한 질문에 답할 때 커플의 열정적인 사랑은 그대로였지만 다른 커플들과 함께할 때에는 사랑이 깊어졌다. 다른 커플과 함께할 경우 새롭고 흥미로운 것들을 알아갈 확률이 높아지기 때문에 서로를 향한 열정이 타오르는 데 도움이 되는 것으로 보인다. 다음 번에 데이트를 할 때에는 다른 커플과 함께하는 시간을 가져보면 어떨까.

○　　　　간질간질한 느낌 너머, 정말 중요한 사랑

사랑에 관한 잘못된 믿음을 고수할 때 우리는 정말로 중요한 것을 놓칠 수 있다. 이러한 잘못된 믿음에서 벗어날 때 우리는 연구진들이 동반자적 혹은 우애적 사랑이라 부르는 것을 받아들이는 법을 배울 수 있다.[27] 이러한 사랑에는 "좋아하는 상대를 향한 편안하고 애정 어리며 믿음직한 사랑"이 수반된다. 이러한 사랑은 깊은 우애와 동료애, 공통된 활동과 관심사, 함께 나누는 기쁨을 바탕으로 한다. 비행기에서 뛰어내릴 때의 흥분이 열정적인 사랑에 가깝다면 그다음에 펼쳐지는 낙하산은 동반자적 사랑이다. 화려함은 덜할지 모르지만 든든하고 믿을 만한 경험을 안겨준다.

관계가 동반자적 사랑을 바탕으로 할 때 사랑하는 사람은 최고의 친구가 된다. 이는 좋은 현상이다. 친절, 배려, 신뢰를 바랄 때 우리가 본보기로 사용하기에 최고의 친구만큼 바람직한 관계가 없기 때문이다. 하지만 사람들은 연인을 정말로 최고의 친구로 생각할까? 몬모스 대학교 여론조사연구소의 도움으로 나는 전국적인 표본 집단에게 이 같은 질문을 던졌다.[28] 관계를 맺고 있는 이들 중

대부분이 연인이 최고의 친구라고 답했다. 기혼자는 88퍼센트가 그렇다고 대답했다. 나이가 있는 사람들 역시 배우자를 최고의 친구로 꼽았다. 성별 간에 차이는 없었다. 남녀 모두 배우자가 최고의 친구라고 말했다.

"최고의 친구는 이미 있다고. 배우자가 최고의 친구일 필요는 없어."라고 생각하는 사람이 있을지도 모른다. 우리는 여론조사에서 이와 관련된 질문도 던졌다. 배우자가 최고의 친구일 경우 그렇지 않은 경우에 비해 관계 만족도가 높았다. 다른 연구 역시 마찬가지 결과를 보여준다. 동반자적 사랑이 넘치는 관계는 만족도가 높을 뿐만 아니라 오래 지속되기도 한다.[29] BFF(Best Friend Forever)의 F가 '영원히'를 의미하며 동반자적 사랑은 관계가 오래도록 지속되는 데 도움이 된다는 사실을 잊지 말기 바란다.

622명의 부부를 살펴본 연구에 따르면 동반자적 사랑을 하는 이들은 관계가 그들에게 더 중요하다고 생각하고 배우자와 가까우며 배우자를 더 존중한 것으로 나타났다.[30] 15년 이상 행복한 결혼생활을 한 부부들 역시 이 사실을 입증한다. 연구진들은 350명이 넘는 부부에게 성공적인 관계의 비밀을 물어보았다.[31] 첫 번째 비밀은 무엇이었을까? 배우자를 최고의 친구로 생각하는 것이다. 두 번째 비밀은 무엇이었을까? 배우자를 한 명의 인간으로 좋아하는 것이다.

동반자적 사랑이 관계의 만족도를 높인다는 사실은 받아들이기 쉽지만[32] 이러한 사랑이 과연 성생활에는 어떠한 도움이 될까? 동반자적 사랑은 성생활에도 도움이 된다. 400명이 넘는 이들을 대상으로 진행한 연구에서 상대와의 관계를 높이 평가한 이들은 사랑하는 감정, 충성도, 성 만족도 모두 높은 것으로 나타났다.[33] 이들은 상대와 헤어질 확률 또한 낮았다. 동반자적 사랑이 다시 한번 승리한 것이다.

동반자적 사랑이 가장 중요한 사랑이다. 최고의 낭만적인 상대는 최고의 친구다. 따라서 최고의 친구에게서 기대하는 기준으로 상대를 바라봐야 한다. 최고의 친구에게서 용납하지 않을 행동이 상대에게서 보인다면 그냥 넘어가지 말기 바란다. 훌륭한 잠자리 상대가 아니라 좋은 친구를 찾는 기준으로 상대를 고르기 바란다. 다시 말해 최고의 친구가 계속해서 투덜대고 언쟁을 벌이기 좋아하며 잔소리를 늘어놓고 불친절하고 무례하고 말하거나 함께 시간을 보내기를 거부할 때 혹은 수상쩍은 부분이 눈에 띌 때 어떻게 하겠나? 참고 견디지 않을 것이다.

하지만 남자친구 혹은 여자친구가 그러한 행동을 할 경우 우리는 쉽게 눈감아 준다. 더 이상 그러지 말기 바란다. 관계에서는 동반자적 사랑이 정말 중요하다. 잠자리를 충분히 하는지 걱정하기보다는 상호 존중, 친절, 우애감이 충분한지 고려하기 바란다. 영원히 진정한 사랑을 누리는 최고의 방법은 영원히 최고의 친구가 되는 것이다.

SUMMARY

◆ 우리는 상대와 키스를 할 때 어떠한 기분인지는 지나치게 많이 생각하지만 상대의 손을 잡을 때 어떠한 기분인지는 충분히 생각하지 않는다.

◆ 다른 커플은 생각만큼 잠자리를 자주 하지 않는다. 관계에서 지난 수십 년 동안 커플들의 잠자리 횟수는 점차 줄어들고 있다.

◆ 잠자리를 얼마나 자주 해야 할까? 튼튼한 관계를 유지하기 위한 마법의 숫자는 일주일에 한 번이다.

◆ 잠자리를 많이 하는 것이 늘 좋은 신호는 아니다. 연구 결과에 따르면 관계가 위태롭다고 느낄 때 사람들은 잠자리를 더 많이 한다고 한다.

◆ 관계를 개선하기 위해 잠자리를 많이 할 때 관계에 도리어 안 좋은 영향을 미칠 수 있다.

◆ 잠자리에 있어서는 양보다 질이 중요하다.

◆ 상대와의 잠자리가 진정한 친밀감을 안겨주지는 않는다. 최고의 친구 같은 다른 특징들이 훨씬 더 중요하다.

5장

그가 나를 사랑한다면
바뀔 거야

상대는 변하지 않는다

STRONGER

THAN YOU THINK

사랑을 할 때면 매디는 언제나 프로젝트에 착수했다. 최근 그녀가 만난 상대는 카슨이었다. 숨은 잠재력을 찾아 카슨을 새로운 사람으로 바꾸는 일은 힘들었지만 재미있었다. 카슨은 변화를 좋아하지 않았으며 편안한 옛 방식에서 벗어나고 싶어 하지 않았다. 매디는 자신이 그가 성장하도록 돕고 있으며 둘 사이를 가깝게 만들고 있다는 사실이 중요하다고 강조했다. 매디는 사랑이 지닌 어마어마한 영향력을 믿었으며 카슨이 최고의 모습으로 거듭나는 데 자신이 일조하고 있다고 믿었다.

카슨은 마지못해 매디의 조언대로 변화를 받아들이기로 결심했다. 그는 더 나은 사람이 되고 싶지 않았다. 그는 매디가 바라는 사람이 되고 싶었다. 그는 희생했고 관계를 위해 기꺼이 자신을 바꾸었다. 카슨은 있는 그대로의 매디를 받아들였고 조건 없이 그녀를 사랑했다. 둘 다 "여자는 결혼할 때 남자가 변하기를 바란다. 남자는 결혼할 때 여자가 변하지 않기를 바란다."라는 속담을 믿는 듯했다. 사실 매디는 파트너 개선 프로젝트에서 큰 발전을 이루고 있었다. 카슨은 "집안일은 여자 몫이지."라고 말하는 1950년대 스타일의 전형적인 남자에서 진보주의적인 현대 남성으로 변모했다.

○ 당신이 아는 전부가 오해라면?

　　　나는 누구일까? 대답하기 쉽지 않겠지만 5년 전, 10년 전의 나를 생각해보자. 내가 얼마나 변했는지 깜짝 놀랄지도 모르겠다. 살다 보면 그럴 수밖에 없다. 하지만 우리는 바뀌기만 한 것이 아니다. 우리는 성장하기도 했다. 지금의 나는 과거의 나와는 다르다. 커플로 함께 살아가는 동안 우리는 사랑이 나를 바꿀 거라 예상한다. 그리고 사랑은 정말로 우리를 바꾼다.

관계가 자아에 미치는 영향
　사랑에 빠지면 세상이 달라 보인다. 변한 것은 세상이 아니라 나 자신일지도 모른다. 사랑이 우리를 바꾸는 힘을 알아보기 위해 연구진들은 300명이 넘는 대학생을 상대로 10주에 걸쳐 실험을 진행했다.[1] 10주에 걸친 연구 기간 동안 연구진들은 사랑에 빠진 이들을 찾아 "지금의 당신은 누구인가?"라는 질문을 던졌다. 사랑에 빠진 이들(표본의 1/3)의 대답은 다양했으며 새로운 특징, 기술, 관심사, 역할, 능력, 관점 같은 자기 개념이 담겨 있었다. 그들은 말 그대로 자아의 확장을 경험했으며 그 결과 할 말이 더 많았다. 반면 사랑에 빠지지 않은 이들이 전한 정보는 덜 구체적이었다.

관계는 초반에 우리를 변화시킬 뿐만 아니라 시간이 지나면서 다른 식으로 우리의 정체성을 규정할지도 모른다. 우리는 관계가 나에게 미치는 영향을 큰 그림으로 바라봐야 한다. 내가 동료 브렌트 매팅리, 케빈 맥인트레와 함께 만든 '자기 개념 변화 2차원 모델'을 살펴보자.[2]

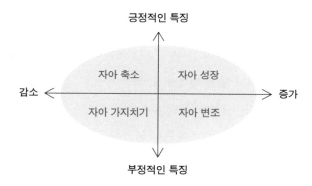

복잡해 보이지만 이 모델은 관계가 우리의 자아에 미치는 영향을 전 영역에 걸쳐 보여준다. 관계는 내가 한 번도 갖고 있지 않던 부정적인 특징을 주입함으로써 나를 억제하거나 나의 좋은 특징을 앗아갈 수 있다. 하지만 우리는 관계가 나에게 도움이 되는 부분을 인정하기도 해야 한다. 상대는 좋은 특징을 더함으로써 나를 더 나은 사람으로 변화시킬 수 있으며 나의 안 좋은 특징을 가지치기해 줄 수도 있다.

긍정적이든 부정적이든 관계가 자아에 미치는 영향은 관계의 질을 판단하는 데 도움이 된다. 관계가 우리를 억제하거나 우리의 부정적인 특징을 강화시킬 때 우리는 외도를 저지를 확률이 높다. 관계가 우리의 좋은 특징을 강화시키고 나쁜 특징을 버리도록 만들 때 그 관계는 더욱 단단해지고 사랑으로 충만해진다. 자기 확장이 이루어지는 관계에서 연인들은 서로에게 아량을 베풀고 상대를 위해 나의 욕망을 포기하며 갈등을 대화로 해결하는 과정을 통해 성숙한 관계를 쌓아올리게 된다.[3]

하지만 자멸하는 관계에서는 상대에게 상처를 받는 순간 복수를 꾀하고 다른 사람에게 더 큰 관심을 보이거나 이별을 생각하는 등 관계에 도움이 되지 않는 행동을 할 확률이 높다. 우리는 관계가 나에게 미치는 영향을 헤아려보려 하지 않는다. 하지만 관계가 나의 정체성에 어떠한 영향을 미치는지 곰곰이 생각해볼 경우 나 자신의 발전에 도움이 된다.

○ 상대를 변화시키려 하면 할수록
관계는 악화된다

관계는 우리를 바꾸기 때문에 어떠한 상대를 선택할지는 정말로 중요한 결정이다. 좋건 나쁘건 우리는 상대의 특징을 받아들일 수밖에 없기 때문이다. 우리를 더 나은 사람으로 만드는 특징만 취할 것 같지만 우리가 늘 그렇게 바람직하게 행동하는 것은 아니다. 빌라노바 대학교의 에리카 슬로터와 동료들은 왜 이러한 일이 일어나는지 살펴보았다. 새로운 온라인 데이트 서비스를 출시한다는 구실로 그들은 사람들이 데이트 상대의 프로필을 보기 전과 후에 자신에 대해 설명하기를 부탁했다.[4]

자신을 높게 평가하는 이들은 상대의 프로필을 본 뒤 그들의 긍정적인 특징을 자신에 대한 묘사에 녹여냈다. 반면 자신을 그다지 높게 평가하지 않는 이들은 상대의 부정적인 특징을 받아들였다. 스스로를 낮게 평가하는 사람이 자신의 부정적인 특징을 강화하는 상대를 만날 경우 이 같은 자기관이 그대로 유지된다. 이러한 관계는 당연히 더 나은 내가 되는 방향으로 우리를 변화시키지 않으며 사실 안 좋은 방향으로 우리를 바꿀지도 모른다.

관계가 우리에게 영향을 미친다는 사실만 보면 마치 우리가 상대를 위해 모든 것을 바꿀 준비가 되어 있어야 하는 것처럼 느껴진다. 관계가 우리를 바꾼다면 우리가 상대를 변화시키는 데 앞장서야 할 것처럼 느껴진다. 상대를 좋은 방향으로 유도하겠다는 생각은 바람직해 보이지만 이는 잘못된 전제를 바탕으로 한다. '변화는 늘 바람직하다.', '어떠한 변화가 가장 좋은지 내가 알고 있다.', '내가 앞장서서 변화를 이끌어야 한다.', '나에게는 변화를 이끌어낼 기술이 있다.' 등의 전제는 틀렸다.

우리는 변화가 상대에게 당연히 좋을 거라 생각한다. 하지만 연구진들이 수천 명의 성인을 10년 동안 살핀 결과, 성격이 바뀐 이들은 삶의 만족도와 웰빙, 전반적인 건강 상태가 좋지 않았다.[5] 성격의 변화가 신체 건강에 미치는 부정적인 영향은 연령, 인종, 흡연, 심혈관계 질환이 건강에 미치는 영향보다도 컸다. 이는 상대의 건강에 안 좋을 뿐만 아니라 우리의 관계에도 좋지 않다. 상대가 변해야 한다고 믿는 것만으로 관계는 위태로워질 수 있다.[6] 상대를 바꾸려고 하면 할수록 관계는 더 악화되었다. 아이러니하게도 나 자신의 발전에 집중하며 상대 역시 나아지기 위해 노력하고 있다는 사실을 인정할 때 관계는 개선되었다.

우리의 노력은 왜 그렇게 반생산적인 결과를 낳을까? 계획은 괜찮지만 실행 방법이 별로일 때 보통 그렇다. 우리가 상대의 발전을 꾀하기 위해 사용하는 전략이 그다지 바람직하지는 않다. 우리는 보통 윽박지르고 욕을 내뱉으며 짜증이나 좌절, 분노를 표출하면서 불만을 표한다. 우리는 상대를 조롱하고 경시하고 비난하고 모욕하고 놀리면서 상대를 깔아뭉갤지도 모른다. 상대가 죄책감을 느끼게 만들거나 요구를 하거나 뇌물을 사용하거나 공공연한 협박을 하면서 상대를 통제하려 들지도 모른다. 사랑해서 하는 행동이라고 보기 힘들다.

적대적인 방법을 사용하려 할 때 이 사실을 깨닫는 것이 중요하다. 가령 우리는 관계에서 내가 약자인 것 같거나 기분이 별로 좋지 않을 때 상대가 죄책감을 느끼게 만들거나 상대를 비난하는 전략을 취할 가능성이 높다.[7] 다시 한번 말하지만 이러한 전략은 관계의 질을 낮춘다. 게다가 우리는 약자를 괴롭히는 경향이 있다.[8] 거절을 잘 못하거나 친밀한 관계를 바라는 상대를 바꾸고자 하는 노력은 특히 해롭다.

우리는 이러한 부정적인 전략이 필요하다고 스스로를 설득한다. 상대가 긍정적인 변화를 받아들이도록 돕고 싶은 우리의 욕망은 이같은 전략을 다소 불편하지만 모진 사랑으로 정당화한다. 하지만 안 좋은 전략은 관계를 악화시킨다. 그렇다면 모질게 구는 대신 친절함으로 상대를 사로잡아 상대가 변화하도록 장려할 수는 없을까?

우리는 나쁜 행동을 벌하는 대신 내가 원하는 대로 상대가 행동할 때 상대에게 지지와 사랑, 애정을 더 많이 주고 상대를 더 인정함으로써 좋은 행동을 보상할 수 있다. 하지만 연구에 따르면 긍정적인 태도 역시 문제가 될 수 있다고 한다.[9] 물론 긍정적인 전략을 사용하는 날에는 관계의 질이 높아진다. 하지만 장기적으로 관계의 전반적인 질에 미치는 영향을 살펴보면 보상을 통해 상대를 조종할 때 결국 관계에 해로운 것을 알 수 있다. 무엇이 문제일까? 좋은 행동에는 조건이 붙는다. 사랑하는 이에게 구체적인 조건을 내걸 경우 아무리 좋은 의도일지라도 전혀 그렇게 보이지 않게 된다.

○   고집 센 상대의 긍정적인 이면

상대를 개선하려는 계획의 가장 큰 걸림돌은 보통 변화를 거부하는 고집 센 상대다. 계획이 무너지면 속상하겠지만 상

○

대의 저항을 받아들여야 한다. 상대의 거부는 긍정적인 신호다. 자존감이 높고 불안감이 낮으며 자신의 행동을 특정한 기준에 맞추기를 거부하는 이들은 변화를 별로 반기지 않는다.[10] 그들은 관계에 만족하기 위해 큰 관심과 확신을 필요로 하지도 않는다. 자기 확신이 있는 상대와는 더 만족스럽고 열정적인 관계를 누릴 수 있으며 외도가 일어날 확률도 낮다.[11]

쉽게 휘둘리지 않는 상대는 자신을 믿는 바와 자신의 정체성에 확신을 품기도 한다.[12] 그들은 주변인의 특징을 받아들여 자신을 바꾸려는 성향이 낮지만 이는 관계에 도움이 된다. 내가 진행한 연구에 따르면 사람들의 자신의 정체성을 확실히 알고 있을 때 관계 만족도와 전념도가 높은 것으로 나타났다.[13] 이러한 사람은 상대의 말에 귀 기울이거나 상대가 새로운 관점으로 문제를 생각하도록 돕는 등 관계에 도움이 되는 행동을 더 많이 보인다.[14] 사실 우리의 관계를 더 바람직한 방향으로 이끄는 사람은 자신의 현재 모습에 만족하는 고집스러운 상대다.

○   현실 연애를 위한 심리 처방전

상대를 내가 원하는 사람으로 바꾸려고 애쓰는 것은 좋은 생각이 아니다. 우리는 다른 관점에서 나의 관계를 바라봐야 한다. 가장 좋은 변화는 그대로 두는 것이다. 꼭두각시 인형사 노릇

자기 개념 명확성은 어떻게 측정할까?

우리는 나 자신을 이해한다고, 내가 누구인지 잘 알며 그러한 결론에 확신한다고 생각한다. 그러한 믿음이 명료할수록 자기 개념 명확성이 높은 것이다. 나 자신에 대해 내가 얼마나 제대로 아는지 알아보고 싶다면 아래의 문장을 읽고 점수를 매겨보기 바란다.

1. 나 자신에 관한 나의 의견이 상충할 때가 거의 없다.
   전혀 아니다 1 2 3 4 5 매우 그렇다

2. 나는 나를 잘 알며 내가 어떠한 사람인지 정확히 알고 있다.
   전혀 아니다 1 2 3 4 5 매우 그렇다

3. 나 자신에 대한 나의 생각은 늘 그대로다.
   전혀 아니다 1 2 3 4 5 매우 그렇다

4. 나는 나의 믿음, 개성, 선호도를 쉽게 설명할 수 있다.
   전혀 아니다 1 2 3 4 5 매우 그렇다

점수가 높을수록 내가 누구인지 정확히 알고 있다는 뜻이다. 연구 결과, 자기 개념 명확성이 낮을수록 자부심이 낮고 신경증적 경향이 높으며 만성적인 자기 분석에 시달리고 자기 생각에 더 집착하는 것으로 나타났다.[15]

을 하는 대신 내가 바꿀 수 없는 것들을 인정해야 한다. 우리는 상대를 있는 그대로 사랑하고 받아들여야 한다.

당신은 상대를 바꿀 수 없다

내가 사랑하는 사람이 내가 변해야만 나를 온전히 사랑한다면 어떠한 기분이 들까. 내가 사랑하는 사람은 있는 그대로의 나를 사랑해야 한다. 그리고 우리 역시 아무런 조건 없이 있는 그대로의 그를 사랑해야 한다. 이는 현명한 방법이기도 하다. 성격을 바꾸려 할 때 우리는 엄청난 관성에 저항해야 하기 때문이다. 3천 명이 넘는 참여자를 상대로 진행한 150건 이상의 연구 결과, 성격은 대체로 고정적이며 시간이 갈수록 더욱 강해질 뿐임이 밝혀졌다.[16]

상대가 사교적이고 사려 깊고 감정 기복이 적고 덜 신경질적이기를 바란다면 이러한 일은 일어나지 않을 뿐만 아니라 이러한 변화가 일어날 확률은 시간이 갈수록 낮아진다는 사실을 알아두기 바란다. 이는 좋은 소식인데 시간이 흘러도 자신이 성격이 바뀌지 않을 거라 생각하는 사람은 말년에 더 행복하고 더 만족한 삶을 살 수 있기 때문이다.[17]

상대가 자신의 기대에 부응하지 않을 때 답답한 느낌이 들 수 있다. 그렇다 할지라도 나의 완벽한 이상형에 맞게 상대를 억지로 바꾸는 대신 우리는 보다 현실적으로 행동해야 한다. 관계 전문가 엘리 핀켈은 그의 저서에서 질식 모델을 언급하며 우리는 역사적으로 전례 없는 방식으로 상대에게 자신의 욕구를 충족시킬 것을 요

구한다고 말한다.[18]

한 사람이 높은 기대에 전부 부응할 수는 없다. 우리는 관계 포트폴리오를 다양화해야 한다. 우리는 친구나 가족, 동료 등 다른 관계를 통해 부족한 부분을 채워야 한다. 연인이 내가 직장에서 겪는 모든 문제를 해결해줄 수는 없다. 고압적인 상사나 수동 공격적 성향을 지닌 동료와 마찰을 겪고 있다면 가까운 동료에게 도움을 청할 수 있다. 그렇게 할 경우 연인이 모든 기대를 충족시켜줄 거라 기대하지 않게 되며 상대의 단점을 있는 그대로 받아들이게 된다.

상대의 변화를 응원하자

우리는 상대를 있는 그대로 받아들일지 모르지만 그들은 그러지 않을지도 모른다. 사람들은 대부분 현 상태를 고수하는 데 만족하지 않는다.[19] 그들은 자신에게 유리한 쪽으로 상황이 발전하기를 바란다. 우리가 사랑하는 이들 역시 예외는 아니다. 그들은 우리의 온전한 지지를 받으며 자신이 원하는 기회를 누릴 자격이 있다. 그러려면 우리는 살짝 옆으로 물러나야 한다. 그렇게 하지 못한다면 거울을 바라봐야 할지도 모른다.

연구 결과에 따르면 내가 누구인지 확신이 없고 혼란스러울 때 우리는 발전하고 싶은 상대의 욕망을 응원하지 못한다고 한다.[20] 나 자신을 잘 모를 때에는 변하고자 하는 상대의 욕망이 위협적으로 느껴질 수 있다. 우리는 나 자신이 변해야 한다고 생각하기 때문이다. 하지만 변화하려는 상대를 응원할 때 우리는 그들의 성장을 도울 수 있을 뿐만 아니라 관계에도 바람직한 방향으로 기여하게 된다.[21] 윈윈 전략인 셈이다.

언제, 어떻게, 어떠한 변화를 꾀할지는 전부 그들에게 달려 있다. 우리는 그저 여정에 함께하며 지지하는 역할, 도와주는 역할을 수행할 뿐이다. 너무 수동적인 역할처럼 들린다면 미켈란젤로가 조각을 보는 관점 역시 꽤 수동적이고 지원적이라는 사실을 잊지 말기 바란다. 조각가는 무언가를 만들어내는 건축가가 아니다. 그보다는 돌 안에 갇혀 있는 예술 작품이 모습을 드러내도록 도와주는 예술가에 가깝다.

미켈란젤로는 다비드 상을 조각할 때 이렇게 말했다. "나는 대리석에서 천사를 보았고 돌을 깎아 그를 풀어주었다."[22] 상대를 도울 때 우리는 바로 그러한 역할을 수행해야 한다. 연구진은 이 같은 과정을 가리켜 미켈란젤로 현상이라 부른다.[23] 이 과정은 상대가 자신의 이상적인 자아를 파악하는 데서 시작된다. 이는 상대가 정말로 되기를 바라는 모습으로 우리의 일상이라는 거대한 대리석 아래 숨어 있을 확률이 높다.

이 역할을 제대로 수행할 때 우리는 연인의 적이 아니라 아군이 된다. 상대가 모험을 꿈꾼다면 그들이 가입할 수 있는 새로운 패들보딩 그룹을 찾아주거나 근처 하이킹 트레일을 찾는 것을 도와줄 수 있다. 상대가 보다 사교적이 되고 싶어 한다면 함께 사교 행사에 참석할 수 있다. 상대가 보다 정돈된 삶을 원한다면 그들이 잡동사니를 정리하고 정리하려 할 때 알아차려줄 수 있다. 미켈란젤로처럼 상대가 내면의 천사를 드러내 보이는 것을 도와주는 것이다.

이상적인 자아에 가까워질 때 상대는 삶의 만족도가 높아지고 심리적 건강이 증진된다.[24] 관계 만족도와 서로를 향한 마음, 신뢰도가 높아지면 결국 관계에도 도움이 된다. 이 모든 것은 우리의 관계가 무르익으면서 더욱 중요해진다. 연구 결과에 따르면 나이가 들면서 자아감을 더 잘 규정하게 됨에 따라 상대가 우리의 이상적인 자아를 인정하는 일이 점차 중요해진다고 한다.[25]

바꿀 수 있는 것, 나 자신을 바꾸자

우리는 상대에 관한 관심을 나의 내면으로 돌려 나 자신을 개선하는 계획에 착수할 수 있다. 이러한 방법의 큰 장점은 우리가 나 자신에 관해 전문가라는 사실이다. 나보다 나를 더 잘 아는 사람은 없다. 우리는 나에게 무엇이 가장 좋은지, 내가 정말로 바꾸고 싶은 부분이 무엇인지, 어떠한 방법이 가장 좋을지 잘 알고 있다.

이론적으로는 근사하게 들리지만 과연 이러한 정보를 현실에 적용할 수 있을까? 이 질문에 답하기 위해 일리노이 어바나 샴페인 대학교 연구진들은 실험 참여자들에게 그들의 목표를 기록하게 했다.[26] 16주에 걸쳐 진행된 연구에서 많은 이들이 개선된 모습을 보였는데 변화하고자 하는 욕망이 컸던 이들은 더 큰 변화를 보였다. 두 그룹으로 나눠 진행한 후속 연구에서 연구진들은 한 그룹이 목표를 달성하기 위한 상당히 구체적이고 실현가능한 단계를 계획하도록 도와주었다.

가령 그들은 "나는 더 사교적이 되고 싶어."라고 말하는 대신 "나는 더 자주 웃을 거야."라든지 "낯선 사람과 대화를 할 거야."라고 말했다. 다른 그룹은 단순히 자신의 성격을 기술했으며 이러한 성격이 얼마나 도움이 되는지 설명했다. 예상한 대로 확실한 변화 계획을 세운 이들이 목표에 더 가까이 다가갔으며 큰 변화를 보였다. 변화는 가능할 뿐만 아니라 변화하기를 바라는 마음이 명확하고 구체적인 단계별 계획이 있을 때 변화가 일어날 확률이 높다.

서로가 아니라 관계를 바꾸자

관계는 움직이는 것들로 가득하다. 앞서 살펴봤다시피 상대가 변하고 내가 변하며 이 둘은 관계의 역학을 바꾼다. 바꾸고자 하는 계획에 양측이 얼마나 동의하는지가 굉장히 중요할 수밖에 없다. 연구 결과에 따르면 연인의 변화가 일치할 때 관계는 더 바람직하고 안정적이며 둘 다 개인적으로 더 많이 성장한다고 한다.[27] 반면 자신은 변화할 계획을 세우지 않았지만 상대가 변할 거라 생각할 때 관계 만족도가 낮았다.

공통의 목표에 주목할 때 우리는 같은 편이 될 수 있다. 각자의 개인적인 변화에 집중하는 대신 공통 사항인 관계를 개선하기 위해 힘을 모을 수 있다. 이 관계 작업에는 커플이 관계를 유지하기 위해 하는 모든 행위가 포함된다.[28] 작업이라고 하니 노동이 필요한 것처럼 느껴지지만 관계의 조화를 꾀하기 위한 작은 변화일 뿐이다.

관계 작업에는 수면 일정이나 업무 일정을 조절하고 식이 계획이나 운동 계획을 세우고 지출 습관을 개선하고 상대와 소통하고 집안일이나 육아를 떠맡고 함께 시간을 보내고 서로 신체적으로 가까워지는 등 상대를 위한 활동이 포함된다. 이처럼 커플이 관계를 개선하기 위해 노력할 때 관계의 친밀도와 만족감이 높아진다. 관계 작업은 문제 있는 관계나 이미 끝난 관계만이 아니라 모든 관계에 도움이 된다.

무엇보다도 우리는 "네가 나를 사랑하면 변할 거야."라고 말하고 싶은 충동을 억제해야 한다. 그러한 태도는 보이지 않는 관계의 권력 역학에 기인한다. 우리는 자신이 상대보다 우월하다고 느끼거나 그들에게 권력을 행사할 수 있다고 느낄 때에만 상대가 변할 거라 기대한다. 우리는 관계의 이러한 불균형을 타파하고 기본적인 진실을 인정해야 한다. 양측이 공평하고 동등한 대우를 누릴 때 관계가 가장 잘 기능한다는 사실이다.[29] 한쪽이 과분할 정도로 많은 이점을 누리고 다른 한쪽은 반대로 너무 적은 이점을 누릴 경우 문제가 발생한다.

관계에서 우위를 차지할 때 우리는 상대에게 많은 것을 요구하게 된다. 상대가 바뀌기를 기대할 뿐만 아니라 그 과정을 감독해야만 할 것 같은 기분이 든다. 이는 공평하지 않은 처사다. 균형을 이루려면 우리는 관계를 보다 평등하게 만들어야 한다. 그래야 궁극적으로 단단한 관계를 구축할 수 있다. 20년 동안 부부들을 살펴본 연구 결과에 따르면 자신이 배우자보다 더 많이 주었다고 생각할

관계의 평등성은 어떻게 측정할까?

관계는 두 사람의 협력을 요한다. 한쪽이 주고 다른 쪽이 받을 때가 있고 반대의 경우도 있다. 이러한 일들이 쌓이면 서로의 상대적인 기여에 관한 일반적인 패턴이 드러난다. 둘 다 관계에 동등하게 기여할지 모르지만 한쪽이 더 많은 것을 주고 다른 쪽은 덜 줄지도 모른다. 관계의 전반적인 기브 앤 테이크를 살펴보려면 아래의 질문에 최대한 솔직하게 답해보기 바란다.

1. 양측이 기여하는 부분과 누리는 부분을 생각할 때 누가 더 나은 대우를 받는가?

   나   동등하다   상대

2. 의사 결정에 있어 누가 더 나은 대우를 받는가?

   나   동등하다   상대

3. 서로를 향한 의사 표현에서 누가 더 나은 대우를 받는가?

   나   동등하다   상대

4. 응원과 인정을 받는 측면에서 누가 더 나은 대우를 받는가?

   나   동등하다   상대

연구진들은 평등성을 두 가지 방식으로 측정한다. 관계에서 어느 쪽이 더 많이 주는지를 전반적으로 평가하는 방법과 외모, 지능, 감사, 집안일, 재정 등 특정 분야에서의 평등성을 평가함으로써 다양한 특징을 살펴보는 방법이다.[30] 위 네 문장에서 가장 좋은 대답은 '동등하다'이겠지만 현실적으로 불가능한 일이다. 그보다는 관계와 관련된 모든 분야에서 균형을 이루는 편이 현명하다.

경우 남편과 아내 모두 관계에 만족하지 않은 것으로 나타났다.[31]

마찬가지로 연구에 따르면 미국 부부 중 관계가 평등하고 공평하지 않을 경우, 특히 여성이 합당한 대우를 받지 못했다고 느낄 경우 이혼 확률이 높은 것으로 나타났다.[32] 반대로 여성이 사회적 지위나 서로를 향한 사랑에서 평등함을 느낄 때 만족감이 높았으며[33] 여성의 남성 상대는 친밀하고 열정적인 잠자리를 할 확률이 높았다.

○ 집안일의 균형, 바뀌어야 할까?

관계의 균형을 회복하고 공평한 관계를 유지하려면 재정, 양육 부담 등 고려해야 할 요소가 많다. 불균형한 상태가 관계에 미치는 영향을 평가하려면 모든 커플이 고군분투하고 있는 공통 연구 분야, 늘 불평등했던 영역을 살펴보는 편이 좋다. 바로 집안일이다. 설거지를 하고 요리를 하고 빨래를 돌리고 아이들 뒤치다꺼리를 하는 일을 좋아하는 사람은 없다. 하지만 부부라면 어쩔 수 없이 해나가야 하는 일들이다. 수많은 이유에서 이는 불평등을 낳는 온상이기도 하다. 우선 모두가 자신이 집안일에 얼마나 기여하는지 과대평가한다. 집안일을 얼마나 하는지 물어본 뒤 실험 참여자들의 답을 더했더니 100퍼센트가 넘었다.[34] 수학적으로 불가능한 일이기에 누군가는 스스로를 속이고 있는 게 확실했다.

자신이 집안일을 얼마나 하고 있는지 모두가 과대평가하고 있을지 모르지만 연구 결과는 자명하다. 여성이 집안일을 더 많이 하고 있는 것이다. 연구별로 정확한 값은 다르지만 여성은 일주일에 18시간 집안일을 한다고 한다. 남자가 투입하는 10시간보다 8시간이나 많은 시간을 집안일에 할애하는 것이다.[35]

게다가 연구 결과에 따르면 남편은 아내가 할 집안일을 7시간어치 늘리지만 아내는 남편이 할 집안일을 1시간어치나 줄여준다고 한다.[36] 별로 놀랄 것도 없이 부부에게 아이가 생기면 아내의 업무 분담은 더욱 증가한다. 19,000명의 표본을 살펴본 결과에 따르면 어린 자녀가 집에 있을 경우 아내는 남편보다 집안일을 더 많이 하는 것으로 나타났다.[37]

불공평한 처사처럼 보이지만 관계 당사자들은 신경 쓰고 있을까? 최소한 한 연구에 따르면 그렇지 않은 것으로 보인다.[38] 현실을 파악하기 위해 연구진은 가사 노동 분업과 관련해 부부들을 상대로 심층 인터뷰를 진행했다. 참고로 이 부부들은 평등한 역할을 수행할 수 있을 만큼 재정적으로 여유가 있었다. 하지만 평등성을 높이 평가하고 이를 이상적이라고 생각했음에도 불구하고 이들 부부

간에는 대부분 평등한 노동 분업이 이루어지지 않고 있었다.

이들의 관계에서 불공평한 역할이 유지되는 이유 혹은 합리화할 변명이 몇 가지 있었다. 대부분 상대의 업무 스케줄 때문에 어쩔 수 없다거나 여성이 집안일에 더 능숙하다는 이유였다. 부부가 각자의 역할을 구체적으로 협상하는 것처럼 보이지는 않았지만 여성은 주요 가사 담당자로서의 역할에 자연스럽게 빠져든다고 보고했다. 다소 정형화되어 있고 불공평한 결과이지만 연구에 참여한 남녀 모두 불공평한 역할에 별로 불편해하지 않았다.

연구 결과에 따르면 객관적으로 보면 불공평하지만 양측이 불균형한 상태를 괜찮게 받아들일 경우 이는 관계에 도움이 된다고 한다. 10만 명이 넘는 남녀를 상대로 얻은 자료를 분석한 2018년 연구 결과에 따르면 부부가 오래 함께할 때 여성의 집안일 부담이 감소하고 남성의 기여는 높아진다고 한다.[39] 우리가 명심할 점은 관계가 제대로 유지되기 위해 관계의 모든 측면이 완벽하게 공평해야 할 필요는 없다는 사실이다. 관계 당사자가 모든 것이 전반적으로 균형을 이루고 있다고 느끼기만 한다면 가장 큰 변화는 아무것도 변하지 않는 것일지도 모른다.

SUMMARY

◆ 사랑은 우리를 바꾼다. 우리는 관계가 우리를 어떻게 바꾸는지 큰 그림으로 바라봐야 한다.

◆ 상대를 바꾸는 것은 우리의 일이 아니다. 변화가 그들에게 좋을 수도 있지만, 변화를 위해 우리가 사용하는 방법은 도움이 되기보다는 해가 된다.

◆ 상대가 우리를 위해 바꾸겠다고 하더라도 너무 기뻐하지 말기 바란다. 이는 안 좋은 징후일 수 있다.

◆ 상대가 변할 수 없다는 사실을 받아들이자.

◆ 정말로 변화를 가져오고 싶다면 미켈란젤로처럼 상대가 이상적인 자아를 조각하도록 도와주어야 한다.

◆ 변하기 가장 쉬운 대상, 바로 나 자신에 초점을 맞추기 바란다.

◆ 사랑하는 사람끼리는 변화에 있어 의견이 같아야 한다. 관계를 보다 평등하게 만드는 것이 출발점이 될 수 있다.

◆ 관계의 노동 분업은 공평하지 않을 수 있지만 그러한 불균형이 관계에 좋을 수도 있다.

6장

이기적으로 구는 건
잘못된 거야

이타심은 관계의 질을 낮춘다

STRONGER

THAN YOU THINK

코니는 다음 주, 다음 달, 내년에 어떠한 내가 되고 싶은지 청사진을 그린 뒤 목표를 쫓는 계획가였다. 브라이언을 만나자 모든 것이 바뀌었다. 사랑에 빠지는 바람에 그녀의 마스터플랜은 뒤로 밀려났다. 그녀는 브라이언을 자신의 우선순위에 놓았으며 그를 행복하게 만들기 위해 갖은 애를 썼다.

코니는 관계를 위해 자신의 행복을 일부 희생했다는 사실을 깨달았지만 괜찮았다. 관계는 주는 것이었고 코니는 자신의 몫을 다하고 싶었다. 물론 이타적으로 행동하는 것이 늘 쉽지는 않았다. 코니는 이따금 인정받지 못하는 기분, 텅 빈 느낌이 들었다. 의심이 드는 순간 '나는?'이라고 자문하기도 했다. 하지만 죄책감이 들자 이러한 감정을 옆으로 제쳐둔 채 서서히 고개를 드는 불만감을 애써 외면했다. 그들의 관계는 침체되었고 지루해졌다. 코니는 이 상황에 정면으로 부딪히는 대신 온갖 이유를 댔으며 아무 문제없다고 스스로를 다독였다.

○ 당신이 아는 전부가 오해라면?

진정한 사랑을 하려면 상대에게 아낌없이 헌신해야 한다고들 한다. 만약 이러한 주장이 사실이 아니라면? 상대를 우선순위에 놓겠다는 생각은 숭고하게 느껴지지만 낭만적으로 포장된 믿음이자 관계에 해로운 영향을 미치는 오해일 뿐이다. 아낌없이 주는 나무가 되면 결국 언젠가는 더 이상 줄 수 있는 것이 없게 되기 때문이다.

우리를 위해 나보다 너를 우선으로?

어찌 보면 우리도 어쩔 수 없다. 사랑에 빠지면 사랑하는 이를 우선시하게 되기 때문이다.[1] 사랑한다는 명목으로 우리는 직장을 옮기고, 내가 별로 좋아하지 않는 곳에 살며, 아이를 갖기로 혹은 갖지 않기로 결정한다. 종교를 바꾸고 내가 정말로 원하지도 않는 집을 산다. 우리는 어떠한 친구들과 어울릴지, 서로의 가족과 얼마나 오래 시간을 보낼지, 누가 아이들과 집을 돌볼지, 어떠한 취미를 가질지, 어디에서 휴가를 보낼지, 어떠한 차를 살지, 잠자리를 얼마나 자주 할지, 얼마나 말을 많이 할지, 얼마나 오래 일이나 운동을 할지 같은 결정을 상대에게 맡긴다.[2] 관계를 위해 자신의 욕구를 외면하는 것이다. 안타깝게도 이러한 행동은 관계에 도움이 되기보다는 해가 된다.

이타심이 관계의 질을 낮춘다

잠자리에는 나의 욕망을 충족시키는 한편 상대의 욕망도 잊지 않는 등 균형을 이루어야 한다. 커플들의 성적 이타심을 알아보기 위한 연구에서 연구진들은 동거 중인 커플 122명을 3주 동안 추적하며 2가지 종류의 성적 이타심을 물어보았다.[3] 첫 번째 유형은 상대의 욕망을 충족시키는 데 집중했으며, 두 번째 유형은 한 단계 더 나아가 자신의 욕망을 희생하면서까지 상대의 욕망을 우선시했다

상대를 우선으로 하는 것은 궁극적으로 이타적인 행위며 사랑의 표현일지 모른다. 하지만 '나보다 상대를 우선'으로 하는 참여자들은 성 만족도가 낮았다. 상대의 욕망을 충족시키려고 애쓰는 가운데 그들은 상대의 좋지 않은 모습을 발견했으며 그 결과 잠자리를 별로 즐기지 못했다.

물론 그리 간단한 문제가 아니다. 관계를 위해 희생할 때 우리는 상대에게 더욱 헌신하게 되므로 이는 결국 관계에 도움이 되기 때문이다.[4] 나를 더 많이 내어줄 때 관계는 더 단단해지며 이별 확률은 낮아진다. 좋은 결과처럼 보이지만 희생이 커질수록 연인이 행복해지거나 서로에게 가까워지는 것은 아니다. 다시 말해 상대를 우선시할 때 연인은 서로 곁에 머물지만 반드시 더 바람직한 관계를 맺게 되는 것은 아니다.

관계의 질과 수명 중 무엇이 더 중요할까? 안 좋은 관계에 갇히

고 싶어 하는 사람은 없다. 동일한 연구 결과에 따르면 참여자들은 스트레스를 받지 않거나 귀찮은 일들에 마주하지 않을 때에만 희생을 많이 하는 것으로 나타났다. 그런 날이 있기는 할까? 나의 경우는 없다. 그뿐 아니라 상대의 희생으로 이득을 본 이들이 더욱 희생적이 되지도 않았다. 그렇다. 상대의 이타적인 행위로 이득을 누린 이들이 관계에 더 헌신하지는 않은 것이다.

우리의 연인이 배은망덕한 게 아니라 의식하지 못할 뿐이다. 그들은 우리의 희생을 절반밖에 인식하지 못한다.[5] 우리가 나를 희생해가며 의견과 관심, 감정을 억누를 때 다른 누군가 이를 알아채기란 원래 쉽지 않다. 우리가 상대에게 불만을 느끼거나 실망할 때 입을 꾹 다물고 상대가 기분이 안 좋은 날 나의 좋은 기분을 감추고 가족들과 그렇게 많은 시간을 보내는 것에 대한 나의 진짜 감정을 숨길 때마다 이를 눈치 채기란 어렵다. 그리하여 양측 모두 별로 긍정적인 감정을 느끼지 못하고 삶의 만족도가 낮아지는데, 친밀도와 만족감이 낮은 관계는 결국 이별을 부추기게 된다.[6] 관용을 베풀려고 해도 상대가 관심을 보이지 않거나 인정하지 않을 때 우리는 분한 마음이 든다.

우리가 잘못된 이유에서, 이를 테면 의무에서, 걱정을 덜기 위해, 죄책감을 피하려고, 상대가 나에 대해 더 긍정적으로 생각하게 하려고, 상대를 화나지 않게 하려고, 상대를 더 위하려고 나의 관심사를 포기할 때 상황은 더욱 악화된다.[7] 이러한 이타심은 삶의 만족도와 관계의 질을 낮추며 부정적인 감정, 관계의 마찰, 이별 확률을 높인다. 운명의 상대를 우선시하는 것은 올바른 일처럼 보이지만 우리의 관계는 그러한 도움이 필요하지 않다.

○　　희생의 치명적인 약점

관계에서 우리는 더 많이 줄수록 더 많이 받는다고 생각한다. 노력은 성과를 안겨다준다는 생각에 우리는 개인적인 이익을 포기하고 상대를 우선순위에 놓는다. 의도는 좋지만 나를 희생할 때 우리는 나의 일상에 가장 큰 영향을 미치는 요인을 위태롭게 만든다. 바로 나 자신이다. 자기 개념에는 나를 묘사하는 모든 것이 포함된다.

나의 역할(아빠, 엄마, 직원, 상사, 보호자, 남자 친구, 여자 친구, 남편, 아내), 기술(훌륭한 요리사, 달리기 선수), 특징(날씬한, 운동을 잘하는, 똑똑한, 부유한, 예쁜, 재미있는, 건강한), 취미나 관심사(하이킹, 그림 그리기, 스크랩북 만들기) 등이다. 자기 개념은 나의 모든 생각과 기억, 감정, 동기부여, 경험, 소통, 관계에 영향을 미친다. 자아를 외면하면 나의 모든 부분이 피해를 입는 것이다.

좋은 의도가 지나칠 때 우리는 너무 많은 것을 포기하게 된다. 자아감을 포기하거나 억제할 때 우리의 희생은 가장 해로운 형태로 나타난다.[8] 우리는 관계의 욕구를 위해 나의 욕망을 옆으로 제쳐두는 예의바른 상대역을 자처하며 나 자신을 관계에 온전히 내어준

○

다. 하지만 나의 욕망을 억누르다 보면 화가 나고 내가 낯설게 느껴지거나 연기하는 기분이 들 수 있다.

별로 좋지 않은 결과처럼 보이지만 우리는 관계를 위해 이타적으로 희생하고 있다고 합리화한다. 아이러니하게도 이는 원하던 것과 전혀 다른 결과를 가져온다.[9] 자기 침묵을 하는 이들은 관계에서 발생하는 문제를 최소화하기 위해 자신을 억제하지만 상대는 여전히 그들에게 화를 내고 불만을 표한다. 자기 침묵은 우울한 감정을 낳을 뿐만 아니라 갈등을 높일 수밖에 없다.[10] 이러한 상황에서 우리의 관계가 무사할 리 없다.

자아가 관계에 미치는 영향을 다룬 저서나 연구 논문이 넘쳐난다.[11] 자아는 관계의 성공에 가장 큰 영향을 미치는 변수라고만 말해두겠다. 자신을 희생할 때 우리는 관계에 끔찍한 영향을 미칠 수 있는 실수를 저지르게 된다. 자아를 억누르는 것은 인간의 기본적인 동기를 부인하는 것이기 때문이다. 이 동기는 더 능력 있고 지적인 사람이 되기 위해 성장하고 발전하고자 하는 자기 확장 혹은 내면의 욕망이다.[12] 자기 확장 모델은 나의 멘토이자 대학원 시절 자문이었던 아서 아론과 그의 아내 일레인 박사가 만들었다. 서양과 동양 철학의 합일 속에 탄생한 이 모델은 심리학을 토대로 한다.

아서와 일레인은 우리 모두 더 나은 사람이 되고 싶어 한다는 기본적인 사실에 주목한다. 자아가 확장될 때 우리의 능력이 신장된다. 신장된 능력을 바탕으로 우리는 미래의 문제들을 찾아내고 그 결과 나의 자아는 더욱 확장된다. 다시 말해 자아를 구축하고 유지하는 일은 정말 중요하다. 나 자신만을 위해서가 아니다.

나의 관심사를 외면할 때 관계도 실패하게 되어 있다. 성생활이 대표적인 예다. 30대 초반의 오래된 연인 122명을 살펴본 2019년 연구 결과에 따르면 자아를 개선하는 데 보낸 시간이 적을수록 커플의 성욕이 낮았으며 잠자리를 할 확률 또한 낮았다고 한다.[13] 게다가 여기에는 이월 효과도 있었다. 자아의 성장을 경험하지 못할 다음 날 사람들은 관계에 덜 만족했다. 오늘 나의 자아 확장을 부인할 때 내일의 내가 더 많은 문제를 겪게 되는 것이다.

나의 발전을 외면할 때 우리는 관계의 가장 큰 해악인 외도와 같은 일을 저지르게 될지도 모른다. 그러한 운명을 피하려면 나에게 충분한 자기 확장의 기회를 주는 것이 중요하다. 우리는 만족스럽지 못한 관계를 받아들일 수 있다고 스스로를 설득하려 할지 모르지만 이러한 생각에는 대가가 따른다. 자기 확장을 하지 않을 수는 없기 때문에 한 곳에서 이 욕망을 채우지 못할 때 우리는 다른 곳으로 눈을 돌리게 된다.

현재 연인이 나의 자기 확장 욕구를 충족시켜주지 못할 경우 우리는 그럴 수 있는 다른 사람을 찾을지도 모른다. 나는 시라쿠스 대학교의 로라 마치아와 퍼듀 대학교의 크리스 애그뉴와 이 가설을 연구했다.[14] 우선 우리는 사람들에게 관계에서 자기 확장을 얼마만큼 경험하는지 물은 뒤 그들이 매력적이라고 생각하는 사람들과 만날 수 있는 기회를 주었다. 예상대로 관계 만족도가 낮은 이들은 자기 확장의 기회를 제공할 잠재적인 상대의 능력을 측정하는 질문을 더 많이 던지고 싶어 했다. 그들에게는 이미 사랑하는 사람이 있다는 사실을 잊지 말기 바란다. 자신의 연인을 두고 매력적인 다른 누군가에게 관심을 보일 경우 관계는 위태로워지기 마련이다.

　이를 정확히 외도라 말할 수 없을지도 모르지만 다른 상대에게 한눈을 팔고 매력적인 사람과 대화를 나누려는 태도는 관계에 좋지 않은 영향을 미친다. 이는 정도를 넘어서는 행동을 향해 한 발 더 다가가게 만드는 행동이다. 내가 한 때 가르쳤던 롭 애커먼과 진행한 연구에 따르면 참여자들은 자신의 관계가 충분한 자기 확장을 제공하지 않는다고 생각할 때 새로운 사람과 만나고 싶은 유혹에 쉽게 빠진다고 인정한 것으로 나타났다.[15] 또한 브렌트 매팅리와 동료들이 수행한 2020년 연구에 따르면 현 관계가 자아감을 유지하는 데 도움이 되지 않을 경우 우리는 그럴 수 있는 상대를 찾기 위해 현 관계를 끝낸다고 한다.[16] 관계를 위해 기꺼이 자신을 희생할 때 우리는 결국 관계를 희생하게 되는 것이다.

○　　현실 연애를 위한 심리 처방전

　　　여러분이 몰랐던 과학적인 조언을 하나 해주겠다. 관계에서 보다 이기적이 되라는 것이다. "날씬해지려면 와인을 더 많이 마시라."는 말도 안 되는 유행성 다이어트 조언처럼 들리는 데다 디즈니 영화와 같은 노래 가사에서 말하는 내용과 상반되는 말처럼 들리지만 자신에게 집중하는 태도는 관계에 도움이 된다. 관계를 위태롭게 만들지 않는 방식으로 나의 욕망을 충족시키는 것이 중요하다. 아낌없이 주는 나무처럼 행동하다가는 속이 텅 빈 그루터기 같은 기분이 들 수 있다. 더 이상 순교자인 척하지 말자. 나의 욕망을 충족시키는 데 더 많은 시간을 보내자. 나부터 산소마스크를 써야 한다. 상대보다 내가 우선이다.

적당한 것에 만족하지 말자

나를 우선으로 생각하려면 적당한 것에 만족해서는 안 된다. 문제는 우리가 자신도 모르는 사이에 나의 가치를 낮춰왔다는 것이다. 우리는 모두 동화 속 결말 같은 해피 엔딩을 바란다. 하지만 나의 관계가 그러한 이상에 부합하지 않으면 우울해진다. 게다가 그러한 일이 반복될 때 우리는 안일해지기 쉽다.

우리는 행복이라는 잘못된 목표에 집중한다. 행복에는 수명이 짧다는 치명적인 결함이 있다.[17] 물론 사랑하는 사람이 집에 들어온 우리에게 키스를 하고 점심 식사에 메모를 남기고 추운 아침에 꼭 껴안아주고 우리를 격려하며 잊지 않고 쓰레기를 내다버릴 때 기분이 좋다. 하지만 그 사람은 이따금 까다롭게 굴고, 잔소리하고, 게으르고, 감정적으로 소원하고, 공격적이고, 모험을 꺼려하고, 로맨틱하지 않으며, 말이 없고, 지저분하고, 사려 깊지 않고, 지루하며 무엇보다도 코를 심하게 골기도 한다.

우리는 이러한 결점을 받아들이는 대신 다른 곳에서 행복을 찾는 법을 깨닫는다. 햇볕, 온기, 모닝커피, 덜 막히는 출퇴근길, 오후 낮잠, 포근한 담요, 애완동물, 자연 속 산책, 소셜 미디어 포스트의 '좋아요', 생각보다 적게 나온 신용카드 고지서, 훌륭한 식사, 조용한 집 같은 것들이다. 하지만 충분히 만족스럽지 않은 관계를 보완하기 위해 바깥으로 주의를 돌릴 경우 절대로 문제를 해결할 수 없다.

우리는 상대에게서 그리고 우리 삶에서 헛된 행복, 로맨틱한 행복을 찾고 있다. 하지만 삶은 행복으로만 이루어져 있지는 않다. 우리는 조금 이기적으로 더 많은 것을 요구할 자격이 있다. 우리에게는 충만함을 추구할 권리가 있다. 충만함은 단순한 기쁨이나 만족보다 훨씬 더 큰 감정이다. 행복이 짧게 지속되는 상태라면 충만함은 우리의 자아에 영향을 미치는 삶의 방식이다.

행복이 호화로운 리조트에서 일주일을 보낸 뒤 느끼는 감정이라면, 충만함은 5킬로미터 경주를 완주한 뒤에 느끼는 감정이다. 리조트는 우리에게 큰 즐거움과 기분 좋은 경험을 주지만 에너지를 많이 필요로 하지는 않는다. 리조트에서 받은 좋은 기분은 현실로 돌아가는 월요일 아침이면 증발한다. 하지만 힘겨운 경주에서는 그보다 훨씬 큰 결단력이 필요하다. 우리는 힘든 상황을 극복해야 하며 훨씬 더 많은 에너지를 쏟아야 한다. 결승전을 통과할 때 우리는 행복하기도 하지만 그보다 깊고 오래 가는 성장감과 성취감을 경험하기도 한다. 충만함을 맛보려면 라운지를 어슬렁거리며 칵테일을 마시는 것과는 달리 애를 더 많이 써야 하지만 이 경험은 계속해서 우리 안에 남아 있게 된다.

충만함은 의미 있는 감정이다. 연구진들이 성인 397명을 몇 주 동안 추적한 결과 사람들은 건강하고 기본적인 욕구가 충족되고 편안한 삶을 살며 재정적으로 여유가 있을 때 행복한 것으로 나타났다.[18] 하지만 이러한 것들이 삶을 더욱 의미 있게 만들지는 않았다. 삶에서 더 큰 의미를 찾은 이들은 성찰하는 데 많은 시간을 보냈고 자신을 더 많이 표현했으며 자신만의 정체성을 확립했다.

그러한 활동이 약간 자기도취적으로 들린다면 실제로 그렇기 때문이다. 하지만 그것이 핵심일지도 모른다. 조금 이기적으로 자신에게 집중할 때 우리는 삶에서 의미를 찾을 수 있으며 이는 관계에도 긍정적인 영향을 미치는 것이다. 모두가 관계에 도움이 되기를 바란다. 하지만 관계를 위해 나의 욕망을 포기하거나 피상적인 행복에 지나치게 주목할 때 관계는 큰 대가를 치르게 된다.

완벽하지 않은 상황 받아들이기

깊은 의미와 충만함을 찾는 데 무게를 둘 때 우리는 더 열심히 일하고 더 많이 애쓰고 더 많은 시간을 내어주고 더 많이 주고 더 많이 희생하며 사소한 문제들까지 해결해야 한다는 짐을 내려놓을 수 있다. 잃어버린 행복을 되찾으려는 시도는 자연스러운 충동에 기인하지만 상황을 개선하기 위해 지나치게 노력할 때 역효과가 발생할 수 있다. 코브라 효과라 알려진 현상이다.[19]

영국의 통치를 받던 인도에서 온 이름으로 당시 정부 관리자들은 독사의 과밀화를 제어할 방법을 찾고 있었다. 그들이 고안해낸 해결책은 코브라의 머리에 포상금을 거는 것이었다. 이 방법은 효과가 있었다. 뱀의 머리가 지나치게 값어치 있어지는 바람에 뱀의 머리를 포획하는 일이 꽤 괜찮은 부업이 될 지경이었다. 이 사실을 알게 된 정부는 프로그램의 시행을 중단했다.

그리하여 순식간에 아무런 가치가 없어진 뱀을 엄청나게 많이 갖게 된 뱀 사육사들은 뱀을 다시 야생에 풀어주었다. 안타깝게도 뱀 되사기 프로그램은 원래 문제를 악화시키고 말았다. 코브라 효과의 주된 교훈은 무엇일까? 때로는 가만히 내버려두는 것이 최선인 문제도 있다는 것이다.

2018년 연구 결과에 따르면 상황을 개선하려고 애쓰는 대신 골치 아프고 실망하고 좌절하고 슬프고 화가 나고 상처받았다는 사실을 받아들이는 편이 낫다고 한다.[20] 부정적인 감정을 받아들일 때 우리는 스트레스에 강해지고 삶의 만족도가 높아지며 심리 웰빙 지수가 높아진다. 삶은 완벽하지 않다. 관계 또한 마찬가지다.

이러한 현실을 받아들일 때 부정적인 감정은 우리에게 영향을 미치지 않으며 우리는 과잉 반응하지 않게 된다. 기분이 조금 안 좋아도 괜찮다는 사실을 깨달을 때 우리는 이러한 감정을 토대로 깊은 충만함을 꾀할 수 있다. 그러기 위해서는 마음에 들지 않는 것도 받아들여야 한다. 불교 사상과 군대 사상이 혼합된 이 같은 철학은 부정적인 감정을 출발점으로 더 나은 길로 나아가라고 말한다. 이 여정의 첫 단계는 나에게 집중하는 것이다.

○ 스스로에게 집중해보자

　우선 거울을 바라보며 솔직해져야 한다. 나의 내면을 바라보지 않기 위해 시선을 바깥으로 돌리면 어떻게 될까? 우리는 나 자신을 외면할 수 있다고, 나는 괜찮다고 스스로를 설득한다. 솔직히 이러한 말들은 내가 자기 개선을 두려워하고 있다는 사실을 숨기기 위한 거짓말이다. 우리는 성장이 값지다고 믿지만 상황이 힘들어지면 성장을 미루곤 한다. 완벽한 미루기 폭풍이다.[21] 성장하려면 투지나 열정이 중요하고, 장기적인 목표를 향해 나아가는 끈기가 필요하다.[22] 투지가 부족할 때 우리는 쉬운 길을 택하며 쉬운 방법에 마음을 빼앗긴다.

　우리는 너무 바쁘다고, 그건 중요하지 않다고, 그건 지나치게 관대하다고, 다른 이들에게 관심을 줘야 한다고, 우리는 지금 이대로 충분히 행복하다고 주장하며 자신을 들여다보는 일을 계속해서 미룬다. 자아 심리학 및 관계 심리학 분야의 떠오르는 스타인 리디아 에머리의 연구에 따르면 우리는 실패할까 두려워 자기 개선을 꾀하려 하지 않는다고 한다.[23] 준비 안 된 시험을 치르는 날 결석하는 것과 같다. 어디에서 시작해야 할지 모를 때 우리는 개인적인 성장을 추구하기 위한 항해에 나설 수 없을 것만 같은 기분에 사로잡힌다. 그리하여 너무 쉽게 아이나 배우자, 애완동물, 다른 가족, 친구, 주위 사람들에게 기꺼이 관심을 쏟는다. 하지만 나 자신을 외면해서는 안 된다.

○   나를 위한 시간

　　나 자신을 우선시 하자. 그러기 위해서는 조금 이기적이 되어야 한다. 믿을 수 없겠지만 우리가 사랑하는 사람은 우리가 그러기를 바란다. 가까운 관계에서 이루어지는 희생을 다룬 연구에 따르면 "사람들은 상대가 자신을 위해 희생하기를 바라지 않으며 스스로의 관심사를 추구하기를 바란다."고 한다.[24] 그렇다. 우리는 나를 위한 시간을 가질 수 있는 무료승차권을 얻은 셈이다.

　나를 위한 시간을 최대한 이용하려면 이 시간을 최적화해야 한다. 참신하고 흥미로우며 도전적이고 신나는 일을 하는 것이 중요하다. 이러한 요소는 주관적이므로 누군가에게는 이 4가지 요소를 다 충족시키는 일이 더 강렬한 경험을 필요로 하는 사람에게는 그다지 신나거나 흥미로운 일이 아닐지도 모른다. 자기 확장을 가져오는 훌륭한 특성을 찾는 것은 새로운 취미를 찾거나 새로운 관심사를 찾아 나서거나 새로운 기술을 쌓거나 새로운 아이디어를 떠올려보는 것처럼 어렵지 않다.

　새로운 작가의 책을 읽거나 낯선 주제를 다룬 책을 읽을 수도 있고, 한 번도 들어보지 않은 팟캐스트를 찾아볼 수도 있다. 새로운 기술을 가르쳐주는 유튜브 영상을 봐도 좋고, 넷플릭스에서 새로운 시리즈를 찾아볼 수도 있다. 대학이나 커뮤니티 센터에서 강의를 듣고, 새로 문을 연 식당에 갈 수도 있으며, 다른 출근길을 택하고 우리와는 다르게 세상을 바라보는 이들과 대화를 나누고 낯선 곳으로 여행을 떠날 수도 있다. 나에게는 수많은 선택지가 있으며 선택은 나의 몫이다.

그런데 나를 위한 시간은 나에게만 몰두하고 자기중심적이며 타인에게 무관심한 듯 보이기 때문에 우리는 죄책감을 느끼기 시작한다. 이는 지나치게 가혹한 태도다. 물론 혼자 무언가를 함으로 인해 얻게 되는 순이익은 연인과 잠시 떨어져 있는 시간을 보상하고도 남을 만큼 크다. 나를 위한 시간에는 낙수 효과가 있다. 연구 결과에 따르면 누군가 자아를 확장하는 시간을 가질 때, 상대가 이를 응원하기만 한다면 모두가 보다 만족스러운 관계로부터 이득을 보게 된다고 한다.[25] 따라서 우리는 상대의 이기적인 태도를 받아들여야 한다. 그들은 성장을 통해 개인적인 보상을 거둘 뿐만 아니라 나의 이기적인 활동을 응원할 확률도 높아진다.

○   함께 보내는 시간

나를 위한 시간이 지나치게 이기적으로 느껴진다면 여러분이 반길 만한 소식이 있다. 우리는 상대와 함께 시간을 보내는 동시에 이기적이 될 수 있다. 다시 말해 함께 보내는 시간을 온전히 누리는 과정을 통해 우리는 자아를 개선하고 능력을 기르고 새로운 지식과 관점을 쌓고 개인적인 성장을 하는 데 이기적으로 집중할 수 있다. 데이트를 계속하는 것처럼 어렵지 않은 일이다.

○

관계 초반에 우리는 데이트를 밥 먹듯이 했다. 하지만 시간이 흐르면서 관계를 당연하게 여기게 된다. 나태한 상태에서 벗어나려면 관계에 아낌없는 관심을 줘 이기적일 정도로 고집스럽게 관계를 지켜야 한다. 그러려면 우선 권태에 익숙해지지 않아야 한다. 체릴 하라심슈크가 진행한 연구에 따르면 커플들은 권태를 관계에 더 많은 관심을 기울여야 할 확실한 신호로 본다고 한다.[26]

그렇다면 이러한 상태에서 벗어나려면 어떻게 해야 할까? 관계에 다시 확신이 들도록 익숙하고 좋아하는 활동에 주목할 수도 있지만 흥미롭고 자기 성장을 촉진하는 새로운 활동을 시도해볼 수도 있다. 연구 결과에 따르면 자기 확장이 더 많이 이루어질수록 관계는 바람직해지고 뜨거워지며 만족스럽고 오래 지속되기 때문이다.[27]

데이트 준비를 마친 뒤 우리는 상대에게 "이제 뭐하지?"라고 묻는다. 상대는 "나도 몰라." 혹은 "당신이 원하는 거."라고 대답할 확률이 높다. 여러분에게 달린 듯하다. "뭐 하고 싶은데?"라는 질문에

자기 확장은 어떻게 측정할까?

나의 관계에서 내가 자기 확장을 얼마만큼 경험하고 있는지 궁금한가? 내가 개발한 자기 확장 질문지에 포함된 몇 가지 질문을 살펴보기 바란다.

1. 상대를 알게 되어 나는 더 나은 사람이 되었는가?

전혀 아니다 1 2 3 4 5 6 7 8 매우 그렇다

2. 상대와 함께하면서 새로운 경험을 많이 하고 있는가?

전혀 아니다 1 2 3 4 5 6 7 8 매우 그렇다

3. 상대와 함께하면서 새로운 것을 많이 배우고 있는가?

전혀 아니다 1 2 3 4 5 6 7 8 매우 그렇다

4. 상대는 나의 자아감 확장에 도움이 되는가?

전혀 아니다 1 2 3 4 5 6 7 8 매우 그렇다

각 질문은 나의 관계가 나의 자아감 확장에 얼마나 도움이 되는지를 측정한다. 점수가 높을수록 자아 확장을 많이 하고 있다는 의미다. 나의 관계가 자아 확장에 얼마나 도움이 되는지 다른 방식으로 살펴보고 싶다면 나의 페이스북 페이지를 살펴보기 바란다.[28] 관계가 자아의 성장과 성숙에 도움이 된다면 연인들은 프로필에 비슷한 관심사를 언급하고 현재 업데이트에 서로를 태그하며 함께 찍은 사진을 올릴 것이다. 관계가 나의 자아 확장에 얼마나 도움이 되는지 파악하는 것은 내가 가고 싶은 방향으로 나아가기 위한 첫 번째 단계다.

답하기는 쉽지 않다. 선택지가 무한하기 때문이다. 각 활동들에 순위를 매길 수 있는 사람은 없다. 그렇다면 관계 전문가들의 도움을 받아보자. 그들은 성인들이 매일 얼마나 많은 자기 확장을 경험하

는지, 그리고 그러한 경험을 이끄는 원인이 무엇인지 살펴보기 위해 3주 동안 그들을 관찰했다.[29] 연구 결과에 따르면 가장 흔하면서도 좋은 활동은 함께 외출하기, 집에서 함께 무언가를 하기, 여가활동하기 등이 있었다.

어떠한 활동이 관계에 가장 좋았을까? 가장 높은 순위를 차지한 3개 활동은 새로운 체위 시도하기, 껴안거나 서로 마사지를 해주는 등 애정 표현하기, 재미있는 경험 공유하기였다. 높은 순위에 든 다른 활동으로는 향후 이벤트 계획하기, 서로 응원하기, 신체 활동 함께하기, 종교 예배 참석하기, 서로에게서 새로운 것 배우기, 깊이 있는 대화 나누기, 감정 고백하기 등이 있었다. 놀랍게도 언쟁하기 같은 부정적인 경험조차 자기 확장에 도움이 된다. 언쟁은 우리에게 소통하고 문제를 해결하고 갈등의 원인을 없앨 수 있는 기회를 주기 때문이다. 그 과정에서 우리는 성취감을 느끼고 향후에 발생할 갈등을 완화하는 법을 터득하게 된다.

○ 함께 활동하는 시간을 가지면 관계가 활기차진다

관계에서 누릴 수 있는 혜택 중 하나는 사랑하는 사람과 함께 시간을 보낼 수 있다는 것이다. 커플이 함께할 수 있는 활동은 많다. 그렇다면 어떠한 활동이 가장 좋을까? 우리가 편안하게 느끼는 영역에서 벗어난 활동이 자기 확장에 도움이 되지만 보다 평범한 활동도 그만의 장점이 있다. 집 안에 있는 것과 밖에 나가는 것 중 어떠한 활동이 더 괜찮은지 살펴보기 위해 기혼자들에게 2가지 활동 중 하나를 무작위로 선택하게 했다.[30]

그들은 보드게임을 하거나 나란히 앉아 단체 미술 수업을 들었다. 게임과 미술 수업 둘 다 사회 교류 수준은 비슷했으며 함께 활동한 결과 부부 모두의 옥시토신 수치가 높아졌다. 하지만 미술 수업을 들은 부부에게서 더 많은 옥시토신이 분비되었으며 의사소통이 적었음에도 더 많은 신체 접촉이 일어났다. 미술 수업은 남편에게 특히 도움이 되었다. 그들의 옥시토신 수치는 게임을 한 부부에 비해 두 배나 높았다. 왜 그랬을까? 미술 수업을 듣는 경험은 부부의 일상에서 벗어난 참신한 활동이었기 때문이다. 작업복을 입고 붓을 집어들어야 관계에 도움이 되는 것은 아니지만 이 연구 결과는 관계에 활력을 불어넣으려면 편안한 영역에서 벗어날 필요가 있다는 사실을 보여준다.

관계를 위해 자신의 이익을 희생하는 것이 좋거나 나쁘다고 단정지을 수는 없다. 결국 얼마나 희생하느냐의 문제다. 어느 정도 이타적인 것은 도움이 되지만 지나칠 경우 그 과정에서 자신을 잃을 수 있다. 어떠한 TV 프로그램을 볼지, 어떠한 색상의 카펫을 살지, 저녁으로 무엇을 먹을지 같은 결정들을 상대에게 맡기는 등 작은 부분에서 희생하는 편이 이상적이다. 희생은 또한 양방향으로 이루어져야지 한쪽에 완전히 몰려서는 안 되며 어느 한쪽이 의미나 충만함, 자기 발견을 추구하는 데 방해가 되어도 안 된다. 양측이 죄책감에서 벗어나 조금은 이기적으로 하고 싶은 대로 할 수 있어야 관계가 단단해진다.

SUMMARY ─────────────────────────────────

◆ 상대를 위해 자신을 희생하는 것은 로맨틱하게 느껴지지만 관계를 악화시킨다.

◆ 자신을 제대로 돌보지 않을 때 치명적인 결과가 발생할 수 있다. 자기 희생이 지나칠 경우 외도가 발생할 확률이 높아지는 등 관계는 위태로워진다.

◆ 좋은 관계를 지속하고 싶다면 거리낌 없이 더욱 이기적이 되어야 한다. 그러려면 단순한 행복에 그치지 않고 충만함을 추구하는 데 주목함으로써 내가 누려 마땅한 것들을 적극 취해야 한다.

◆ 완전하지 않은 상태를 받아들여야 한다. 부정적인 감정을 출발점 삼아 나를 위한 시간을 더 많이 갖기 바란다. 상대보다 나를 우선시할 때 모두에게 도움이 된다.

◆ 데이트를 하면서 함께 확장하는 등 관계에 이기적으로 다가가는 커플이 서로 곁에 남는다.

7장

1분 1초도 아까울 만큼
곁에 있어야 해

상대와 가까워지려는 행동은
역효과를 가져온다

STRONGER

THAN YOU THINK

귀여운 강아지나 고양이를 볼 때 꼭 껴안고 절대로 놔주고 싶지 않은 그런 느낌을 아는가? 벤자민을 볼 때 애나벨은 그랬다. 그는 그녀의 모든 것이었다. 친구들 사이에서 그들은 유명했다. 모두가 그들을 '베나나'라고 농담처럼 불렀다. 약간 닭살 돋는 별명이었다. 벤자민은 그러한 별명이 달갑지 않았지만 애나벨은 그렇게 불리는 걸 정말 좋아했다. 베나나의 관계는 어느 모로 보나 훌륭했다. 애나벨은 살면서 처음으로 모든 것을 걸고 있었기 때문이었다. 모든 것이 순조로웠다. 너무 순조로워서 살짝 겁이 났다. 애나벨은 관계가 잘 풀리지 않을 때 자신이 엄청난 충격을 받을 거라는 걸 알았다. 그녀는 관계에서 약자일 수밖에 없었다.

　그녀는 자연스레 관계를 감쌌지만 최근 들어 벤자민이 멀어진 기분이었다. 사이가 소원해지자 애나벨은 함께 더 많은 시간을 보내야 한다고 주장했다. 애나벨은 그들이 더 가까워질 수 있다고 생각했다. 두려웠던 그녀는 문제의 조짐을 계속해서 찾아보았고 결국

에는 찾아냈다. 벤자민은 함께 더 많은 시간을 보내자는 새로운 요구, 애나벨의 이런저런 갈망, 끊임없이 확인하려드는 태도에 반발했다. 애나벨은 사랑해서 그런 거라고, 자신이 관계를 얼마나 염려하는지 보여주는 신호라고, 사이좋은 커플이라면 그렇게 한다고 주장했다. 그녀는 그가 우쭐해 하며 행복에 겨워할 줄 알았지만 벤자민은 숨이 막힐 것 같았다.

○   당신이 아는 전부가 오해라면?

로맨틱한 관계를 떠올릴 때 우리는 연인이 행복한 표정으로 매 순간을 즐기는 모습을 그린다. 현실 관계는 두 개인이 함께 발을 맞추려고 안간힘을 쓰지만 결국 서로 떨어진 채 오랜 시간을 보내고 피곤해하며 스트레스를 받고 각자의 세상에서 사는 모습에 가깝다. 나의 관계가 이상에 미치지 못한다는 느낌이 들 때면 의심이 고개를 든다. 소중한 것을 잃고 싶은 사람은 없기 때문이다. 관계를 지나치게 감싸는 대신 관계에 내제된 힘을 믿어보면 어떨까. 물론 말이 쉽지 실천은 어렵다.

우리는 상대와 더 가까워지기를 바란다. 30대 중반의 성인 1,500명을 살펴본 대규모 종적 연구 결과, 57퍼센트가 상대와 거리를 느끼며, 더 가까워지기를 바란 것으로 나타났다.[1] 이는 큰 문제다. 원하는 것만큼 상대와 가깝지 않을 때 사람들은 더욱 우울해지기 때문이다. 관계 만족도가 낮을 때 관계는 악화되고 사람들은 이별을 더 자주 생각하게 된다. 그렇다고 원하는 만큼 상대와 가깝지 않을 때 무조건 거리를 좁혀야 하는 것은 아니다.

우리는 사랑하는 사람을 잃고 싶지 않다

우리는 안전하고 믿음직하고 편안하며 사랑스러운 관계를 갈망한다. 인생에서 이토록 중요한 부분에서 확신이 없다면 불안해질 수밖에 없다. 사랑하는 이는 내가 기댈 수 있는 내 사람이다. 그 상대와의 관계가 흔들릴 때 우리는 불안해지며 버림받을까 두려워진다. 우리는 이 문제에 두 가지 방식으로 대응한다.

첫째, 우리는 자기 보호에 나서기 위해 벽을 쌓는다. 관계가 무너질 때 내가 얼마나 괴로워질지 너무 잘 알기에 그래야 할 것만 같다. 우리는 안 좋은 감정을 피하기 위해 내가 할 수 있는 일을 한다. 상처받고 버려질까 두려운 마음이 상대와 연결되고자 하는 자연스러운 욕망을 앞선다. 회피성 애착 성향이 있는 사람에게 이러한 태도가 두드러진다.[2] 하지만 그러한 두려움과 자기 방어적인 충동은 누구에게나 있다.

둘째, 관계가 어긋나고 있다는 느낌이 들기 시작하면 우리는 관계에 더욱 집착한다. 다시 말해 불안해진 우리는 상대가 멀어지고 있다는 신호에 지나치게 민감하게 반응한다. 불안한 마음을 달래기 위해 우리는 상대와 더 가까워지고 유대를 강화하는 방법을 찾으면서 상대와 더욱 연결되려 한다. 상대와 더 가까워지면 관계에 확신이 생기고 차일 걱정에서 조금 더 자유롭기 때문이다. 우리는 상대와 아주 가까워지면 그들을 그리워하고 버림받은 기분이 들고 외롭거나 슬프고 상대가 다른 누군가와 시간을 보낼까 걱정하지 않게 된다고 생각한다. 불안 애착 성향이나 집착적인 애착 성향을 지닌 사람은 보통 이러한 전략을 취한다.

상대가 멀어지는 기분이 들 때 더 가까이 다가가고 싶어 하는 것은 합리적인 일이다. 하지만 이러한 욕망이 너무 억압적이거나 일방적일 때 꽤 심각한 문제가 발생할 수 있다. 가까워지고 싶은 욕망은 관심을 바라고 질척거리며 상대를 숨 막히게 하는 부담스러운 행동으로 변질될 수 있다. 다국적 연구진들이 5천 명이 넘는 미국인에게 관계를 망가뜨리는 요인을 물어본 설문조사 결과 '지나치게 애정에 굶주린 상대'가 3위를 차지했다.[3]

딱 적당한 친밀감은 달성 불가능한 목표다. 규정하기 쉽지 않기 때문이다. 확실한 기준이 없다 보니 상대와 가까워질 때마다 우리는 조금 더 가까워지면 관계가 더 좋아질 것만 같아 애가 탄다. 우리는 이 같은 생각에 사로잡힌 채 관계에 집착한다. 상대와의 거리를 걱정하다 보면 우리는 지나치게 불안해지기도 한다. 상대의 감정을 보여주는 미묘한 단서를 잡아내려고 상대의 행동과 매너리즘에 집착한다.[4] 사랑하는 사람과 함께하고 싶다는 강렬한 욕망에 사로잡혀 관계의 미래를 둘러싼 걱정들을 고민하느라 우리는 많은 시간을 허비한다. 상대가 멀어진 것 같다는 느낌이 들면 우리는 상황을 제대로 직시하지 못한다.[5] 이 온갖 부적절한 관심이 관계에 미치는 영향이 진짜 문제다. 한 연구에 따르면 사람들이 상대가 내가 원하는 만큼 가까워지기를 바라지 않는다고 느낄 때 관계가 더욱 불안해진다고 한다.[6] 다시 말해 친밀감을 지나치게 염려하는 태도는 관계의 부침이나 사소한 갈등을 더 많이 유발하고 관계의 질을 낮추는 부정적인 영향력이다.

질투는 관계의 미래를 경고하는 적신호다

우리는 멋진 데이트를 즐기고 완벽한 가족사진을 SNS에 올리는 부부라면 그 관계가 단단할 거라 속단하기 쉽다. 하지만 연구 결과에 따르면 가족끼리 친밀하지 않다고 걱정하는 이들은, 관계를 유지하고 다른 이들에게서 긍정적인 관심을 얻어내기 위해 SNS를 이용할 확률이 높았다.[7] 사람들은 나를 향한 상대의 감정과 관계에 확신이 없을 때 관계를 더욱 자주 전시하기도 했다.[8]

이러한 행동은 역효과를 낳기도 한다. 상대와 가까워지려는 이들은 상대를 스토킹하거나 상대의 소셜 미디어를 들여다볼 확률이 높다.[9] 우리는 소중히 여기는 무언가를 잃을지도 모른다고 생각할 때 질투를 느낀다.[10] 아이러니하게도 질투는 불확실성에 기인하지만 연구 결과에 따르면 우리는 이러한 감정에서 벗어나기 위해 상대의 질투심을 부추긴다고 한다.[11]

더욱 아이러니하게도 우리는 종종 질투를 유발하기 위해 거리를 두는 전략을 이용하기도 한다. 우리는 너무 바빠 상대를 볼 수 없다고 말하거나 상대를 무시하거나 다른 사람과 만날 약속을 잡는 등 관계에서 일부러 거리를 둘지도 모른다.[12] 이러한 전략을 취하면서 우리는 상대가 거리를 느껴 걱정하기 시작하고 이별을 막기 위해 먼저 다가오게 되기를 바란다. 그들이 스스로의 질투심을 잠재우려고 우리와 가까워지는 등 관계를 개선하기 위해 뭐든 하게 되기를 바란다.[13] 하지만 현실은 그렇게 단순하지 않다.

질투를 유발하면 상대는 3가지 반응을 보인다. 관계를 개선하려고 노력하거나 공격적이 되거나 멀어지는 것이다. 안 좋은 반응을 얻게 될 확률이 두 배나 높아질 뿐만 아니라 그 반응 중 하나인 멀어지는 것은 우리가 원래 추구한 친밀감과 정반대의 결과다. 상대를 속이거나 상대를 더 가까이 끌어들이려고 미끼를 놓을 때 우리는 그들을 더 멀리 밀어내게 되는 것이다. 관계 강화가 진짜 목표라면 질투를 유발해봤자 소용이 없다. 이는 정반대의 효과를 불러올 뿐이다. 질투는 가정폭력이나 살인의 가장 흔한 이유다.[14]

질투가 관계에 미치는 해로운 영향은 상대와의 거리가 멀어질까 염려하는 이들에게 더 크게 나타난다.[15] 질투는 상대를 향한 집착을 유발하고 상대를 더욱 감시하게 만들며 결국 관계의 만족도를 낮춘다.[16]

○   가깝다는 것은 무슨 의미일까?

질투를 유발하는 행동은 조금 극단적이거나 소극적

인 공격처럼 느껴질 수 있다. 우리는 상대와 가까워지기 위해 보다 확실한 해결책을 찾을지도 모른다. 단둘이서만 함께 시간을 보내는 것이다.[17] 함께 시간을 보낼 수 있는 방법은 빨래하기, 장보기, 쇼핑하기, 요리하기, 식사하기, TV 시청하기, 정리하기, 운동하기, 집안 정리하기 등 끝도 없다.

하지만 상대와의 끈끈한 유대를 바란다면 이러한 일상적인 행동은 우리가 함께 보내는 시간에만 초점을 맞추기 때문에 피상적으로 느껴질 수 있다. 상대와 정말로 가까워지려면 그냥 시간을 보내는 것만으로는 충분하지 않다. 우리는 나 자신을 우리의 일부로 규정해 깊은 관계를 꾀하고 싶어 하기도 한다. 다시 말해 나의 정체성을 상대의 정체성과 융합하고 그 과정에서 나의 일부를 기꺼이 잃으려 한다. 상대에게만 전념하는 것은 낭만적으로 들리지만 이러한 방법은 역효과를 낳을 수 있다.

두 사람이 하나로 합쳐지면 어디가 한 사람의 끝이고 다른 사람의 시작인지 구분하기 쉽지 않게 되는데 그 결과 우리는 나의 특징을 상대의 특징으로 오해하게 된다.[18] 가깝고 친밀한 관계를 너무 간절히 원한 나머지 우리는 나 자신을 기꺼이 희생하려 한다. 관계 전문가 에리카 슬로터와 웬디 가드너의 대표적인 연구 〈너를 원하는 것이 나를 어떻게 변화시키는가?〉에 따르면 사람들은 상대가 멀어질까 걱정할 때 나의 자아감이 상대의 자아감과 온전히 통합되기를 바란다고 한다.[19]

실제로 실험 참여자들은 사랑하는 이의 특징을 자신의 것으로 기꺼이 받아들였다. 다시 말해 상대와 가까워지기 위해 그들은 자신의 정체성을 포기했으며 자신의 모습을 기꺼이 바꾸었다. 이런 식의 행동은 위험할 수 있다. 우리는 상대의 도움으로 더 나은 사람으로 바뀔 수 있지만 지나치게 상대의 영향을 잘 받는 사람이 되면 위험해질 수 있다. 상대 또한 사람인지라 긍정적인 특징과 부정적인 특징을 전부 지니기 마련이다. 친밀한 관계를 바라는 우리는 상대의 좋은 점만 골라 취하는 대신 부정적인 특징을 포함한 상대의 모든 특징을 나의 자아로 흡수한다.[20]

가령 우리가 사랑하는 사람은 야심 있고 재미있으며 모험심이 강할지도 모르지만 허세가 있고 물질주의적이며 무례하기도 하다. 상대와 가까워지면서 이러한 특징을 내 것으로 취할 때 우리는 생각보다 상대의 부정적인 특징을 더 많이 얻게 될지도 모른다. 상대와 가까워지는 것을 우선시할 때 우리는 나에게 가장 좋은 것을 잊고 나의 정체성을 포기하게 된다. 마크 체르노프가 "가장 고통스러운 일은 타인을 너무 사랑하는 바람에 나 자신을 잃고 나 또한 특별한 사람이라는 사실을 잊는 것이다."라고 말했듯 말이다.

○   내가 바라는 친밀감이 중요하다

우리는 상대와 가까워지기 위해 무슨 일이든 하려 한다. 하지만 함께 더 많은 시간을 보내고 나의 정체성을 상대의 정체성과 일치시킬 때 의도치 않은 결과가 나타날 수 있다. 상대에게 나의 욕망을 충족시켜달라고 요구할 때 우리는 상대를 부담스럽게 만들 수 있다. 우리는 상대가 기꺼이 맺으려 하고 맺을 수 있는 친밀한 관계보다 더 가까운 사이를 바랄지도 모른다.

이렇게 생각해보자. 상대와의 거리에 대한 두 사람의 생각은 같을 수 있다(7점 중 6점). 하지만 관계에 대해 느끼는 감정은 두 사람이 전혀 다를 수 있다. 한 사람은 '6점'에 충분히 만족하지만 다른 사람은 그렇지 않을 수 있다. 다시 말해 상대와 나 간의 실제 거리는 중요하지 않다. 상대와의 거리에 얼마나 만족하는지는 내가 원하는 것을 얼마나 얻고 있는지에 달려 있다.

지나치게 가깝다고 느끼는 경우는 생각보다 흔하다. 600명의 실험 참여자에게서 취합한 자료를 살펴보면 60퍼센트에 달하는 사람이 상대와 지나치게 가깝다고 말했다.[21] 연구에 따르면 더 많은 공간이 필요한 것 같은 기분은 불쾌한 감정으로 밝혀지기도 했다. 사람들은 너무 가까운 상태를 '갇힌', '압도된', '억압당하는', '숨 막히는' 같은 감정으로 묘사했다. 지나치게 가까운 사이는 스스로를 제어할 수 있는 그들의 권한을 제한하고 정체성을 위협하는 것처럼 보였다. 그들은 나답지 않은 기분에 사로잡혔고 자유를 잃은 기분이 들었던 것이다.

이러한 상황에 놓이면 사람들은 당연히 저항하기 위해 거리를 두게 된다. 가장 흔한 반응으로는 '혼자 시간 보내기', '혼자만의 공간 누리기', '함께 보내는 시간 줄이기', '친구들과 더 많은 시간 보내기', '자립성 요구하기', '상대 밀어내기' 등이 있었다.[22] 상대와 더 가까워지기를 바라는 욕망은 확실히 위험하다. 상대는 우리에게서 더 멀어지고 어쩌면 우리를 영원히 밀어낼지도 모른다. 말도 안 되는 일처럼 보인다. 우리는 단단한 관계를 만들려고 애썼을 뿐이다. 어쩌면 그럴 필요가 없었는지도 모른다.

○　　현실 연애를 위한 심리 처방전

상대가 멀어진 것 같을 때 사람들은 마음 아파하며 상대에게서 더 멀어질 수 있다. 하지만 실제로 그러한 일은 벌어지지 않는다.[23] 연구 참여자들은 가까워지고 싶은 상대와 더욱 비슷해짐으로써 유대를 강화하려 했다. 그들은 그러기 위해 거짓말을 하기도 했다. 그들은 다시 연결되기를 바랄 뿐이었다. 상대가 멀어질 때 우리는 본능적으로 연결되기를 바란다. 하지만 이 문제를 시정하기 위한 우리의 본능은 문제 해결에 도움이 되지 않는다. 우리는 상대와 더 가까워지는 대신 조금 거리를 둬도 괜찮다는 사실을 깨달아야 한다.

약간의 거리는 관계에 긍정적인 영향을 미친다
우리는 관계가 조금만 소원해져도 민감하게 반응한다. 우리 모두에게는 나의 삶에서 가장 중요한 사람과 연결되고자 하는 기본적인 욕망이 있기 때문이다.[24] 우리는 관계에 조금만 문제가 생겨도 관심을 보이지만 지나치게 민감하게 반응하지 않아야 상대가 나설 기회를 줄 수 있다.

이 작은 완충제는 아주 실질적인 역할을 수행한다. 상대가 우리를 그리워하게 만드는 것이다. 핵심은 '그리워하는 것'을 있는 그대로 이해하는 것이다. 우리는 상대와 함께 있고 싶어 하고 상대를 더 많이 생각하게 되는데,[25] 이 모든 것은 상대와 우리 사이를 다시 가깝게 만든다. 상대를 그리워하는 것은 우리 생각처럼 적신호가 아니다. 그리움은 우리가 상대를 얼마나 생각하는지, 우리가 관계를 얼마나 가치 있게 평가하는지 보여주는 긍정적인 신호다.[26] 관계에 전념할 때 우리는 상대에게 친절하게 대하고 상대와 더 많은 대화를 나누며 우리가 그들을 얼마나 생각하는지 고백하면서 관계를 유지한다. 하지만 우리가 계속해서 가까이 붙어 있겠다고 우기면 어느 한쪽도 상대를 그리워할 기회를 얻지 못한다. 숨 쉴 공간을 약간 허락할 때 우리는 그리움이라는 감정을 관계에 유리하게 작용할 비밀 무기로 이용할 수 있다.

서로 떨어져 있을 때 우리는 객관적인 시각에서 내가 갖고 있는 것을 더욱 큰 그림으로 바라볼 수도 있다. 우리는 내가 갖고 있는 것을 생각보다 쉽게 망각한다. 우리는 우리를 행복하게 만드는 경험에 익숙해지는 경향이 있기 때문이다. 연구진들이 쾌락 적응이라 부르는 현상이다.[27] 우리는 어느 순간부터 삶의 긍정적인 것들을 당연히 여기기 시작한다. 좋은 것들에 익숙해지면 이제 그것들은 처음만큼 좋아 보이지 않는다. 관계는 특히 쾌락 적응에 취약하다. 좋은 관계는 처음에는 큰 만족을 안겨주지만 시간이 흐르면서 그 효과가 줄어든다. 황홀했던 경험들은 빠르게 새로운 일상으로 자리 잡는다. 이제 그만한 만족감을 느끼려면 더 높은 차원의 긍정적인 경험이 필요하다. 우리의 관계가 초인적이라 시간이 지날수록 더욱 놀라운 경험을 끊임 없이 제공할 수 있다면 쾌락 적응은 문제가 되지 않는다. 하지만 쉽지 않은 일이다. 현실적으로 연인들에게는 계속해서 긍정적인 경험을 제공할 에너지와 시간이 없다.

내가 갖고 있는 것을 당연하게 여기는 바람에 계속해서 더 많은 것을 요구하는 함정에 빠지지 않으려면 마사지에서 교훈을 취할 수 있다. 제대로 된 마사지사에게 마사지를 받는 것은 꽤 긍정적이고 만족스러운 경험이다. 그런데 마사지를 더욱 즐겁게 만드는 것이 무엇인지 아는가? 잠시 쉬는 것이다. 마사지를 잠시 쉴 때 마사지가 더욱 즐거워진다.[28] 잠깐의 휴식은 새로운 마음으로 돌아와 전반적인 경험을 더욱 감사히 여기게 되는 데 도움이 된다. 관계 역시 마찬가지다. 약간의 거리는 무감각한 마음이 뿌리내리는 것을 막고 처음의 좋은 느낌을 그대로 유지하기 위한 좋은 방법이다.

긍정적인 관계의 가속도를 이어가려면 현 상태에 안주하지 않도록 장거리 연애에서 교훈을 취할 수도 있다. 기이한 제안처럼 보이지만 사람들은 대부분 장거리 연애를 오해한다. 그들은 이 관계가 연인이 일상적으로 함께 시간을 보내는 관계보다 열등하다고 생각한다. 하지만 장거리 연애에는 큰 이점이 있다. 사랑하는 사람끼리 떨어져 지낼 때 그들의 관계에는 쾌락 적응 주기를 깨뜨리는 휴식이 포함될 수밖에 없다. 커플이 물리적으로 떨어져 있을 때 그들의 의사소통 패턴은 화상 통화나 전화, 문자에 더욱 의존하게 된다.[29] 하지만 기술적인 간극에도 불구하고 그들은 질 높은 대화를 나누고 미래 계획 같은 핵심 사안에 더욱 집중하게 된다.

천 명에 달하는 사람을 살펴본 표본 조사에 따르면 장거리 연애를 하는 사람들은 상대와 즐거운 시간을 보내며 서로에게 헌신할 확률이 높을 뿐만 아니라 서로를 미워하고 옭아매며 상대와 이별할 확률이 함께 정기적으로 시간을 보내는 커플보다 낮다고 한다.[30] 연구 결과, 주말 부부는 관계를 더욱 소중히 여기게 되었으며 배우자의 삶에 더욱 통합된 것으로 나타났다.[31] 다소 모순적으로 들리지만 떨어져 지낼 때 부부 사이의 유대감이 공고해진 경우가 많다. 오하이오 주립대에서 진행한 연구 결과에 따르면 장거리 연애를 하는 커플이 더 이상 떨어져 있지 않아도 될 때 관계가 악화되는 것으로 나타났다.[32] 관계를 살리기 위해 서로 떨어져 지내야 하는 것은 아니다. 서로에게 약간의 공간과 떨어져 있는 시간을 주고 지나치게 가까운 사이를 요구하지 않을 때 둘 다 값진 시간을 보낼 수 있으며 관계에도 숨통이 트이게 된다.

적당한 거리를 유지하라

모든 관계마다 연결되고 싶은 욕망과 나 홀로로 존재하고 싶은 욕망이 상충한다. 우리는 관계를 망칠까 봐 두려워하지만 자신을 잃는 것 또한 두려워한다. 적정한 거리를 유지하려면 균형점을 찾아야 한다. 연구진들이 최적의 식별력이라 부르는 것이다.[33] 커플 사이에서 최적의 식별력은 개별적인 나를 표현하고자 하는 욕망과 우리의 일부가 되고자 하는 욕망 간에 조화를 이루는 것을 말한다.[34] 그러기 위해서는 서로에게 숨 쉬고 움직일 공간을 주어야 한다. 나 혼자 보내는 시간과 함께 보내는 시간 간에 균형을 이룰 때 각자가 성장할 수 있는 시간을 가질 수 있다.

칼릴 지브란은 그의 저서 《예언자》에서 이렇게 말했다.

"둘 사이에 거리를 두자.…… 함께 서 있되 너무 가까이 서 있지는 말자. 사원의 기둥들은 서로 떨어져 있으며 떡갈나무와 사이프러스 나무는 서로의 그늘에서는 자라지 않을지니."

최적의 성장을 꾀하려면 상대와 한 시도 떨어져 있지 않으려는 태도를 낭만적으로 생각해서는 안 된다. 우리는 불안감을 있는 그대로 바라봐야 한다. 다시 말해 불안감은 관계를 위태롭게 만들 수 있다. 지나치게 질척댈 때 우리의 과잉보호적인 태도는 상대를 숨 막히게 할 수 있다. 우리는 상대와 가까워지기 위해 쉽게 취할 수 있는 방법에 지나치게 자주 의존한다. 바로 함께 시간을 보내는 것이다. 하지만 상대와 오랜 시간을 보내도 원하는 것만큼 가깝다는 느낌이 들지 않을 수 있기 때문에 이는 잘못된 방법이다.

우리는 상대와의 심리적인 연결에 주목해야 한다. 그러기 위해서는 상대의 정체성과 나의 정체성이 얼마나 일치하는지에 집중해야 한다. 연구진들은 이를 가리켜 '상대를 자아에 포함하기'라 부른다.[35] 그렇게 될 때 우리의 자아감은 상대의 자아감과 뒤섞이며 우리는 '나' 대신 '우리'의 관점에서 더 자주 생각하게 된다. "나는 피자를 좋아해.", "내가 사랑하는 사람은 피자를 좋아해."라고 생각하는 대신 "우리는 피자를 좋아해."라고 생각해보자. 연구 결과에 따르면 이처럼 커플 정체성에 집중할 때 궁극적으로 관계에 도움이 된다고 한다.

크리스 애그뉴와 그의 동료들이 개발한 두 번째 방법은 우리가 관계를 설명할 때 사용하는 언어를 살펴봄으로써 관계의 친밀함을 보다 미묘하게 측정한다.[36] 우리는 관계와 관련된 생각을 공유하면 된다. 연인이나 관계와 관련해 우리가 품고 있는 어떠한 생각도 될 수 있다. 15분 동안 이와 관련된 긍정적이거나 부정적인 생각을 원하는 만큼 써보기 바란다. 무엇이든 쓸 수 있지만 온전한 문장으로 대답해야 한다. 내가 쓴 문장에서 복수형으로 쓴 단어 '우리'와 단수형으로 쓴 단어 '나, 그녀, 그'를 비교하면 내가 상대와 얼마나 가까운지 알 수 있다. 복수형 단어를 많이 쓸수록 관계의 친밀도는 물론 나의 자아감과 상대의 자아감이 통합되어 있을 확률이 높고 단수형 단어가 많을수록 관계의 친밀도와 정체성이 통합되어 있을 확률이 낮다.

물론 쉽지는 않지만 연인들의 자기 개념을 가깝게 만들 수 있는 몇 가지 방법이 있다. 몇 년 전, 한 전형적인 심리학 연구가 큰 인기를 끌었다. 맨디 렌 카트론이 〈뉴욕 타임스〉에 쓴 "사랑에 빠지려면 이렇게 해라."라는 제목의 기사가 시작이었다. 이 기사는 큰 인기를

친밀감은 어떻게 측정할까?

나의 자아감이 상대의 자아감과 얼마나 일치하는지 측정하기 위해 연구진들은 상대를 자아에 포함하기(IOS) 척도를 사용한다. 겹치는 원 7가지를 이용하는 이 벤 다이어그램은 우리의 자아감이 상대의 자아감과 얼마나 겹치는지를 측정한다. 전혀 겹치지 않는 것에서 거의 다 겹치는 것까지 7단계가 있다. '상대와의 관계를 가장 잘 설명하는' 원을 고르면 되는데 겹치는 부분이 많은 원일수록 자아에 상대가 더 많이 포함되어 있다는 의미다.

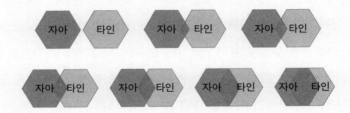

IOS 척도는 단순하지만 우리가 함께 얼마나 많은 시간을 보내고 나의 자아감이 상대의 자아감과 얼마나 섞여 있는지를 효과적으로 보여주는 방법이다.[37]

끌면서 인터넷에 삽시간에 번졌다.

원래 논문의 제목은 〈상호 친밀감 형성 실험〉인[38] 이 연구는 두 사람이 사랑에 빠지는 방법이 아니라 친밀함의 강도를 높이는 방법에 관한 연구였다. 이 연구에 참여한 사람들은 함께 시간을 보내는 것이 아니라 대화를 나누기만 하면 되었다. 연구진들은 실험 참여자들에게 돌아가면서 36가지 질문을 던졌다. 참여자 중 절반은 "오랫동안 꿈꿔온 것이 있나요? 왜 하지 않았죠?"와 같은 친밀감을 높이는 질문을 받았다. 나머지 절반은 "가장 좋아하는 연휴는 무엇인가요? 왜 그렇죠?"와 같은 평범한 질문을 받았다. 예측한 것처럼 첫 번째 유형의 질문이 친밀감을 높였고 연인이 서로 가깝게 느끼도록 만들었다.

이 연구에 사용된 36가지 질문에서 중요한 것은 질문 내용이 아니라 중요한 개인 정보를 알려주고 약점을 공유하는 등 이 같은 질문들이 상기시키는 주제다. 질문의 주제로는 개인적인 특징, 과거 경험, 가족 관계, 미래 희망사항, 연인의 공통점, 개인적인 약점이 드러나는 취약 분야 등이 있었다. 36가지 질문의 주제에 맞춰 내가 작성한 질문은 다음과 같다.

- 어렸을 적 장래 희망이 무엇인가?
- 멘토로 생각하는 사람을 생각해보아라. 그들에게서 가장 존중하는 자질은 무엇인가?
- 요술봉을 휘둘러 삶에서 1가지를 바꿀 수 있다면 무엇을 선택하겠으며 그 이유는 무엇인가?
- 마음에 드는 나의 3가지 특징은 무엇이며 개선하고 싶은 세 가지 특징은 무엇인가?

- 언제 실패를 경험했는가?
- 살면서 울었던 적이 있다면 그 이유는 무엇이었나?
- 부모님은 어떠한 분인가? 나는 그들과 어떻게 비슷하거나 다른가?
- 내가 이룩한 성과 중 자랑스러운 경험은 무엇인가?
- 지금의 내가 있기까지 겪은 주요한 경험은 무엇인가?
- 나는 연인의 어떤 부분을 존중하는가?

다음 번에 대화를 나누거나 데이트를 할 때 이 질문을 지참하자. 여러분은 연인과 둘이서 은밀한 대화를 나누고 싶겠지만 논리적으로 보이는 이 행동은 우리의 관계에 해로울 수 있다. 36가지 질문이 지닌 영향력을 제대로 누리려면 타인과 함께해야 한다. 조지 대학교 교수 리히 슬레처는 커플이 다른 커플과 함께 보내는 시간이 관계에 미치는 영향을 살펴보았다.[39] 그는 커플들이 '36가지 질문'을 주고받는 활동을 하게 하거나 잡담을 나누게 했다.

그가 예상한 대로 36가지 질문을 주고받는 활동은 몇 가지 이유에서 관계 향상에 기여했다. 첫째, 이 활동은 새롭고 흥미로운 정보를 제공했다. 참여자들은 상대에 대해서뿐만 아니라 다른 커플에 대해서도 알게 되었다. 깊은 대화는 긍정적인 감정을 높였다. 둘째, 36가지 질문에 대답하면서 커플 간의 유대감과 우정이 강화되었다. 그들의 사회망이 확장되었을 뿐만 아니라 새로운 관계는 깊고 의미 있는 대화에서 비롯된 것이었기에 질적으로 만족스러웠다.

상대가 멀어진 것 같을 때 친밀감을 되찾는 방법을 골몰하기보다는 관계의 유대를 강화하기 위해 내가 할 수 있는 일을 하는 편이 낫다. 친밀감을 높이고 관계를 계속해서 튼튼하게 유지하려면 데이트를 할 때 어떠한 활동을 해야 할까? 연구진들은 성공적인 관계를 유지하고 있는 커플들의 비법을 알아내기 위해 그들에게 공통된 취미, 재미있는 활동, 일반적인 데이트 활동에 대해 물어보았다.[40] 공통적으로 언급된 가장 흔한 활동으로는 여행 가기, 스포츠나 레크리에이션 활동 함께하기, 외식하기, 취미 공유하기, TV나 영화 보기, 쇼핑하기, 대화하기, 집안일 함께하기 등이 있었다.

관계에 도움이 되기 위해 함께 이러한 활동을 할 때나 상대가 진심으로 함께하기를 바란다고 느낄 때 데이트는 관계에 더욱 긍정적인 영향을 미쳤다. 다시 말해 의무감에서나 상대에게 끌려 억지로 데이트를 하는 것은 도움이 되지 않았다. 최대한의 효과를 누리려면 커플은 관계를 염두에 둔 채 양측이 기꺼이 참여한다는 전제하에 데이트나 함께하는 활동을 의도적으로 계획해야 한다.

SUMMARY ───────────────────────────

◆ 친밀감을 높이고자 하는 바람은 낭만적으로 보이며 상대를 사랑하는 마음이 반영된 증거처럼 느껴지지만 사실 그렇지 않다.

◆ 우리는 상대와 약간의 거리를 두는 편이 좋다.

◆ 친밀감은 지나치면 안 좋아질 수 있다.

◆ 장거리 연애는 보편적인 연애보다 관계가 더 단단한 경우가 많다.

◆ 상대를 그리워하는 마음은 관계에 도움이 될 수 있다.

◆ 상대와의 거리에서 균형을 이루는 것은 36가지 질문에 답하는 것
만큼이나 단순한 일이다.

◆ 커플로서 함께 보내는 시간을 최적화하고 싶다면 다른 커플과 함
께 시간을 보내기 바란다.

8장

싸움은
안 할수록 좋은 거야

문제가 없는 관계는 없다

STRONGER

THAN YOU THINK

배리와 미셸은 한 번도 싸운 적이 없었다. 자존심 문제였기에 그들은 그 기록을 깨지 않기 위해 민감한 주제를 피했으며 서로를 되도록 자극하지 않았다. 물론 늘 쉽지는 않았지만 둘은 서로를 사랑했으며 서로에게 최선을 다했다. 그렇기는 했지만 그들은 서로의 눈치를 살피느라 속내를 한 번도 편안하게 털어놓은 적 없는 자칭 충돌 회피자였다. 그들 사이에는 마찰이 한 번이라도 일어나면 싸움으로 번져 돌이킬 수 없는 결과가 발생할 거라는 두려움이 있었다. 그래서 그들은 싸우는 대신 "그만 두자.", "당신이랑 싸우고 싶지 않아."와 같은 말로 대화를 끝내곤 했다.

하지만 어느 순간 그 방법이 더 이상 효과가 없어졌다. 문제의 시작은 사소했다. 미셸은 배리에게 그녀가 가장 좋아하는 프로그램을 녹화해달라고 부탁했다. 그는 깜빡하고 말았다. 미셸이 긴 하루를 마친 뒤 프로그램을 보려고 자리에 앉은 순간 수문이 터졌다. 그녀는 자신의 안건을 내놓는 변호사처럼 오랫동안 무시하려고 애써온

배리의 위반 목록을 조목조목 나열했다. 무방비로 당한 배리는 방어적인 태도로 변했다. 미셸은 더욱 심하게 퍼부었다. 아무리 애써봤자 그녀를 이길 수 없다는 사실을 깨달은 배리는 입을 다문 채 방을 나섰고 더 이상 대화를 나누려 하지 않았다. 다음 날 아침 그들은 아무 일도 없었던 것처럼 행동했다. 어색했지만 누구도 상황을 악화시키고 싶지 않았다. 게다가 그들은 '한 번도 싸우지 않은 커플'이라는 기록을 지켜야 했으며 늘 언쟁을 벌이는 커플이 되고 싶지 않았다.

○ 당신이 아는 전부가 오해라면?

"싸우고 싶지 않아." 우리는 늘 이렇게 말한다. 갈등을 좋아하는 사람은 없기 때문이다. 언쟁을 벌이면 마음이 편치 않고 속이 부대낀다. 언쟁은 공격적이기 때문에 우리는 위협받는 기분이 든다. 우리는 관계가 괜찮을지 걱정하며 언쟁을 피할 때 안도한다. 다투고 나면 그렇게 말하지 말 걸 하고 후회한다. 하지만 우리는 나 혹은 나의 관계를 충분히 믿고 있지 않다.

우리는 무엇 때문에 싸우거나 싸우지 않는가?

단순한 사실을 살펴보자. 싸우지 않는 커플은 없다. 우리 눈에 보이든 그렇지 않든 모두가 언쟁을 벌인다. 행복한 부부와 그렇지 않은 부부는 다른 문제 때문에 싸울 거라 생각할지 모르지만 연구에 따르면 그렇지 않다.[1] 모두가 자녀, 돈, 시댁이나 처가, 관계의 거리 때문에 싸운다. 관계를 삐걱대게 만드는 주요 원인이 확실하지만 보다 구체적으로 살펴볼 필요가 있다. 상대에게 상처를 주고 상대를 화나게 하고 기분 상하게 하는 3가지 주요 갈등 요소는 다음과 같다.[2]

우월감	상대에게 멍청하거나 열등한 취급을 받는 경우, 상대가 나보다 나은 사람처럼 행동하는 경우
소유욕, 질투, 의존성	상대가 너무 많은 관심이나 시간을 요구할 경우, 질투, 소유욕이 지나치게 강하거나 지나치게 의존적일 경우
무시, 거절, 불신	상대가 나의 감정을 무시할 경우, 전화하거나 문자하지 않을 경우, 사랑한다고 말하지 않을 경우

그 밖에도 남을 배려하지 않고 스스로에게만 몰두하며 감정 기복이 심한 상대가 갈등의 주요 원인 가운데 높은 순위를 차지했다. 사방이 지뢰투성이다. 그나마 희소식이 있다면 상대가 이러한 식으로 행동할 때 이는 지극히 정상적인 행동이기 때문에 내 관계에 문제가 있는 것으로 받아들일 필요가 없다는 것이다.

누가 코를 골고 저녁에 무엇을 먹을지, 누가 쓰레기를 버릴지, 양육 분담을 어떻게 나눌지 같은 일상의 문제에 맞닥뜨릴 때 우리는 상대와 약간 언쟁을 벌이게 될지언정 적극 나서서 문제를 해결하려 한다. 그렇다면 우리가 피하는 주제에서는 어떠할까? "그 부분만은 건드리지 말자."라고 생각하는 주제에서 갈등을 겪지 않기 위해 우리는 그러한 주제를 어떻게든 피하고 본다. 과거 연인, 우리의 과거나 현재 성생활, 바깥 관계 같은 민감한 주제가 우리가 되도록 피하는 주제라면 우리가 아예 피하는 공통적인 주제가 있다. 바로 관계 자체다.[3] 여러분도 그렇지 않은가? 연구 결과에 따르면 관계의 상태는 3명 중 1명에게 절대 금기시되는 주제이자 10명 중 7명이 꼽은 피해야 할 주요 주제 중 하나로 밝혀졌다.

그 이유를 이해하려면 그러한 대화가 그들에게 어떠한 의미였는지 생각해봐야 한다. 상대가 어떠한 기분인지, 무엇을 바라는지, 관계의 미래가 어떠한지 같은 주제들은 묵직했다. 사람들은 관계를 얘기하는 것은 쓸데없는 일이고 도움이 되지 않는다고 생각하기 때문에 관계에 관한 대화를 나누기를 꺼려했다. 갈등이 안 좋은 신호라고 믿을 때 커플의 관계는 더욱 좋지 않았다.[4] "언쟁을 벌이면 안 된다."고 믿는 이들은 관계 만족도가 낮았고 더욱 공격적이었으며 여성의 경우 더욱 우울해했다.[5] 언쟁을 피하는 방법은 도움보다는 해가 되는 것이 분명하다.

○   갈등 해결하기

우리는 관계 대화를 나누는 대신 관성에 저항해 문제를 외면한다.[6] 우리는 최선을 다했다고 확신하며 유쾌하지 않은 경험을 피했다고 스스로를 다독인다. 정말로 그럴까?

스스로를 보호하려는 욕구는 바람직하지 않다. 염려하는 듯해 보이는 태도는 사실 스스로와 관계를 둘러싼 불안감을 보여주는 신호다.[7] 이러한 의심이 우리를 잠식하면 우리는 관계를 위협할지도 모르는 것은 뭐든 피하고 본다. 진짜 단단한 관계에 있는 이들은 관계 대화를 두려워하지 않는다. 서로를 믿는 커플은 문제에 맞서며 상대에게 이의를 제기한다.[8] 관계가 단단할 때 약간의 언쟁은 아무런 위협도 되지 않는다.

관계의 불확실성은 어떻게 측정할까?

혼자만으로도 삶은 힘겹다. 하지만 사랑하는 사람이 생기면 이제 두 사람의 생각과 감정, 희망, 꿈뿐만 아니라 커플로서의 미래도 고려해야 한다. 잘 풀릴 때도 많지만 그렇지 않을 때도 많다. 어떠한 경우든 이 모든 것에 확신이 있을 때 나의 관계는 더 나아지게 되어 있다.[9] 나의 관계의 불확실성을 이해하려면 아래 질문을 던져보자.

1. 현 관계를 지속하고 싶은 욕망에 확신하는가?
   매우 그렇다 1 2 3 4 5 전혀 아니다

2. 관계를 둘러싼 상대의 감정에 확신하는가?
   매우 그렇다 1 2 3 4 5 전혀 아니다

3. 연인 또는 부부 관계에서 추구하는 목표가 비슷하다고 확신하는가?

　　매우 그렇다　1　2　3　4　5　전혀 아니다

4. 관계에서 어떠한 말을 내뱉거나 행동해도 괜찮다고 확신하는가?

　　매우 그렇다　1　2　3　4　5　전혀 아니다

5. 관계의 미래에 확신하는가?

　　매우 그렇다　1　2　3　4　5　전혀 아니다

골프에서와 마찬가지로 점수가 낮을수록 좋다. 이 5가지 질문은 큰 그림을 보여줄 뿐이지만 이 질문들을 통해 우리는 핵심 영역에서 내가 얼마나 확신을 갖고 있는지 알아볼 수 있다. 관계에 관한 나의 감정이 불확실할수록 결혼 생활은 만족스럽지 않아진다.[10]

관계가 불확실할 때 우리는 내가 제대로 된 의사소통을 할 수 있을지, 상대도 그러할지 등 모든 부분에서 의문을 제기한다.[11] 우리는 대화하는 도중 방어적인 태도를 보이고 상대를 비난하거나 경멸하는 바람에 상황이 악화될까 걱정하기도 한다. 워싱턴 대학교 심리학교 교수 존 가트맨 박사가 표현한 '묵시록의 네 기사(Horseman of the Apocalypse)' 중 세 가지에 해당되는 행동이다.[12] 비난, 경멸, 자기방어는 안 좋기는 하지만 최소한 대화가 이루어진다는 데서 마지막 항목보다는 낫다.

네 번째 기사인 고의적인 무시는 상대를 완전히 차단하며 상대와 대화하기를 거부하는 것이다. 하지만 고의적인 무시는 관계의 발전을 저해한다. 500명이 넘는 부부를 대상으로 진행한 연구 결과에 따르면 고의적인 무시는 최악의 태도로 밝혀졌다.[13]

우리는 의견 충돌이 파괴적이라고 생각한다. 우리가 이 같은 오해에 빠지는 것은 거의 모든 관계가 축복 어린 조화 속에 순조롭게 시작되기 때문이다. 처음에는 모든 것이 새롭고 근사하다. 연인은 서로에게 최대한 친절하게 행동한다. 하지만 이 단계가 지나면 갈등이 없는 상태를 기대할 수 없다. 저마다의 감정과 생각이 있는 성인 두 명이 모든 것에 동의하기란 현실적으로 불가능하다. 피곤하고 짜증나고 스트레스 받는 날, 우리가 인내심을 잃고 해서는 안 되는 말을 내뱉는 날이 찾아오기 마련이다. 상대 역시 마찬가지다. 절대로 싸우지 않는 관계가 불가능한 이유다.

○   갈등 해결 기술은 부모의 영향을 받는다

우리는 갈등을 해결하는 법을 어디에서 배울까? 우리의 문제 해결 기술 능력은 여러 원인에 기인하지만 내가 전에 가르친 롭 애커먼 박사와 동료들이 진행한 연구에 따르면 양육 환경이 중요한 것으로 보인다. 구체적으로 말하면 청소년기 가정환경은 성인이 된 우리가 의견 충돌을 해결하는 과정뿐만 아니라 우리의 결혼 생활에도 영향을 미치는 것이다.[14]

○

연구진은 288명의 남녀와 그들의 배우자를 살펴본 종적 연구 자료를 이용해, 사춘기 청소년을 둔 가정의 모습을 매해 비디오테이프로 녹화했다. 그들은 가족들이 평범한 의견 충돌 문제를 해결하는 모습을 영상에 담았다. 약 20년 후, 연구진들은 성인이 된 그들이 배우자와 의사소통하는 방식을 살펴봤다. 연구진은 그들이 배우자와 대화를 나누는 태도를 보며 긍정적인 태도와 적대적인 태도를 보여주는 신호를 찾고 결혼의 질을 평가하고자 했다.

청소년기에 가족들과 보다 긍정적인 방식으로 교류했던 이들은 결혼생활에서 보다 긍정적인 태도를 보였고 배우자를 덜 적대적으로 대했으며 관계의 질 또한 좋았다. 긍정적인 양육 환경은 관계에 도움이 되는 것이다. 이는 우리가 상대를 지지하고 배려하도록 만들기 때문인데 미래 배우자 역시 이에 화답해 같은 태도를 보이게 된다. 서로를 지지하고 건설적인 방식으로 갈등을 해결하는 가족 안에서 자랄 때 우리가 비슷한 태도를 지닌 배우자를 찾는 것일 수도 있다. 이는 양측 모두에게 유리한 결과를 가져오는데 어느 쪽이든 나의 관계에 더 좋은 영향을 미치기 때문이다.

○　　　언쟁을 피할 때

우리가 늘 나에게 좋은 일만 하는 것은 아니다. 이 같은 경향은 그러한 일을 하는 것이 쉽지 않을 때 더욱 짙어진다. 우리가 다이어트를 시작하고 새벽 5시에 일어나 운동을 하러 가거나 치과에 가는 것을 반기지 않는 이유다. 상대와의 언쟁 역시 마찬가지다. 달갑지 않은 대화는 관계가 성장하는 데 도움이 되지만 그 주위를 서성이기만 해서는 그 사실을 절대로 알 수 없다. 우리는 내가 그러고 있는지조차 깨닫지 못할 수 있다.

언쟁을 피하는 가장 쉬운 방법은 애초에 문제를 보지 않는 것이다. 악을 보지 않고 듣지 않으면 상대와 논할 악마도 없다. 무슨 일에든 무던한 태도를 보일 때 아무것도 신경 쓰이지 않는 것처럼 그냥 넘겨버릴 수 있다. 득도한 행동 같지만 우리가 무언가에 아무런 이의를 제기하지 않을 때 그것을 정말로 가치 있게 생각한다고 할 수 있을까? 우리는 정치, 종교, 표준화 시험, 스포츠 팀, 최고의 지역 피자집에 대해 얘기 나누는 걸 좋아하기 때문에 그러한 주제를 기꺼이 논하려 한다. 관계 문제가 우리를 조금 전투적으로 만들지 않는다면 그 문제 또한 그렇게 편하게 논할 수 있을까?

문제를 눈치챘지만 이에 대응하지 않는 방법도 있다. 우리는 문제를 무시하고 언급하기를 피하고 상대가 그냥 넘어가기를 바란다.[15] 입을 다물고 감정을 억누르고 반응하고 싶지만 꾹 참고 무슨 결정이든 상대에게 맡기고 민감한 영역을 건드리지 않는 것이 가장 좋다고 스스로를 설득할지도 모른다. 하지만 그렇지 않다.

미시건 대학교와 팬 주립대학교 연구진들이 1,500명이 넘는 성인을 일주일 넘게 관찰한 결과 언쟁을 피한 날 사람들은 기분이 좋았지만[16] 다음 날에는 심리 웰빙이 줄고 코티솔 수치가 높아진 것을 알 수 있었다. 코티솔 수치가 높아지면 체중 증가, 감정 변화, 불면증을 낳을 수 있으니 단기적으로는 이득일지 몰라도 장기적으로는 피해를 보는 것이다.

문제는 해결하고 싸움은 줄일 수 있다면? 그러기 위해서는 관계에 문제가 있다는 것을 상대가 알아채도록 간간히 한숨을 쉬고 눈알을 굴리거나 눈에 띌 정도의 침묵을 유지해야 한다. 그다음에는 편안히 앉아 기다리면 된다.[17] 물론 이러한 방법이 통하려면 상대가 나의 마음을 읽어 무엇이 잘못되었는지 눈치채야 한다. 상대가 나를 정말로 사랑한다면 나의 생각, 나의 욕망, 내가 시정되기를 바라는 문제를 알아야 하지 않겠는가. 그게 쉬울 리가 없다.

싸움을 피하는 또 다른 방법은 아량을 베풀어 상대를 용서하는 것이다. 상대가 비열하게 굴더라도 나는 품위를 잃지 않는 것이다. 의도는 좋지만 나를 바보로 만들 수 있는 행동이다. 뉘우치는 상대를 너무 쉽게 용서할 때 우리는 자존심이 상하고 스스로를 믿지 못하게 된다.[18] 게다가 용서하는 태도가 관계에 늘 도움이 되는 것도 아니다.

우리는 일을 그르친 상대를 용서하면 상대가 더 괜찮은 사람이 될 거라 생각한다. 하지만 상대는 이를 이용하기 마련이다. 연구진들이 신혼부부를 일주일 동안 관찰한 결과 용서를 받은 쪽은 언쟁을 벌이고 기분 변화가 심하고 잔소리를 하거나 비판적인 태도를 보일 확률이 높아진 것을 알 수 있었다.[19] 그뿐이 아니었다. 용서는 더 많은 악행으로 이어질 수 있었다. 그러한 행동마저 용서받을 때 상대가 더 안 좋은 행동을 저지르게 만드는 주기가 생겨날 수 있다.

여기에는 더 큰 부작용이 있다. 부부 가운데 용서를 더 잘 베푸는 쪽은 그렇지 않은 사람보다 소리 지르기, 위협하기, 집안 물건 부수기, 밀치기, 때리기 같은 공격적인 행동을 당할 확률이 높았다.[20] 우리는 관계를 유지하기 위해 이러한 행동을 눈감아 주지만 그렇게 되면 용서하기 힘든 더 큰 문제가 생겨날 수 있다.

갈등을 피하기 위한 방법은 전부 동일한 결과를 낳는다. 지금 당장 대화를 피하면 앞으로의 관계가 악화된다.[21] 한 연구 결과에 따르면 커플이 관계와 관련된 중요한 대화를 피할 경우 7주 후 의사소통이 잘 이루어지지 않았고 덜 행복했으며 관계 만족도도 낮았다고 한다.[22] 아무런 문제가 없는 척하며 진솔한 대화를 거부할 때 우리는 갈등을 완화시기는커녕 스트레스를 받아 관계 만족도가 낮아지고[23] 서로 멀어지는 것이다.[24] 갈등을 피하면 관계를 개선할 수 있는 기회도 놓치게 된다. 어떠한 방법이 가장 효과적인지 명심하기 바란다.

○　　　현실 연애를 위한 심리 처방전

우리는 갈등에 지나치게 큰 중요성을 부여한다. 이는 잘못된 생각이다. 우리는 생각만큼 관계의 운명에 큰 영향을 미칠 수 없기 때문이다. 우리는 나의 관계가 이따금 발생하는 언쟁에 휘

청이지 않을 만큼 튼튼하다는 사실을 깨달아야 한다. 특히 성공적인 관계를 꾀할 생각이라면 그래야 한다. 갈등은 위협이 아니라 서로를 더 잘 이해할 수 있는 기회다. 언쟁 없이는 발전도 없다.

안 좋은 패턴에서 벗어나기

우리는 언쟁을 더 많이 벌여야 한다. 그렇다고 갈등을 찾아 나서거나 싸울 이유를 일부러 찾으라는 말이 아니다. 하지만 관계에서 자연스럽게 발생하는 갈등은 기꺼이 받아들여야 한다. 걱정하지 마라. 기회는 충분하다. 관계의 성공은 갈등의 빈도수가 아니라 경중에 달려 있다. 이 사실을 염두에 둔 채 우리는 자주 발생하는 가벼운 충돌과 이따금 발생하는 언쟁, 그리고 어쩌다가 발생하는 큰 마찰을 받아들여야 한다. 큰 싸움은 관계에 문제가 있음을 보여주는 주요한 경고 신호다. 자잘한 충돌들을 기꺼이 감수할 때 우리는 큰 싸움이나 전면전을 피할 수 있다. 이 같은 신호를 무시하면 반감이 쌓이게 된다.

○   친구들과 연애 문제를 논의해야 할까?

관계에서 발생하는 문제를 상대와 논의해야 하는 것은 분명하다. 하지만 친구들과도 얘기해볼 수 있지 않을까? 친구들은 우리를 응원하고 편안하게 얘기할 수 있는 상대며 우리의 관계에 감정적으로 관여하지 않은 데다 우리를 떠나지 않을 것이기에 안전한 방법처럼 보인다. 하지만 친구에게 나의 애정 생활을 털어놓을 때 어떠한 이득이 있을지 살펴본 결과 대화 상대로 연인 대신 친구를 택할 때 상대를 사랑하는 감정이나 행복감, 관계 만족도가 낮아지며 관계에 해로운 영향을 미치는 것으로 나타났다.[25]

물론 친구들과 대화를 나누면 기분이 좋아진다. 꽁꽁 쌓아둔 고민을 털어놓을 수 있기 때문이다. 하지만 이는 책임을 회피하는 행위로 관계를 개선하는 데 전혀 도움이 되지 않는다. 직장 상사와의 문제를 동료와 얘기해서 해결한 적이 얼마나 있던가? 문제를 해결하려면 문제의 근원을 살펴야 한다.

문제의 근원은 상대가 지금 저지르는 안 좋은 행동이 비슷한 행동이나 심지어 전혀 관계가 없는 문제 행동, 우리가 전에 눈감아 준 행동을 떠올리는 것이다.[26] 상대가 깜빡하고 드라이클리닝을 찾아오지 않는 행동에서 우리는 자주 잊고 책임감 없으며 나를 배려하지 않는 행동이라는 전반적인 패턴을 읽는다. 이 같은 생각은 쉽게 증폭된다. 부정적인 생각들이 우리를 잠식하면 우리는 굉장히 큰 문제에 마주한 기분이 들게 된다. 머릿속에 그러한 생각이 넘치는 상태에서 우리는 행동에 돌입하게 되고, 우리는 불만, 결점, 상처받은 감정을 표현하면서 상대에게 맞선다.[27]

우리가 한 번도 언급한 적이 없기 때문에 상대는 이러한 공격을 받을 거라고는 생각도 못한다. 그들은 문제를 시정하고 싶지만 어디에서부터 시작해야 할지 몰라 당황해한다. 그들은 자연스럽게 방어적이 되며 자신만의 불만 리스트로 맞선다. 우리가 상대를 공격하든, 상대에게 공격을 받든 상황은 극으로 치닫고 부정적인 감정이 증폭된다. 우리는 무죄 추정 원칙을 바탕으로 상대를 대하지 못하는 상태에 도달한다.[28] 이쯤 되면 조심하지 않을 경우 부정적인 것에만 집착해 긍정적인 면은 전혀 보지 못하게 될 수 있다.

충동적인 행동은 의사소통에 큰 방해가 된다.[29] 반사적으로 반응하지 않으려면 문제 지점을 파악하고 대화의 가능한 방향을 예측하며 어떻게 대응할지 미리 준비해야 한다. 미리 계획할 경우 상대를 공격하거나 비난하는 대신 문제가 되는 구체적인 행동에 집중함으로써 어떠한 말을 내뱉을지 꼼꼼히 고르게 된다. 이러한 태도는 안 좋은 상황을 악화시키는 것을 막을 수 있다. 충동적인 행동을 최대한 자제할 때 우리는 보다 객관적인 자세로 문제를 바라볼 수 있으며 나중에 후회할 말을 내뱉지 않게 되는데 이는 결국 관계에 도움이 된다.

○   우리 vs. 우리

관계가 안정적인 커플은 내가 아니라 우리라는 관점에서 생각한다.[30] 충돌을 해결하는 비법은 바로 그것이다. 나와 내가 사랑하는 사람은 같은 팀이다. 우리는 서로 다투는 것이 아니라 관계에 방해가 되는 문제에 함께 맞서는 것이다. 갈등을 해결할 때 명심해야 하는 첫 번째 사실은 논쟁에서 이기고 지는 것은 중요하지 않다는 것이다. 상대와의 언쟁에서 매번 이기고 그들이 잘못된 이유를 조목조목 열거하면 기분이 좋을지도 모른다. 하지만 우리가 이기면 상대는 지게 되어 있다. 우리는 연결되어 있기 때문에 그들의 손실은 우리의 손실이기도 하다는 걸 기억하기 바란다. 둘 중 한 명이 낙심하고 상처받을 때 이는 상대는 물론 둘 사이의 관계에도 영향을 미친다. 이러한 태도로 다가갈 때 우리는 언쟁이 야기한 부정적인 감정에 크게 휘둘리지 않게 되고 관계의 긍정적인 측면을 잊지 않게 된다.[31]

'우리'라는 관점으로 생각하려면 상대가 바라보듯 세상을 바라보아야 한다. 헨리 데이비드 소로는 "잠시 서로의 눈으로 바라보면 더 큰 기적이 찾아올까?"라고 물었다. 잠시 멈춰서 상대가 우리의 행동을 보고 우리의 말을 듣고 관계에 대해 생각하고 느끼는 방식을 생각해보면 가장 먼저 무엇이 보일까? 우리는 무엇을 놓치고 있을까? 이러한 질문을 던질 때 우리는 편협한 관점에서 벗어나 상대와 한 뼘 가까워진다.[32] 마찬가지로 상대가 나의 잘못을 지적할 때 내가 한 일이나 내뱉은 말, 나의 의도를 옹호하거나 변호하는 대신 상대의 관점을 이해하기 위해 "내가 왜 그런 행동을 했다고/그런 말을 했다고/생각해?"라고 물을 수 있다.

우리는 가능한 모든 도움을 동원해야 한다. 결혼 생활은 힘들기 때문이다. 기혼 부부를 대상으로 한 연구에 따르면 결혼 첫 해 부부는 열정, 신뢰, 헌신, 만족, 사랑, 친밀감에 있어 결혼의 질이 하락하는 것을 경험했다고 한다.[33] 연구진들은 이 하향세를 막기 위해 부부들을 계속 관찰했다. 그들은 이들 중 절반에게 엘리 핀켈 박사가 '결혼 연습'이라 부르는 쓰기 연습을 시켰다. 7분짜리 이 연습은 부부가 그들에게 가장 좋은 일이 일어나기만을 바라는 외부인의 관점에서 관계를 바라볼 기회를 준다.

부부는 다른 이들이 관계의 갈등을 어떻게 보는지 생각해보고 갈등이 가져다줄 이점을 살펴볼 수 있다. 그들이 알아낸 결과는 다음과 같았다. 이 단순한 방법을 사용한 부부는 결혼의 질이 하락하는 것을 예방할 수 있었으며 심지어 결혼의 질이 살짝 높아지기까지 했다. 결혼 연습을 이용하지 않은 부부는 결혼의 질이 계속해서 감소한 것으로 나타났다. 관심 있는 사람이라면 엘리 핀켈의 TEDx UChicago 연설(핵심 내용은 8분 15초에 등장한다)을 참고하기 바란다.

결혼 연습은 빠르고 비교적 쉬운 방법이지만 글쓰기 연습에 흥미가 없는 이들에게는 적합하지 않을 수 있다. 이런 사람들을 위해 관계를 새로운 관점에서 들여다볼 수 있는 또 다른 방법이 있다. 우리는 영화를 시청하는 단순한 방법을 통해서도 안정적인 관계를 구축하고 갈등을 해결하는 방법을 배울 수 있다. 정말 그럴 수 있을지 살펴보기 위해 연구진들은 신혼부부들을 상대로 실험을 했다. 한 그룹은 한 달 동안 매주 관계를 다룬 영화(《러브 스토리》, 《시애틀의 잠 못 이루는 밤》, 《노트북》)를 보고 생각을 했다.[34]

이 부부들은 갈등처럼 관계의 민감한 부분을 영화의 관점에서 바라볼 수 있었다. 또 다른 그룹에 속한 부부들은 아무런 노력도 하지 않았는데 3년 후, 영화를 본 부부들은 아무것도 하지 않은 부부들보다 이혼 확률이 낮았다. 영화에는 실제 관계에 수반되는 감정적 앙금이 담겨 있지 않기 때문에 부부들은 감정이 섞이지 않은 중립지대에서 기대, 갈등, 응원, 용서 같은 민감한 사안을 논할 수 있었다. 다시 말해 자신의 관계를 바라보는 관점이 아니라 영화 캐릭터의 관점에서 갈등을 낳는 주제를 살펴보는 과정을 통해 부부는 상황을 객관적인 관점에서 바라볼 수 있었다.

○ 관계에 도움이 되는 방향으로 언쟁하라

관계에 도움이 되려면 모든 언쟁의 출발점이 같아야 한다. 무죄 추정 원칙을 바탕으로 상대를 대해야 하는 것이다. 상대가 잘못되었으며 끔찍한 결함이 있고 나쁜 의도로 우리를 해치려 한다고 생각하는 대신 심리학자 칼 로저스가 말한 무조건적 긍정적 존중 혹은 성선설을 바탕으로 상대를 대해야 한다.[35]

우리가 사랑하고 아끼며 존중하는 사람과 대화를 나누기에 이보다 좋은 태도가 어디 있겠는가? 이러한 태도로 다가가면 문제의 해결책을 더 쉽게 찾을 수 있다. 이 사실을 뒷받침하는 연구 결과에 따르면 상대의 가장 좋은 모습을 생각할 때 우리는 그들의 행동을 부정적으로 해석하지 않게 되는데, 그 결과 언쟁이 해결될 가능성은 높아지고 스트레스는 줄어든다고 한다.[36]

○

해결책을 찾아내려면 우리가 어떠한 문제를 다루고 있는지도 알아야 한다.[37] 불륜이나 마약 남용 같은 심각한 문제라면, 특히 상대가 변할 수 있는 상황이라면 변화를 요구하고 단호한 입장을 취하며 화가 난 심정을 전하는 등 솔직하게 다가가야 한다. 그보다 평범한 문제라면 사랑과 유머, 애정이 담긴 낙관적인 태도로 다가가는 편이 좋다. 해결 불가능한 문제나 말도 안 되게 고집스러운 상대를 대할 때에도 이 같은 태도로 다가가는 것이 좋다. 하지만 주의하기 바란다. 유머나 긍정적인 태도 같은 전략은 심각한 문제에서는 정반대의 효과를 낳을 수 있다.

어떠한 문제든 상대의 말에 귀 기울이는 것만큼 좋은 방법은 없다. 단순해 보이지만 우리는 좀처럼 들으려 하지 않는다. 우리는 상대가 말하고 있다는 사실을 알며 그들이 하는 말을 조금 들어보려 할지 모르지만 실은 내가 말할 차례를 기다릴 뿐 제대로 듣지 않는다. 이러한 자세 또한 바꿔야 한다. 상대의 말을 더 잘 들으려면 어떻게 해야 할까? 다음의 5가지를 명심하자.

명확히 이해하기

상대의 말을 명확히 이해했는지 확인하고 넘어간다. 마음대로 가정하거나 실수를 저질러서도, 오해해서도 안 된다. 쉬운 일처럼 보이지만 우리는 잘못된 자신감을 보일 때가 많다. 우리는 상대를 이해하는 능력을 지나치게 과신하며 그들은 자신의 의사를 얼마나 정확히 전달했는지 과대평가한다. 온갖 의심을 없애려면 "당신이

_____라고 말한 게 정확히 무슨 뜻이야?"라고 질문해야 한다. 서로가 이해받았다고 느낄 때 갈등은 긍정적인 결과를 가져올 수 있다.[38] 상대가 자신의 말을 제대로 듣고 있다는 느낌을 받을 때 의사소통과 관계는 개선된다.

감정을 곰곰이 들여다보기

공감 능력을 기르려면 우선 상대가 내뱉는 모든 말 뒤에 우리가 알아채주기를 바라는 감정이 숨어있다는 사실을 알아야 한다. 그들이 전하려 하는 바를 스스로 정확히 알고 있을 때도 있지만 그렇지 못할 때도 있다. 조언이나 농담을 건네고 무조건 동의하고 방어적이 되거나 대화를 회피해서는 안 된다. 행복하고 슬프고 화나는 감정 너머로 상처, 좌절, 혼란, 실망, 좌절, 짜증, 초조, 당황, 혐오, 부담, 과소평가된, 어리둥절한, 가식 등 상대가 표현하는 깊은 감정을 들여다봐야 한다.

상대의 감정을 인정할 때에는 "이러이러한 기분이 들어?" 같은 문장으로 살짝 얼버무려야 한다. 우리가 틀렸을지라도 상대는 우리가 이해하려 한다는 사실을 알게 되는데, 공감을 주제로 한 연구 결과에 따르면 관계 만족도를 높이는 데에는 정확한 판단보다 노력하려는 태도가 더 중요한 것으로 나타났다.[39] 우리가 제대로 공감할 때 상대는 기분이 좋아진다. 누군들 퇴근길의 교통 체증, 사람들의 짜증나는 태도에 불만을 표해보지 않았을까. 상대가 "퇴근길은 지옥이야."라고 말하는 대신 "안 그래도 스트레스가 많은 하루였는

데 그런 일까지 겪어야 했다니 당신 정말 힘들었겠네."라고 말하면 당신은 기분이 얼마나 좋겠는가?

집중하기

우리는 비언어적인 신호처럼 우리가 내뱉는 말 외에 우리가 사용하는 온갖 방법에도 관심을 가져야 한다. 예를 들어 제대로 듣고 있다는 것을 보여주기 위해 상대와 눈을 맞추고 편안하고 열린 자세로 상대를 똑바로 바라보고 앉으며 상대 쪽으로 살짝 몸을 기울이면 좋다. 핸드폰이나 화면처럼 근처에 주의를 앗아가는 것을 두지 않은 상태에서 온전히 대화에 참여는 모습은 상대에게 이 대화가 중요하다는 인상을 준다. 비언어적인 신호를 우선시하면 스스로 대화에 집중하는 데에도 도움이 된다.

다르게 말하기

상대의 말을 들을 때 우리는 이해했다는 것을 보여줘야 한다. 그러려면 상대가 하는 말을 나의 언어로 요약할 수 있어야 한다. 유의어 시합이 아님을 명심하기 바란다. 상대의 말에만 오롯이 집중해 핵심을 잡아내는 것이 목표다. 내 말로 바꾸어 말하고 요약하는 것에는 두 가지 큰 이점이 있다.

첫째, 이는 상대에게 대화에 깊이 참여하고 있다는 사실을 보여준다. 둘째, 내 말로 바꾸어 말해야겠다고 생각할 때 우리는 상대의 말에 더욱 집중하게 된다. 제대로 이해하지 못했으면 살짝 얼버무

려도 좋다. "그러니까 이런 말을 하고 싶은 거지……."와 같이 다른 말로 바꿔 말할 경우 우리가 상대의 말을 듣고 있으며 염려하고 있다는 인상을 확실히 줄 수 있다.

열린 질문 던지기

대부분의 대화에서 우리는 나에게 발언권이 넘어오기를 기다린다. 상대는 그보다 나은 대우를 받을 자격이 있다. 상대에게 감정을 털어놓을 공간을 줌으로써 그들에게 스포트라이트를 비춰야 한다. 그러기 위해서는 상대가 감정을 살피는 데 도움이 되는 열린 질문을 던져야 한다.

누가, 무엇을, 언제, 어디에서 같은 세부사항에 집중하는 대신 다음과 같은 질문을 던져 보다 깊은 분석으로 그들을 이끌어야 한다. "같은 상황이라면 당신은 그들에게 어떠한 조언을 하겠어?"와 같은 질문을 던져 보자. 문제에 오롯이 집중하는 이 질문들은 상대가 객관적인 관점으로 눈앞에 놓인 문제를 보다 깊이 들여다보는 데 도움이 된다.

문제가 없는 관계는 없다. 그러니 문제는 사라지지 않으며 대화를 나누는 것만이 관계를 개선하기 위한 유일한 방법이라는 사실을 깨달아야 한다. 우리가 나누는 대화를 있는 그대로 바라보자. 어렵겠지만 튼튼한 관계를 더욱 튼튼하게 만들려면 반드시 필요한 일이다.

SUMMARY ────────────────────────────────────

◆ 언쟁을 막고 갈등을 피하기 위한 전략은 도움보다는 해가 된다.

◆ 갈등을 피하려고 하면 할수록 관계에서 진짜 문제를 겪을 확률이
더욱 높다.

◆ 자잘한 충돌을 받아들이면 큰 싸움을 피할 수 있다.

◆ 언쟁에서 절대로 이기려 해서는 안 된다.

◆ 때로는 TV를 시청하는 것이 객관적인 관점으로 관계를 바라보는
데 도움이 된다.

9장

항상
나를 응원해주어야 해

지나친 도움은
상대를 불안하게 한다

STRONGER

THAN YOU THINK

끔찍한 하루를 보낸 메린이 패배자의 얼굴로 문을 열고 들어오
자 재론이 기가 막힌 영국 억양으로 이렇게 말했다. "아니 이게 누
구야, 우리 잘난 꼬마 아가씨 아니야." 재론다운 인사였다. 메린은
살짝 웃어보였지만 그가 언제쯤 철이 들지 궁금했다. 미적지근한
반응을 본 재론은 살금살금 뒤로 물러나 저녁 식사를 준비하러 갔
다. 그들이 저녁 식사를 하려고 자리에 앉자 재론은 그녀가 걱정할
건 없다고 말했다. 메린은 지금 하는 일을 그만두고 싶고 전국을 돌
아다니며 꿈에 그리던 직장에 다니고 싶다고 말했다. 재론이 별다
른 반응을 보이지 않자 매린은 배신당한 기분이었다.

사실대로 말하자면 메린은 재론이 "당신 아니면 누가 하겠어."와
같은 말로 그녀를 끊임없이 띄워줬다는 사실을 알고 있었다. 그는
그녀를 응원했지만 주로 상황이 좋을 때에만 그랬지 그녀가 정말
로 필요로 할 때에는 그러지 않았다. 재론은 메린이 큰 업적을 달성
할 때나 생일, 기념일을 맞이할 때마다 꼼꼼히 챙겼다. 메린은 재론

의 그런 행동을 감사하게 여겼지만 그가 여전히 자신을 이해하지 못하는 기분이 들었다. 그의 장난 어린 인사와 거슬리는 낙관주의는 너무 뻔했다. 그는 그녀를 기분 좋게 만드는 법, 그녀의 걱정을 덜어주는 법, 그녀가 필요한 도움을 주는 법을 모르는 것 같았다. 그녀는 그의 응원이 느껴지지 않았다.

○   당신이 아는 전부가 오해라면?

여러분만 그런 것은 아니다. 관계란 그런 것 아닌가? 우리는 상대가 삶의 대혼란에서 나를 구해줄 수 있는 존재, 내가 늘 의존할 수 있는 든든한 존재가 되기를 바란다. 물론 비협조적인 상대는 큰 문제가 될 수 있다. 하지만 상대에게서 원하는 만큼 도움을 받지 못한다고 느낄 때 우리는 그들이 우리에게 쏟은 노력을 감사히 여기지 않게 된다.

농담이 관계에 미치는 영향

좋든 싫든, 어느 순간부터 우리는 어른답게 행동해야 한다. 하기 싫은 일을 해야 하며, 청구서를 처리해야 하고 내 삶을 스스로 이끌고 나가야 한다. 때때로 혼자서는 할 수 없어 우리는 상대의 도움을 필요로 한다. 우리는 상대에게 어떠한 사람이 되어야 할까? 알브라이트 대학교의 관계 전문가 그웬돌린 세이드먼에 따르면 상대에게 반드시 필요한 5가지 자질은 다음과 같다. 친절, 충성, 성실, 안정, 관계를 대하는 진지한 태도다.[1] 그녀가 꼽은 목록에 포함되지 않은 것은 재미, 즉흥성, 엉뚱함이다. 가장 중요한 자질은 전부 독립적이고 진지하며 성숙한 태도를 강조한다. 어른다운 사람에게 우리가 바라는 자질이다.

특정 상황에서는 농담이 역효과를 불러올 수 있기 때문에 우리는 유머가 상대를 응원할 수 있는 다양한 방법 가운데 하나일 뿐이라는 사실을 알아야 한다. 멍청한 농담이나 하는 상대는 우리가 바라는 사려 깊고 아낌없이 지지하는 상대와 대척점에 놓여 있는 것처럼 보이지만 유머감각은 생각보다 관계에 도움이 될 때가 많다. 캔자스 대학교의 제프리 홀이 유머가 관계에 미치는 영향을 종합적으로 살펴본 결과 웃음을 추구하고 상황을 가볍게 만드는 재미 있는 상대와 함께할 때 관계 만족도가 높은 것으로 밝혀졌다.[2]

관계를 단단하게 만들기 위해 농담을 던질 때 커플은 문제 해결에 더 능해지는 것으로 나타난다.[3] 웃음은 분위기를 좋게 만들고 친밀감을 높이기 때문이다.[4] 그 결과 우리는 상대에게 더 가까워지고 상대의 응원을 더 많이 받는 기분이 든다.[5] 상대의 유머감각은 침실에서도 도움이 된다. 유머감각이 뛰어난 상대를 둔 여성은 오르가즘을 더 많이 느낀다.[6] 타이밍을 잘 맞추지 못한 유머는 상대가 우리를 온전히 응원하지 않는 것처럼 느끼게 만들 수 있지만 유머는 관계를 지지하는 데 중요한 역할을 한다. 우리가 그것을 항상 느끼지는 못할 뿐이다.

○ 보이는 것이 전부는 아니다

재미를 추구하는 상대, 농담을 던지는 상대는 그렇다 치자. 하지만 우리를 아예 응원하지 않는 상대는 큰 문제다, 안 그런가? 사랑하는 사람이라면 무슨 일이 있어도 우리 곁을 지켜야 하기 때문에 우리는 배신당한 기분에 사로잡힌다.

이러한 기대 때문에 우리는 의외의 사실을 간과한다. 우리를 응원하지 않는 것처럼 보이는 상대가 관계에는 좋을 수 있다는 사실이다. 그렇다. 우리는 상대가 나의 야망을 온전히 응원하지 않을 때 감사해야 한다. 심지어 나의 성장을 방해하는 상대에게 감사해야 할지도 모른다. 연구진들은 이러한 현상을 '맨해튼 효과'라 부른다.[7] 영화 〈맨해튼〉에서 온 이름이다.

영화에서 아이작은 런던으로 이사를 고려 중인 트레이시와의 관계를 저울질한다. 아이작은 이 관계를 진지하게 생각하지 않기 때문에 트레이시의 해외 근무 기회를 적극 지지한다. 그는 관계에 미치는 명확한 영향에도 불구하고 이사를 가라고 그녀를 부추기기까지 한다. 하지만 아이작이 마음을 바꿔 관계에 진지하게 임하는 순간, 그녀는 트레이시더러 자기 옆에 있어달라고 애원한다. 역설적이게도 그녀가 트레이시에게 빠질수록 아이작은 그녀를 응원하는 마음이 약해진다.

우리는 상대가 좋은 의도에서 나를 응원하지 않는다고는 생각하지 못한다. 늘 그런 것은 아니지만 우리가 사랑하는 사람은 커플로서 우리의 미래를 너무 염려하는 바람에, 관계에 위협이 될 수 있는 것들을 지나치게 걱정하기도 한다. 수업을 듣거나 새로운 취미에 도전하는 것은 우리에게 좋은 일이지만 우리가 그러한 활동을 하다 보면 함께 보내는 시간이 그만큼 줄어들게 된다. 물론 상대가 생각보다 덜 열정적인 반응을 보이면 기분이 별로 안 좋을 수 있지만 이는 우리가 그들에게 얼마나 중요한지를 보여주는 암묵적인 태도다. 늘 그렇게 느껴지지 않을지라도 이는 관계를 지키기 위한 그들만의 방식이기도 하다.

사실 가장 바람직한 형태의 응원은 우리 눈에 보이지 않는다. 상대는 뒤에서 조용히 우리가 눈치채지 못하게 우리의 삶을 수월하게 만들고 있을지 모른다.[8] 이 미묘한 응원은 우리가 극도의 스트레스를 받을 때조차 도움이 된다. 가령 법대생이 큰 스트레스를 받는 변호사 시험을 치르는 상황을 생각해보자. 상대가 자신을 얼마나 응원하고 있는지 물어보자, 그들은 모른다고 대답했다. 하지만 상대의 보이지 않는 응원은 당사자가 불안하고 우울한 감정을 완화하는 데 큰 도움이 된 것으로 나타났다.

○　　　　암묵적인 응원의 힘

상대를 있는 힘껏 응원하기란 쉽지 않다. '응원할 것인가, 응원하지 않을 것인가?' 이는 상황에 달려 있다. 줄 수 있는

○

에너지가 한정되어 있다고 생각할 경우 상대를 돕는 일과 나 자신을 돕는 일 사이에서 선택해야 한다고 생각할지 모른다. 하지만 상대를 도와주기 위해 다른 영역(일, 집안일, 양육)에 에너지를 쏟을 때 계속해서 활기찬 상태를 유지하는 데 도움이 되기도 한다. 연구 결과에 따르면 참여자들이 에너지가 한정되어 있다고 믿을 때 상대가 피곤하다는 신호를 더 잘 간파하는 것으로 나타났다.[9]

상대가 피곤하다는 것을 알아챌 때 사람들은 상대를 더 돕고 싶어 했다. 바람직해 보이지만 여기에는 문제가 있었다. 에너지가 한정되어 있다고 믿는 이들은 자신이 기력이 없는 상태도 더 빨리 알아챘다. 그들은 상대가 도움을 필요로 할 때 이를 더 잘 알아채고 더 도와주고 싶었음에도 실제로는 상대를 덜 도와주었다. 상대를 도와줄 힘이 없다고 느꼈기 때문이었다. 하지만 이 연구 결과에 따르면 상대를 도울 때 우리는 에너지를 얻으며 앞으로 계속해서 상대를 응원할 가능성이 높아지는 것을 알 수 있다.

암묵적인 응원은 우리가 화를 덜 내고 자신감을 갖는 데 도움이 되기도 한다.[10] 눈에 보이지 않는 응원이 도움이 되는 이유는 우리 자신은 그러한 응원을 받는지 모르기 때문이기도 하다. 연구 결과에 따르면 상대가 돕고 있다는 것을 알게 될 때 우리는 기분이 상할 수 있다고 한다.[11] 눈에 보이지 않는 응원의 경우 이러한 부정적인 부작용이 일어나지 않아 우리는 기분이 더욱 좋아지고 감정의 기복 또한 겪지 않게 되는데 이는 관계에 긍정적인 영향을 미친다. 다시 말해 눈에 보이지 않는 응원은 생각보다 더 큰 도움이 되는 것이다. 눈에 보이는 응원, 우리가 원한다고 생각하는 응원에는 부작용이 있다.

○   눈에 보이는 응원의 부작용

순교자인 척 상대를 위해 지나치게 애쓸 때 우리는 지치고 나의 목표를 희생하게 된다고 한다.[12] 전부 헛된 노력이다. 우리가 상대를 돕기 위해 나설 때마다 상대는 감정적인 대가를 치르기 때문이다.[13] 우리의 도움을 받아들일 때 그들은 자신이 도움이 필요로 한다는 사실을 인정하게 되는데 결국 자신이 부족하다는 기분이 들면서 자존감이 상하게 된다. 지나친 도움은 상대의 기분이 상하게 할뿐만 아니라[14] 상대를 불안하게 하고[15] 우울하게 만들며 화나게도 한다.[16]

하지만 스트레스, 업무상 문제, 고된 육아, 단조로운 매일의 임무, 가족 문제에 마주할 때, 도와달라고 요청하기 전에 상대가 먼저 손을 내밀면 기분이 좋아야 한다, 안 그런가? 틀렸다. 우리는 상대의 응원을 바라지만 요청하지도 않은 도움을 받으면 기분이 나빠진다.[17] 쉽지 않은 문제다. 관계 초반에는 상대의 지나칠 정도로 자상한 태도가 우리가 그들을 필요로 할 때 그들이 늘 그곳에 있을 거라는 확신을 주었기 때문이다.[18] 하지만 관계가 무르익어갈 때 필요하지 않거나 요청하지 않은 도움을 받으면 우리는 상대가 잘난 체

○

하며 나의 영역을 침범한다는 느낌을 받는다.

문제가 발생하는 이유는 많다. 첫째, 응원하려는 의도는 좋을지라도 방법이 형편없는 경우다. 상대는 잘못된 말을 던지고 "그만 잊어."라고 조언하며 나의 경험을 중요하지 않게 취급하거나 "새로운 일을 찾아."와 같은 부적절한 해결책을 제시해 나의 기분을 안 좋게 만들 수 있다. 둘째, 상대의 응원은 그 자체만으로는 훌륭할지 모르지만 관계의 불균형을 유발하며 우울증이나 건강 문제를 야기할 수 있다.[19] 우리가 그러한 불균형 상태를 눈치챘다면 누가 누구를 돕고 있는지 점수를 매기고 있다는 의미다. 다른 문제들이 숨어 있을지도 모른다는 의미다.

○   점수 매기기: 이기려다 진다

점수를 매기는 일은 자기 잇속을 차리는 일이다. 상대가 하지 않은 일을 지적할 때 우리가 한 일에만 온통 관심이 쏠린다. 그리하여 우리는 우월한 기분이 들고 관계에 만족하게 된다. 하지만 최고의 상대가 되는 것에도 문제가 있다.[20] 최고의 상대는 안정적이지 않으며 연인을 뛰어넘어서야 할 것처럼 행동하는 경향이 있다.[21] 그리하여 그들은 상대로부터 더 많은 것을 기대한다. 상대가 위기에 잘 대처하지 않을 때 "나는 너를 위해 여태 이렇게 했는데."라며 배신감을 느낀다.

자신이 상대에게 무엇을 해주면 상대도 자신에게 무엇을 주기를 바랄 때 우리는 '관계의 점수판'을 만든 뒤 각자의 기여도가 어느 정도 되는지를 기록하며 점수를 비등하게 만들려고 애쓴다.[22] 이러한 교환적인 태도를 취하면 상대가 아니라 나 자신에게 더 집중하게 될 수 있다.[23] 또한 연구 결과에 따르면 관계의 마찰에 지나치게 민감하게 반응하게 된다고 한다.[24]

손해를 보고 있다는 생각이 들면 상대의 도움이 충분하지 못할 때 이를 알아채게 된다. 물론 상대는 우리가 그들을 위해 한 일이나 그들이 큰 도움이 되지 않았다는 사실을 눈치채지 못할 수도 있다. 하지만 상대적인 기여를 의식하지 못한다고 해서 서로를 염려하지 않고 있다는 뜻은 아니다. 이는 누가 주고 누가 받는지를 중요하게 생각하지 않는다는 뜻이다.[25] 함께한다는 관점을 취할 때 우리는 조건 없이 상대를 응원하게 된다. 한쪽이 지금 당분간은 당연한 몫보다 더 많은 일을 해도 괜찮다. 장기적으로는 균형을 이룰 거라 믿기 때문이다.

"우리는 한 배를 탔어."라는 태도는 좋게 들릴 뿐만 아니라 관계에도 좋다. 함께한다고 생각하는 부부는 자원을 더 많이 나누고 서로에게 성공의 공을 돌리며 상대에게 화를 덜 내고 결혼 생활에 더 만족하게 된다.[26] 관계를 협업으로 보면 상대를 위해 조금 더 노력할 때 기분이 좋아지게 된다. 상대가 이룬 성과가 나 자신의 성과나 다름없기 때문이다. 사실 상대가 우리보다 더 뛰어날 때 우리는 기분이 더 좋아진다.[27] 누가 더 주는지에 집중하게 만드는 관계 점수

공동의 힘은 어떻게 측정할까?

나는 상대의 욕구를 얼마나 충족시킬까? 답은 그들을 돕고자 하는 나의 동기, 즉 연구진들이 '공동의 힘'이라 부르는 것에 달려 있다.[28] 이는 상대를 위해 무엇을 할지나 무엇을 희생하려 할지 알 수 있는 개념이다. 공동의 힘을 파악하고 싶다면 아래 질문에 답해보자.

1. 상대를 위해 희생할 때 나는 행복한가?
   전혀 아니다   1   2   3   4   5   6   7   매우 그렇다

2. 상대를 돕는 것을 나는 우선으로 생각하는가?
   전혀 아니다   1   2   3   4   5   6   7   매우 그렇다

3. 상대에게 도움이 되기 위해 나 자신에게 미치는 부정적인 결과를 받아들이겠는가?
   전혀 아니다   1   2   3   4   5   6   7   매우 그렇다

점수가 높을수록 상대를 위해 더 많은 노력을 기울이며 상대를 더 사랑한다는 의미다. 한쪽이 지닌 공동의 힘이 높을 경우 다른 쪽 역시 그러한 경향이 있다. 이는 바람직한 현상이다. 공동의 힘이 높을수록 결혼 만족도 또한 높기 때문이다.

판은 이제 찢어버리고 공동의 힘을 먼저 생각하기 바란다.

○   나의 관계 보다 명료히 보는 법

상대의 도움에 대해 우리가 완전히 잘못 생각하고 있
다면? 우리가 바라는 도움은 내가 정말로 필요한 것이 아닐지도 모
른다. 도움은 다양한 형태와 크기로 존재한다. 따라서 무엇을 찾아
야 할지, 무엇이 정말 중요한지, 그것을 어떻게 평가할지 파악함으
로써 내가 품은 오해에서 벗어날 때 우리는 내가 온전히 이해하지는
못하는 방식으로 상대가 나를 늘 도와 주고 있음을 알게 될 것이다.

상대의 무관심한 태도를 받아들이자

첫 번째 단계는 나의 감정에 책임을 지고 기대의 수위를 조절하
는 등 지나친 요구를 하지 않는 것이다. 상대가 나의 감정 쓰레기통
이 되고 나의 요구를 전부 만족시켜주고 나를 안심하게 하고 나를
인정하고 나를 언제나 응원하는 존재가 될 수는 없다. 우리는 그들
에게 지나친 부담을 주고 있다. 그러한 기대는 상대가 우리를 버릴
까 봐 불안해하고 염려하고 있다는 신호다.[29] 상대가 우리를 전적
으로 응원하더라도 여기에는 치명적인 단점이 있다. 상대의 응원이
없을 때에도 결혼 만족도는 낮지만 결혼에 관한 종적 연구에 따르
면 지나친 응원은 관계에 더욱 좋지 않으며 결혼 만족도를 크게 낮

○

춘다고 한다.[30]

상대의 응원을 바라는 대신 먼저 나 자신의 감정을 더 잘 다스려보자. 삶이 우리를 화나게 하고 스트레스 받게 하고 좌절하게 하고 상처주고 지치게 하고 당황스럽게 하고 무능력하다고 느끼게 만들 때 이에 굴하지 말아야 한다. 우리가 상황을 바라보는 관점은 그 상황에 대응하는 방식에 큰 영향을 미친다.[31] 빅터 프랭클은 《죽음의 수용소에서》에서 이렇게 말한다.

"인간에게 모든 것을 빼앗아 갈 수 있어도 단 한 가지, 마지막 남은 인간의 자유, 주어진 환경에서 자신의 태도를 결정하고 자기 자신의 길을 선택할 수 있는 자유만은 빼앗아 갈 수 없다."

우리는 상대의 무관심한 태도를 받아들일 수도 있다. 하지만 관심을 덜 보이는 그들만의 상황을 이해해볼 수도 있다. 연구 결과에 따르면 그렇게 할 경우 심각한 수준에 이르기 전에 문제를 해결해 계속해서 바람직한 관계를 유지할 수 있다고 한다.[32] 힘든 시기는 찾아오기 마련이다. 따라서 우리는 긍정적인 경험의 자원을 적극 쌓아야 한다.[33]

감정 자원을 축적하기 위해 거창한 제스처를 취하거나 관계를 점검할 필요는 없다. 서로를 사랑하고 즐거운 시간을 함께 보내고 우리가 관계에서 얻는 좋은 시간에 집중하면서 자원을 모으면 된다. 관계가 가장 좋았던 시절을 담은 스크랩북이나 기억 상자, 슬라이드쇼를 만들면 좋다. 매년 결혼식 영상을 보거나 첫 데이트를 했던 장소를 다시 가보아라. 이러한 활동을 할 때마다 우리는 필요할 때 꺼내볼 수 있는 선한 의지를 차곡차곡 쌓게 된다. 관계가 어쩔 수 없이 힘든 순간을 맞이할 때 우리가 축적한 감정 자원은 위기를 견디도록 도와주며 우리가 관계에 더욱 만족하고 헌신하게 해준다.

무엇보다도 우리가 축적한 자원은 상대가 원하는 만큼 우리를 응원하지 않을 때 이 상황에 지나치게 민감하게 반응하는 것을 막아준다. 감정 자원이 많으면 무죄 추정 원칙을 바탕으로 상대를 대할 수 있기 때문이다. 오스틴 텍사스 대학교의 코트니 월쉬와 리사 네프가 진행한 연구에 따르면 저장된 자원은 상대의 행동을 해석하고 설명하는 등 우리가 그들을 바라보는 방식을 바꾼다고 한다.[34] 가령 우리가 받는 스트레스에 상대가 무감하고 도움을 주지 않을 때 우리는 "저 사람은 끔찍해."라고 쉽게 결론내릴 수 있다. 하지만 그동안 쌓아올린 감정 자원이 풍부할 때 우리는 그들의 무감한 태도를 친절하고 보다 관용적인 마음으로 이해하게 된다. 이는 관계를 지키는 데 도움이 된다.

상대가 그렇게 행동하는 이유를 찾자

상대가 하는 행동은 중요하지 않다. 그보다는 우리가 그들의 행동을 어떻게 인식하느냐가 더욱 중요하다. 우리는 상대가 그렇게 행동하고 느끼는 이유를 이해하려고 애쓰는 등 탁상공론을 하며 심리학자처럼 행동한다. 결국 나의 해석만이 중요하다. 셰익스피어가《햄릿》에서 "좋고 나쁜 것은 다 생각하기 나름이다."라고 말했듯 말이다.

다음의 상황을 생각해보자. 스트레스 받은 한 주가 끝난 뒤 토요일 아침에 일어나 보니 사랑하는 사람이 아침 일찍 일어나 추위를 헤치고 내가 가장 좋아하는 커피를 사왔다. 그 옆에는 동네 빵집에서 파는 속이 바삭바삭한 초콜릿 크루아상이 놓여 있다. 완벽하다. 전혀 예상하지 못한 장면이다. 당연히 우리는 "도대체 무슨 일이지?"라고 묻게 된다. 이 질문에 대한 답이 성공적인 관계를 좌우한다.[35]

연구진들이 파악한 두 개의 핵심 패턴은 다음과 같다. 첫째, '고충 껴안기'다.[36] 우리는 예상치 못한 커피와 크루아상 같은 긍정적인 요소를 부정적으로 해석하려고 한다. 상대가 그들이 저지른 일(바람을 폈나?) 때문에 죄책감을 느끼거나 안 좋은 소식을 전하려나 보다(뭘 잘못한 거지?)고 생각한다. 상대는 단순히 그래야 한다고 생각했을지도 모른다. 이러한 사고 패턴을 장착할 때 우리는 그러한 행동이 얼마나 드물고 상대답지 않은지 떠올리며 상대의 친절함을 무기로 둔갑시킨다.

상대에게 감사하는 대신 우리는 자애로운 행동을 그들의 부정적인 특징을 강조하기 위한 증거처럼 사용한다. 이를 '고충 껴안기'라고 부르는 것은 우리를 도우려는 상대의 의도를 무시하거나 가치를 깎아내릴 때 앞으로 더 고통스러워질 것이 뻔하기 때문이다.[37] 우리의 의도를 간파한 상대는 더 이상 노력하지 않으려 할지도 모른다. 누가 그들을 탓할 수 있겠는가? 친절하고 사려 깊고 도와주려는 노력이 인정받지 못할 때 혹은 더 최악으로 비난을 받거나 무시당할 때 우리는 굳이 그래야 할 이유를 찾지 못한다. 그들의 혐오는 우리에게서 동일한 반응을 이끌어낼지 모르며 결국 관계는 하향곡선을 그리게 된다.

더 괜찮은 방법이 있다. 둘째, '관계 개선하기' 패턴이다. 이제 똑같은 상황을 생각해보자. 우리는 생각도 못한 아침 식사를 마주한다. 우리는 상대의 친절하고 사려 깊은 품성을 입증하는 증거를 본다. 평범한 토요일 아침일 뿐이지만 우리는 상대가 우리를 돕는 온갖 방식을 떠올리게 된다. 상대가 우리를 응원하지 않고 우리의 하루가 어떻게 흘러가는지 신경 쓰지 않아도 우리는 어쩌다 그런 것이라며 이해하고 넘어간다. 그들은 바쁘거나 스트레스를 받거나 정말 중요한 무언가를 하느라 정신이 없을지도 모른다. 우리는 그들의 상황을 정상 참작한다. 실수가 있을지라도 의도한 것이 아니라고 생각한다. 상대가 우리를 돕지 못하더라도 그들이 평소에 얼마나 사려 깊었는지 보여주는 예외적인 경우로 받아들인다.

이러한 태도를 취할 때 마법이 일어난다. 긍정적인 행동이 증폭되면서 부정적인 행동은 배경으로 사라진다. 물론 상대를 과분하게 인정해줄 때도 있겠지만 관계에 좋은 것만은 틀림없다.[38] 양측이 둘 다 이러한 패턴을 취할 때 현재도 앞으로도 관계에는 도움이 된다. 고충을 껴안는 이들이 안 좋은 관계에 처하는 것과는 정반대의 결과다.[39] 관계에 도움이 되는 배우자는 상대에게 따뜻하고 덜 적대적이지만 고충을 껴안는 배우자는 화를 더 많이 내고 언어 공격을 더 많이 가하며 상대를 덜 응원한다. 우리가 상대의 행동을 어떻게 해석하는지에 따라 우리가 주려는 응원뿐만 아니라 상대가 우리에게 이미 주고 있는 응원에 대한 반응 또한 영향을 받는 것이다.

무엇을 찾아야 할지 파악하자

우리는 마땅한 사람에게 공을 돌려야 하지만 응원은 다양한 형태를 취하며 늘 쉽게 눈치챌 수 있는 것도 아니다.[40] 가령 우리가 우울할 때 상대는 우리를 비판하거나 몰아붙이지 않음으로써 우리를 응원할지도 모른다. 우리가 스트레스를 받고 있는 것을 알기에 도움을 요청하지 않을지도 모른다. 우리더러 친구들과 시간을 보내라고 부추기거나 우리에게 필요한 거리를 유지할지도 모른다. 아니면 자신도 지쳤지만 우리의 말을 들어줄지도 모른다.

무슨 일이 있더라도 우리를 사랑한다고 말하고 우리가 얼마나 뛰어난지 상기시켜 우리의 자신감을 높여줄지도 모른다. 우리는 이 모든 도움을 알아채지 못할 수 있지만 그렇다고 당연하게 여겨서는 안 된다. 바람직한 관계를 원한다면 상대의 긍정적인 기여를 인정하려고 노력해야 한다.

우리는 상대의 낙관주의를 놓치기 쉽다. 스트레스를 받을 때 상대가 "모든 것이 괜찮을 거야."라고 말하면 기껏해야 지나친 낙관주의, 최악의 경우에는 순진하거나 우리를 무시하는 태도처럼 느껴질 수 있다. 상대의 낙관주의는 우리가 바라던 형태의 응원이 아닐지 모르지만 그러한 태도야말로 우리에게 필요한 것일지 모른다. 예를 들어 삶이 스트레스로 가득할 때면 우리는 도망치려 한다. 뒤로 물러나려는 충동은 좋지 않지만 2018년 연구 결과에 따르면 낙관적

인 상대를 둘 때 이로 인한 부정적인 영향을 최소화할 수 있다고 한다.[41]

그러한 사람은 모든 것이 다 잘 될 거라고 생각하기 때문에 상대를 더욱 이해하고 배려하며 장려하고 사랑한다. 커플 중 한쪽만 낙관주의자이더라도 양측의 관계 만족도는 높아진다.[42] 낙관주의자는 힘든 상황을 잘 헤쳐나간다. 관계의 긍정적인 측면을 간파하기 때문일 텐데, 덕분에 그들은 상대가 자신을 응원한다는 사실을 알아채 감사할 줄 안다. 낙관주의자의 긍정적인 태도와 응원은 격렬한 충돌을 피하게 만들고 갈등의 해결책을 찾는 데 도움이 되기도 한다.

감사하는 태도를 지니는 것 또한 좋은 방법이다. 감사의 이점을 살펴본 연구는 넘쳐나며 그 연구에서 하는 얘기는 전부 동일하다.[43] 감사할 줄 알게 되면 웰빙, 행복, 긍정적인 감정이 높아지고 나태나 번아웃, 지루함은 부정적인 감정을 피할 수 있다. 연구 결과에 따르면 감사할 줄 아는 커플은 더욱 만족스러운 결혼 생활을 했으며 3년 후에는 더욱 행복해 했다고 한다.[44] 감사의 힘은 긍정성을 극대화하는 데서 온다. 미시간 대학교의 바바라 프레드릭슨에 따르면 긍정적인 감정은 우리가 세상을 바라보는 관점을 넓히도록 자극하기 때문에 의미가 있다고 한다.[45]

다시 말해 기분이 좋을 때 우리는 새로운 관점을 고려하고 주위를 탐색하며 새로운 정보를 획득하고 삶을 더욱 감사하게 받아들인다. 이 모든 것은 우리가 성장하고 융성하는 데 도움이 된다. '긍정적인 감정을 확장하고 쌓는 이론'은 관계의 긍정적인 부분에 주목하는 것을 중시한다. 그렇게 할 때 우리는 새로운 경험을 찾고 도전하며 더욱 열린 마음이 되고 한계를 밀어붙이고 혼자서 그리고 상대와 함께 새로운 것을 배울 힘이 생기기 때문이다. 이 모든 것은 커플의 유대감을 강화시켜 그들은 앞으로 닥칠 난제에 보다 회복력 있게 대응하게 되고 웰빙 지수가 높아진다.

긍정성에 초점을 맞추는 방법과 관련해 우리가 놓치는 또 다른 사실이 있다. 삶이 힘들 때보다 잘 풀릴 때 상대의 응원을 받는 것이 더욱 중요하다는 사실이다. 반직관적인 말처럼 들리겠지만 스트레스 받고 지치고 압도당할 때에만 응원을 바랄 경우, 우리는 그렇지 않은 상황에서 우리가 받는 온갖 응원을 놓칠 수 있다. 하지만 한발 뒤로 물러나 좋은 시절 상대가 제공하는 응원을 알아채게 되면 감정 자원을 축적할 수 있다. 우리는 부정적인 부분에 집착하는 대신 나의 승리와 성공, 내가 받은 칭찬, 하루 중 좋았던 부분, 내가 다른 이들의 삶에 미치는 긍정적인 영향을 공유해야 한다.

연인은 좋은 부분에 집중하도록 서로를 장려해야 할 뿐만 아니라 그렇게 할 때 서로를 응원할 준비가 되어 있어야 한다. 셸리 게이블과 UCLA 동료들은 이러한 과정을 '자본화'라 부른다.[46] 그들이 관계에서 묻는 가장 중요한 질문은 "상황이 좋을 때 내 곁에 있어줄 것인가?"이다. 이 질문에 "그렇다."라고 대답할 수 있어야 한다. 그들의 연구 결과에 따르면 긍정적인 사건을 향한 상대의 대응이 부정적인 사건에 대한 반응보다 중요하기 때문이다. 자본화는 관계의 전반적인 건강과 친밀감에 영향을 미칠 뿐만 아니라 이별 확률을 낮춰주기도 한다. 많은 것을 좌우하는 것이다.

그렇다면 자본화는 어떠한 모습일까? 여러분이 사랑하는 사람이 직장에서 승진을 했다고 생각해보자. 우선 "그거 좋네, 오늘 나한테 무슨 일이 일어났는지 말도 마."라고 대답하지는 말자. "더 많은 책임을 떠맡고 싶은 거 진짜 맞아? 정말 힘들 텐데." 같은 가짜 응원도 건네서는 안 된다. 상대를 생각하는 좋은 의도에서 나온 말일지라도 이런 말은 상대의 능력을 의심한다는 암시가 담겨 있기에 그들의 자신감을 낮출 수 있다. 그보다는 상대의 업적을 축하하는 말을 건네야 한다.[47]

"드디어 회사에서 당신의 진가를 알아봤구나.", "그렇게 뛰어난 직원을 몰라보면 회사가 바보지."와 같은 말들을 할 수 있다. 이러한 반응에는 인정, 이해, 공통된 즐거움이 담겨 있다. 2019년 연구 결과에 따르면 이런 식으로 자본화를 할 때 커플 정체성이 강화되고 '우리'라는 감정이 더욱 공고해지며 관계의 웰빙 지수가 높아진다고 한다.[48] 긍정적인 부분을 우선시할 때 모두가 이기는 것이다.

우리는 나를 응원하는 상대와 함께할 자격이 있다. 하지만 뒤로 물러나 우리의 관계를 바라보지 않는 한 우리가 받고 있는 모든 응원을 늘 감사하게 받아들지는 못할 것이다. 유머, 관계 지키기, 눈에 띄지 않게 돕기, 관계의 점수판 기록하지 않기 등 응원은 다양한 형태로 나타날 수 있다는 것을 기억하기 바란다. 우리가 받는 모든 응원을 알아챌 때 우리는 스트레스 받는 상황을 더 제대로 바라보고 상대가 왜 그렇게 행동하는지 보다 꼼꼼하게 살피며 감사하는 마음을 표현하고 상대의 낙관주의를 알아보는 데 주목할 수 있다. 그렇게 할 때 우리는 시야가 확장되며 상대가 생각보다 나를 더 응원하고 있음을 알게 될 것이다.

SUMMARY ────────────────────────────

◆ 성숙하고 진지한 상대는 과대평가되었다. 삶을 늘 심각하게 받아들이지는 않는 멍청한 상대야말로 관계의 주요 자산이다.

◆ 우리의 야망을 지지하지 않거나 우리의 성과에 방해가 되는 상대는 좋은 신호일 수 있다. 이는 상대가 생각보다 관계에 더 몰입하고 있다는 증거다.

◆ 우리가 그들을 위해 한 모든 노력을 상대가 의식하지 못할 때 우리는 존중받지 못하는 기분이 들 수 있다. 하지만 이는 상대가 점수를 매기지 않고 있다는 뜻으로 건강한 관계의 표식이다.

◆ 지나치게 긍정적인 태도는 너무 순진해 보일 수 있지만 관계에 정말로 큰 도움이 된다.

◆ 정말로 응원이 필요할 때에는 삶이 힘겨울 때가 아니라 순조롭게 흘러갈 때다.

◆ 결국 상대의 행동을 어떻게 해석하고 설명하는지가 중요하다. 가장 좋은 방법은 상대에게 기대 이상의 공을 돌리는 것이다.

10장

헤어지게 되면
나는 무너질 거야

이별은 생각보다 아프지 않다

STRONGER

THAN YOU THINK

그들은 정말 오래된 사이였다. 줄리는 잭 없는 삶을 상상할 수 없었다. 하지만 그들 사이는 한동안 좋지 않았다. 그녀는 관계가 나아질 거라 희망했고 그렇게 만들기 위해 전념했다. 잭이 폭력적이거나 그런 것도 아니었고 그들의 관계가 늘 안 좋았던 것도 아니었다. 줄리는 더 많은 것을 바랐지만 자신이 너무 많은 것을 바라는 건 아닌지 걱정하며 죄책감을 느꼈다. 그녀는 잭과의 이별로 인해 모든 것을 잃을까 봐 두려웠다.

사실 필요한 질문은 단순했다. 이 관계가 만족스러운가? 솔직히 말하면 그렇지 않았다. 잭을 만나기 전에 줄리는 모험심이 강하고 외향적이었으며 재미있는 사람이었다. 잭은 집돌이였다. 줄리는 여행을 하고 싶었지만 그는 TV를 보고 싶어 했다. 줄리는 가만있지 못하고 더 넓은 세상을 찾아다녔지만 잭은 안정적인 생활에 만족했다. 몇 년 동안 이 상태였지만 줄리는 어떻게 하면 상황을 개선할 수 있을지 방법을 찾지 못했다. 잭은 모든 것이 괜찮다고 생각했다.

줄리는 그에게 상처를 주고 싶지 않았고 그들이 함께 보낸 시간들을 무의미하게 만들고 싶지 않았기에 기적을 바랐다. 그녀는 그와 갈라서면 괴롭고 외로워지며 감정적으로 많이 지칠 거라는 걸 알았다. 그렇게 생각하자 두려워진 그녀는 계속해서 참았다. 결혼이 그런 거 아닌가? 너무 힘들고 너무 재미없었다.

○   당신이 아는 전부가 오해라면?

우리 모두 더 나은 관계를 누릴 자격이 있다. 앞서 살펴봤듯 우리의 관계는 생각보다 단단하다. 그리고 우리는 지금까지 이 관계를 더 단단하게 만드는 방법을 배웠다. 우리는 나의 관계에 늘 확신하고 감사해야 한다. 만약 그렇지 않다면 어떻게 해야 할까?

방황하며 보내기에는 인생이 짧다

대학에서 친밀한 관계를 주제로 수업을 하거나 사랑에 관한 강의를 할 때 나는 유리한 관점에서 청중을 바라보게 된다. 강의실 앞에 서면 모두의 얼굴과 반응을 실시간으로 볼 수 있기 때문이다. 그들이 훌륭한 관계를 맺고 있으며 앞으로도 그럴 거라는 사실을 특정 연구가 뒷받침해준다고 말하면 사람들은 자신만만한 표정으로 만족감을 보이며 심지어 살짝 웃기까지 한다. 하지만 그들의 관계가 좋지 못하다는 자료를 공유하면 "이럴 수가." 하는 표정을 짓는다. 상대와 전혀 싸우지 않는 것이 좋은 신호가 아니라고? 이럴 수가. 나의 욕구를 참고 계속해서 희생하는 것이 관계에 도움이 되지 않는다고? 이럴 수가. 상대가 바뀌기를 기대해서는 안 된다고? 이럴 수가. 상대에게서 지나친 응원을 바라면 역효과가 발생한다고? 이럴 수가.

모든 관계에는 '이럴 수가' 하고 느끼는 순간이 있다. 이 순간 때문에 우리는 의심이 들 때 그것이 무엇을 의미하는지 확신하지 못한다. 직감적으로 우리는 무언가 잘못되었거나 내가 과민 반응한다고 느끼지만 우리의 경험이 긍정적이나 부정적이지만은 않다는 사실이 상황을 더욱 복잡하게 만든다. 애매모호한 감정은 우리 주위에서 쉽게 목격된다. 세상에서 가장 좋은 관계에도 안 좋은 날들이 찾아오기 마련이다. 서로 어울리지 않고 서로에게 해가 되는 연인에게도 진심 어린 순간이 있는 것처럼 말이다. 함께할 이유를 찾고자 한다면 찾게 되어 있다. 헤어질 이유를 찾고자 한다면 그 또한 찾게 되어 있다. 사랑은 복잡하고 해독하기 어렵다. 사랑이 단순하다고 생각하는 사람은 아무도 없을 것이다.

어떻게 할지 파악하기란 쉽지 않다. 나의 결정은 삶에 큰 변화를 가져올 수 있기 때문에 심사숙고해야 한다. 이별을 결심한 사람들을 살펴본 연구에 따르면 사람들이 관계에 불만을 느낀 뒤 실제로 이별을 결심한 순간까지 통상 30주가 걸린다고 한다.[1] 관계가 오래된 사람, 외로움을 많이 느끼는 사람, 이별이 자신에게 어떠한 영향을 미칠지 걱정이 많은 사람들은 망설임의 시간이 더 길었다. 이혼을 생각 중인 이들의 경우 고민하는 기간은 더 길어져 평균 5년이 걸렸다.[2] 방황하며 보내기에는 긴 시간이다.

○ 　잘못된 이유로 함께한다는 것

　　상대를 떠나기는 쉽지 않다. 우리가 함께할 이유는 충분하며 그중에는 평범한 이유도 있다. 각자의 길을 갈 때 우리는 모두에게 이 사실을 전하고 앞으로 어떻게 살지 생각해야 하며 공동으로 소유한 것들을 나누기도 해야 한다. 공통된 친구들을 어떻게 나눌지에서부터 주방용품을 어떻게 처리할지에 이르기까지 모든 문제마다 감정이 들끓는다. 하지만 그건 차라리 쉬운 문제다. 상대와의 역사를 간직하거나 함께한 세월을 되찾는 법을 알아내기 위해 머릿속으로 씨름하는 일은 말도 안 되게 어렵다.

　관계 과학의 진정한 전문가 칼 러스벌트는 투자란 우리가 관계에 쏟은 것 중 쉽게 되찾을 수 없는 것이라고 말한다.[3] 여기에는 시간도 포함되지만 자원, 에너지, 공통된 경험, 감정적 유대도 있다. 이러한 투자는 가져갈 수 없기 때문에 관계가 끝나면 의사 결정이 복잡해지고 우리는 이별을 꺼리게 된다. 그다지 사랑이 충만하지 않은 관계일지라도 그렇게 많은 것을 내어주었다면 상대를 떠나기가 쉽지 않다. 그리하여 우리는 지나치게 오래 그 안에 머문다.

　왜 그럴까? 시간을 낭비하고 싶은 사람은 없다. 잘못된 사람과 인생을 낭비했다고 생각하면 가슴이 쓰라리다. 그래서 잘못된 결정을 내렸다고 인정하는 대신 우리는 이미 투자한 것을 적극 보호하고 나선다. 하지만 이런 행동은 경제학자들이 일컫는 '이미 많은 돈을 낭비한 것에 돈을 더 쓰는' 행위다.[4] 우리는 내가 잃은 것을 되찾기 위해 나의 자원을 더 많이 낭비하는 함정에 빠지고 만다. 하지만 지난 일은 돌이킬 수 없다. 실패한 관계에 3년을 허비했다는 사실을 깨닫는 건 고통스럽지만 끔찍한 관계를 더 오래 지속할 때 우리는 더 큰 상처를 입게 된다. 3년이 13년으로, 30년으로 되면 무슨 일이 벌어질까?

우리는 이번이 완전한 실패는 아니라는 사실도 깨달아야 한다. 모든 성공적인 인생 스토리에는 고난과 실망, 실패가 따르기 마련이다. 중요한 것은 실패에서 삶의 교훈을 얻는 것이다. 실패한 관계에 허비한 시간은 실수가 아니라 무엇이 잘못되었는지 돌아보면서 더 나은 미래를 맞이할 수 있는 기회다. 〈라이온 킹〉에 나오는 현명한 원숭이 라피키는 이렇게 말한다.

"맞아, 과거는 쓰라리지. 하지만 내가 보기에 과거에서 도망갈 수도 있지만 과거에서 배울 수도 있어."

상대는 어떠할까? 우리가 사랑했던 사람이 상처받는 것을 걱정하지 않을 수는 없다. 그래서 우리는 특히 그들이 관계에 의존하고 있을 때면 그들을 생각해 이별을 미룬다.[5] 이처럼 사려 깊은 행동은 친절해 보인다. 하지만 우리는 상대의 삶에 미치는 영향을 과대평가하며 이별 후 상대의 삶이 얼마나 힘들어질지 역시 과대평가하고 있을지도 모른다. 우리가 더 이상 원치 않는 관계를 견디는 것이 상대에게 호의를 베푸는 것도 아니다. 사람들은 대부분 상대가 전적으로 관계에 몰입할 때에만 상대와 함께하기를 바라기 때문이다. 솔직히 우리의 망설이는 태도가 완전히 이타적이지만은 않다. 우리는 내가 앞으로 어떻게 될지가 걱정이기 때문이다.

○　　　관계가 끝난다고 무너지지 않는다

　　　　　미루는 것은 인간의 습성이다. 시간을 잘 관리하지 못해서가 아니라 감정을 통제하지 못해서다.[6] 우리는 기분이 나쁜 것보다는 좋은 것을 바랄 뿐이다. 관계를 끝내는 일은 감정이 수반되기 때문에 미루기 좋다. 이별은 어렵고 고통스럽기에 시작하기가 꺼려진다.

　물론 이별은 아프다. 먼저 관계를 끝내는 쪽이든 차이는 쪽이든 이별을 하면 삶의 큰 부분을 잃게 된다. 우리의 관계는 나를 규정하고 나를 지탱하며 나를 파괴할 수 있다. 내 연구 결과에 따르면 관계를 잃을 때 우리는 나의 일부도 잃는다고 한다. 이별을 설명할 때 사람들은 "겁이 나요.", "불완전한 사람이 된 기분이에요.", "내가 더 이상 누구인지 모르겠어요.", "나의 일부가 사라진 기분이에요."라고 말한다.[7] 확실히 이별은 더 많은 친밀감을 바라는 이들에게 더욱 힘들다.[8] 그들에게 이별은 정체성 혼란을 야기한다. 이혼이나 이

별 후에 자신의 일부를 잃는 기분이 들 때 사람들은 외로워지고 힘들어하며 슬퍼한다.[9]

이별이 아프기는 하지만 우리가 예상하는 것만큼 아프지는 않다. 카네기 멜론 대학교와 노스웨스턴 대학교의 연구진들은 현재 행복한 관계에 있는 사람들에게 미래를 상상해 보라고 한 뒤 "관계가 끝나면 어떠한 기분이 들 것 같나요?"라고 물었다.[10] 그리고 실제로 행복한 관계가 끝난 뒤 그들에게 "이제 헤어졌는데 기분이 얼마나 안 좋나요?"라고 물었다. 이별은 그들이 생각한 것만큼 나쁘지 않은 것으로 밝혀졌다.

이 사실은 아주 중요하다. 지나치게 괴로울 것으로 예상될 때 우리는 겁에 질린 채 현 상태에 머물게 될 수 있기 때문이다. 원해서가 아니라 이별이 가져올 고통이 두렵기 때문에 상대 곁에 남는 것이다. 우리의 주요 걱정거리는 연인이 없으면 외로울 거라는 사실이다. 그럴 수 있지만 관계 속에서도 우리가 얼마나 고독할 수 있는지 과소평가해서는 안 된다. 연구 결과에 따르면 결혼했어도 사람들은 외로운 것으로 나타났다.

특히 비판적이고 요구 사항이 많은 배우자와 함께할 때 이러한 현상이 두드러졌다.[11] 홀로될 것을 두려워하는 이유는 상대를 잃으면 그들의 응원 또한 사라지기 때문이다. 우리가 중요한 목표를 달성하는 데 상대가 반드시 필요한 경우 관계를 끝내는 것이 해로울 수 있다.[12] 하지만 그들이 주요 원동력이 아니라면 이별은 우리가 목표를 달성하는 데 방해가 되지 않으며 오히려 도움이 될 수 있다.

외로운 것을 지나치게 걱정하는 것은 홀로되기의 두려움(FOBS) 때문일지도 모른다. 토론토 대학의 연구에 따르면 혼자되는 것을 두려워할 때 우리는 상대를 쉽게 놓아주지 못한다고 한다.[13] 행복하지 않더라도 혼자 있는 것이 익숙하지 않은 이들은 바람직하지 않은 관계에서 빠져나오지 못한다. 많은 이들이 헤어진 뒤 더 행복해질 거라고는 생각하지 못하지만[14] 연구 결과에 따르면 좋지 않고 고압적이거나 폭력적인 관계를 끝낼 때 사람들은 생각보다 훨씬 더 행복해진다고 한다. 우리는 잘못된 가정 때문에 이별이 우리에게 미치는 영향과 관련해 삶을 변화시킬 만큼 큰 오해를 하고 있는 것이다.

○   결정을 내릴 시간

관계가 끔찍하든 좋든 훌륭하든 우리는 이별을 좋아하지 않는다. 우리가 바라던 것과 거리가 멀다 하더라도 관계는 우리의 일부다. 떠나기가 쉽지 않다. 하지만 최선을 다했는데도 개선의 여지가 보이지 않는다면 구렁텅이에서 이제 그만 빠져나와야 할 때인지도 모른다.

이별은 그만두는 것과 마찬가지로 기분이 별로 좋지 않다. 그만두는 것은 포기하는 것보다 안 좋게 들리므로 우리는 역경에 맞서 관계를 지킨다. 펜실베이니아 대학교의 안젤라 덕워스가 투지라 부르는 자질이다.[15] 연구 결과에 따르면 투지는 삶의 많은 부분에서 도움이 되기 때문에 흔들리는 관계를 회복하는 데에도 도움이 될 거라 생각하기 쉽다. 하지만 그렇지 않다. 서던 캘리포니아 대학교와 노스이스턴 대학교의 연구 결과에 따르면 관계에서 발휘되는 투지는 안 좋은 결과를 가져올 수 있다고 한다.[16]

이따금, 특히 계속하는 것이 큰 대가를 가져오는 상황이라면 그만둘 때를 알아야 한다. 투지가 의사 결정에 미치는 영향을 알아내기 위해 연구진들은 사람들에게 돈을 준 뒤 카지노에 데리고 갔다.[17] 진짜 카지노가 아니라 연구실에 마련한 룰렛 게임이었다. 게임을 시작하기 전에 사람들은 언제 멈출지 혹은 얼마나 잃은 뒤에 멈출지 미리 결정했다. 살다 보면 충동에 사로잡혀 내가 세운 기준을 따르지 못할 때가 있다. 한계를 미리 정해놓을 경우 이러한 경향에 맞설 수 있을 것이다. 하지만 실험 참여자들은 투지 성향이 분출하면서 도박을 더 오래 했고 의도했던 것보다 더 많은 돈을 잃었다.

이제 거의 25분 동안 컴퓨터 화면을 바라보며 이따금 특정한 버튼을 누른다고 생각해보자.[18] 활동이 끝나갈 무렵 연구진들은 참여자에게 정해진 시간보다 일찍 끝내도 돈을 전부 받을 수 있는 선택권을 주었다. 당연히 그만둬야 하지 않았을까? 하지만 많은 사람이 하던 일을 끝까지 멈추지 않았다. 그럴 필요가 없었는데도 말이다. 하던 일을 끝까지 하는 성향이 그들을 놓아주지 않았던 거였다. 주어진 임무를 계속하는 것이 자신의 인내력을 시험한다고 믿었을 때 그들은 하던 일을 계속했다.

이 연구 결과는 우리가 관계를 생각하는 방식과 관련해 중요한 함의를 지닌다. 우리는 관계의 수명을 지나치게 중요하게 여긴다. 매년 우리는 또 다른 기념일을 기린다. 12개월 동안 잘 버텨왔다며. 궁극적인 목표는 죽음이 우리를 갈라놓을 때까지 함께하는 것이다. 이러한 태도는 몇 개월, 몇 년이 중요하다고 믿게 만든다. 그리하여 우리는 문제 있는 관계를 끈질기게 이어 붙이고 관계에 계속해서 몰입하려고 노력한다. 그저 관계를 유지하기 위해서다. 우리는 관계를 지키려는 노력을 의사 결정 과제로 봐야 한다.

우리에게 가장 좋은 일을 해야 하는 과제다. 우리에게 가장 좋은 일이라고 판단해 관계를 유지하겠다고 결정했다면 괜찮다. 관계의 수명은 부산물이 되어야지 목표가 되어서는 안 된다. 내가 TEDx 연설에서 말했듯 훌륭한 관계는 좀처럼 실패하지 않지만 안 좋은 관계는 실패할 수밖에 없다.

○ 현실 연애를 위한 심리 처방전

이제 어떻게 해야 할까? 노먼 슈워츠코프는 "분명한 사실은 무엇이 올바른 일인지 우리는 늘 알고 있다는 것이다. 그 일을 실행에 옮기는 것이 어려울 뿐이다."라고 말했다. 한동안 흔들리겠지만 한번 결정했으면 밀고 나아가야 한다. 내 앞에 놓인 새로운 문제에 최대한 주의 깊게 접근하는 것이 중요하다.

이별이 성공하려면 단번에 끊어낼 것

모두가 연착륙을 바라기에 천천히 이별을 시도할 것이다. 상대와 완전한 끝내기 전까지 이곳저곳 힌트를 뿌리고 암시를 흘리며 길지 않은 대화를 여러 번 나눌 것이다. 제발 그러지 말기 바란다. 연구 결과에 따르면 서서히 이별을 시도하는 이들은 이별 과정이 더욱 혼란스러웠으며 결국 더 많은 상처와 분노, 외로움을 경험했다고 한다.[19] 우리는 결단력 있게 한 번에 연결고리를 떼어내야 한다. 물론 아프겠지만 생명유지 장치에 의존해 관계를 계속 괴롭히는 것보다 낫다. 게다가 피할 수 없는 이별을 미루면 미룰수록 더 나은 관계를 찾을 때까지 더 오래 기다려야 한다.

O　　　　뒤돌아보지 않기

　　　　말끔하게 이별하는 것이 가장 좋지만 오늘날 같은 최첨단 시대에 이별 후 뒤돌아보지 않기란 쉽지 않다. 우리는 소셜 미디어를 통해 헤어진 연인의 상태 업데이트를 점검하고 그들의 사진을 살피는 등 상대를 예의주시하게 된다. 친밀감을 주고 호기심을 충족시켜주는 이러한 행동은 이별의 아픔을 완화하는 데 도움이 될 수 있다.

하지만 이 같은 행동은 상황을 더욱 악화시킬 수도 있다. 연구진은 페이스북 사용자 450명을 대상으로 헤어진 연인의 페이스북 페

O

이지를 살피는 행동이 우리에게 미치는 잠재적인 영향을 살펴보았다.[20] 헤어진 연인의 SNS를 더 자주 살핀 이들은 이별 후 새로운 상황에 잘 적응하지 못했다. 부정적인 감정에 더 많이 시달렸고 성욕, 우울한 감정, 상대를 향한 집착으로 괴로워했다.

상대에게 관계가 끝났다는 것을 알리는 가장 좋은 방법은 무엇일까? 연구진들은 연인과 헤어지는 47가지 방법을 살펴본 뒤 가장 인간적인 방법을 간추렸다.[21] 상대를 피하거나 형편없이 대하기, 상대가 헤어지고 싶어 하게 만들기 같이 수동적인 전략이 많았다. 하지만 쉽게 헤어질 수 있는 가장 좋은 방법은 직접 얼굴을 보고 헤어지고 싶은 마음을 털어놓을 시간을 갖는 것이다. 좋다, 하지만 뭐라고 말해야 할까? 솔직한 것이 가장 좋다. 떠나고 싶은 이유를 설명하고 함께 보낸 시간을 후회하지 않는다는 마음을 전하며 연인으로서 경험한 긍정적인 것들을 강조하기 바란다.

하지만 유의해야 한다. 충격을 완화하고 싶어 친구로 남으려는 등 의도는 좋지만 결국 관계에 좋지 않은 결정을 내리게 될 수 있다. 10명 중 6명이 이별 후 친구로 남기를 바란다.[22] 상대와 공통된 친구가 있거나 둘 사이에 자녀가 있는 경우와 같은 실질적인 이유 때문에 그런 거라면 괜찮다. 하지만 남아 있는 감정 때문에 친구 사이를 유지할 경우 더 큰 불행의 원인이 된다. 우리는 상처받고 아프고 우울하고 질투를 느끼며 새로운 상대를 찾는 데 어려움을 겪게 된다. 우리가 생각하는 이유가 실용적일지라도 상대는 그렇지 않을 수 있는데 그럴 때 이별을 극복하는 일은 더욱 복잡해질 뿐이다.

상황이 힘들어지면 우리는 자연스럽게 상대와 다시 합칠까 생각하게 된다. 그러한 충동은 참기 바란다. 우리는 잃어버린 사랑을 다시 살리기 위해 재결합을 바라지만 연구 자료에 따르면 다시 합쳐 봤자 관계의 만족감은 낮아지고 불확실성과 의사소통 문제는 더욱 커진다고 한다.[23]

다시 합치려고 노력하면 할수록 이러한 문제는 더욱 악화된다. 2019년 연구에 따르면 이때 투지는 사람들이 결정을 번복해 다시 합치려고 하는 대신 자신의 의견을 고수하는 데 도움이 된 것으로 나타났다.[24]

○　　　헤어지는 편이 낫다

얼마나 쉽게 하려고 애쓰든 이별은 쉽지 않다. 하지만 우리가 생각하는 것만큼 끔찍하지는 않다. 우리는 중요한 사건에 대한 나의 반응을 전적으로 긍정적(결혼)이거나 부정적(이별)이라고 생각하는 경향이 있다. 하지만 삶은 그렇게 단순하지 않다. 고등학교를 졸업해 사회에 뛰어들었을 때를 생각해보자. 좋은 감정과 그렇지 않은 감정이 뒤섞여 있었을 것이다. 새로운 생활을 시작하게 되어 기뻤지만 그리워하게 될 좋은 시절을 생각하면 슬프기도 했을 것이다. 새로운 문 앞에 선 채 초조하기도 하고 흥분도 되었을 것이다. 변화는 복잡하다. 이별도 예외가 아니다. 문제는 우리

○

가 긍정적인 부분을 너무 오래 외면해왔다는 것이다.

　대학원 시절 연구 아이디어를 생각할 때 나는 개인적인 경험을 떠올려보곤 했다. 나는 몇 번 안 좋은 이별을 경험했다. 그중에는 해방적인 경험이 있었는데 돌아보면 그건 나에게 일어난 가장 좋은 일이었다. 하지만 관계 해결책을 다룬 연구들을 보면 대부분 가슴시림, 절망, 거절, 외로움, 슬픔 등 부정적인 결과밖에 없었다. 실망스러운 결과였지만 이 결과들을 곰곰이 살펴보다가 나는 문득 깨달았다. 이 연구들은 부정적인 결과만을 찾았기 때문에 그러한 결과만 발견했다는 사실이다.

　나는 다른 관점으로 다가가기 위해 실험 참여자들에게 "이별 후 어떠한 영향을 받았나?"라고 물었다.[25] 그들이 얼마나 속이 상하고 낙담했는지가 아니라 그들의 전반적인 경험을 물었다는 점에 주목하자. 부정적인 경험을 포함한 반응이 많았지만 긍정적인 결과를 언급한 이들도 많았다. 그중에는 다음과 같은 대답이 있었다.

　"이별한 뒤 더 괜찮은 사람이 되었다.", "해방된 기분이다.", "밖으로 나가 삶을 즐기고 있다.", "내가 나의 것임을 깨달았다.", "다양한 활동을 하고 있다.", "나 자신에 대해 더 알려고 노력하고 있다.", "과거 연인과 할 수 없었던 일들을 하고 있다.", "나 자신다워질 수 있는 기분이다." 등이다.

　미네소타 대학교의 티 타시로와 패트리시아 프레이저는 실험을 통해 이별이 우리의 향후 관계에 도움이 되는 5가지 방식을 알아냈다.[26] 그들은 더 나은 의사소통을 할 수 있게 되었고 관계 기술을 배웠으며 친구들의 견해가 지닌 중요성을 깨달았고 관계에서 그들이 정말로 원하는 것을 알게 되었다고 했다.

모든 이별이 그 즉시 도움이 된다고 기대할 수는 없다. 관계가 좋아 보일 때 이별은 생각만 해도 끔찍하다. 하지만 관계가 좋지 않을 때에는 어떨까? 우리가 더 괜찮은 사람이 되는 데 도움이 되지 않는 관계를 끝내는 것은 좋은 경험이어야 한다. 나는 최근 3개월 사이에 장기적인 관계를 끝낸 150명을 상대로 이 가정을 시험했다.[27]

이들은 슬퍼야 마땅했으나 만족스럽지 못한 관계를 끝낸 이들은 덜어냄으로써 무언가를 더 얻었으며 자신감 있고, 힘차고, 자유롭고, 희망차고, 강하고, 현명하고, 만족스럽고, 안도하고, 행복한 등 긍정적인 감정을 더 많이 경험했다. 그뿐이 아니다. 그들은 개인적인 성장도 더 많이 누렸으며 자아감을 잃지도 않았다.

이혼의 경우 살면서 겪는 가장 힘든 경험이지만 이 또한 긍정적인 영향을 미쳤다. 기혼자와 비교했을 때 이혼을 경험한 이들은 호기심 있고, 개방적이고, 솔직하고, 외향적이고, 활기가 넘쳤다.[28] 이별한 뒤 사람들은 보다 쾌활해지고 이혼 후에는 보다 성실해진다.[29] 많은 이들에게 관계의 끝은 피할 수 없는 절망을 의미하지 않는다. 아무리 좋게 헤어졌다 하더라도 고통을 피할 수는 없지만 그 고통 가운데 긍정적인 부분이 충분히 존재한다. 교훈은 단순하다. 내가 괜찮은 사람이 되는 데 관계가 도움이 되지 않는다면 관계를 끝내는 것은 그렇게 하는 데 도움이 되는 것이다.

○　　　이별을 대하는 자세

　　　　　　이별의 상처를 극복하려면 노력이 필요하다. 우리는
연구 결과에서 도움을 받을 수 있을지도 모른다. 애리조나 대학교
의 데이비드 스바라와 그의 학생들은 혁신적인 연구를 많이 하고
있는데 관계 상실을 다룬 연구도 그중 하나였다. 연구진들은 9주에
걸쳐 실험 참여자들을 실험실로 불러 이별을 받아들이는 과정에
관한 질문을 던졌다.[30] 한 그룹은 실험이 시작될 때와 끝날 때에만
실험실을 찾았고 다른 그룹은 심층 활동을 수행하기 위해 그보다
2배는 자주 실험실을 방문했다.

　　그들이 수행한 활동에는 이별을 떠올릴 때 생각나는 것이나 감
정을 진술하는 4분 연습이 포함되었다. 강도 높은 세션은 더 큰 슬
픔을 유발할 수 있었지만 사실 이 세션은 참여자들이 내가 누구인
지 명확히 바라보고 나 자신에 확신을 느끼며 스트레스와 외로움
을 완화하는 데 도움이 되었다. 이별과 관련된 감정을 보다 깊이 들
여다보는 과정을 통해 참여자들은 자신의 경험을 더 잘 이해할 수
있었는데 이는 그들이 자신을 명료히 바라보는 데 도움이 되었다.
내가 한때 맺었던 관계나 나 자신을 냉정하게 평가할 경우 이별의
상처를 딛고 일어서는 데 도움이 되는 것이다.

　　우리는 너무 자주 쉬운 방법을 택하며 고통스러운 경험을 피하
려고 한다. 이는 별로 도움이 되지 않는 방법이다. 그렇게 할 때 우
리는 그 경험들을 더 많이 생각하게 되기 때문이다.[31] 내 말을 못

믿겠는가? 이제 무슨 일을 하든 첫사랑을 생각하지 말기 바란다. 방금 생각하지 않았나? 과거 연인을 생각하지 않으려고 하면 할수록 우리는 더 생각하게 된다. 나의 연구 결과에 따르면 상황을 부인하고 외면할 때 우리는 부정적인 감정이 강화되고 나를 잃는 느낌이 들면서 기분이 더 안 좋아진다고 한다.[32] 하지만 상황을 받아들이고 그 안에서 좋은 부분을 찾으려 할 때 이별의 상처를 조금 더 쉽게 극복할 수 있다.

이별한 다음에는 "도대체 좋을 게 뭐가 있겠어?"라고 생각하기 쉽다. 나는 이별의 긍정적인 측면을 적어보면 사람들이 이별에 대처하는 데 도움이 될지 알고 싶었다.[33] 내가 사람들에게 내린 정확한 지침은 다음과 같았다.

"이별에 관한 당신의 가장 깊은 생각과 긍정적인 감정을 적어보시오."

중요한 점은 관계에 관한 가장 깊은 생각과 긍정적인 감정을 파고들어 글로 표현하는 것이다. 사흘에 걸쳐 하루 20분 동안 이 작업을 한 결과 실험 참여자들은 만족감을 느끼고 단단해지고 감사하고 마음이 편안해지고 현명해지는 등 긍정적인 감정이 높아졌다. 한 단계 더 나아가 우리는 나의 경험을 '구원하는 서사'로 적어볼 수도 있다. 부정적인 일들 가운데 '한 가닥 희망'을 담은 이야기를 전하며 안 좋은 상황에서 긍정적인 감정이 일 수 있음을 보여주는 서사다.[34] "우리가 헤어져서 정말 슬프지만 그것은 나에게 일어난 가장 좋은 일이었을지도 모른다.", "나를 제대로 대해주지 않는 사람과는 함께하지 않는 편이 낫다" 같은 구원하는 테마가 담긴 일기는 이별 후의 고통을 완화하는 데 도움이 된다.

하지만 여기에는 주의할 점이 있다. 모든 반추가 도움이 되는 것은 아니다. 예를 들어 최근 이별한 사람이 응집적이고 유기적이며 의미 있는 이야기를 만들려고 애쓰면서 자신의 감정을 적어 내려가면 역효과가 발생하게 된다.[35] 이별에 내제된 깊은 의미는 특히 문제를 곰곰이 들여다보며 원인을 찾아내려 할 때 쉽게 찾을 수 없기 때문이다. 우리는 '이유'를 알고 싶어 하며 비극을 통해 최소한 심오한 계시라도 얻기를 바라지만 때때로 일은 그냥 일어난다. 그러니 다른 곳에 집중하는 편이 낫다.

우리가 집중할 수 있는 대상 가운데에는 나 자신이 있다. 이별은 재설정 버튼을 누르고 아무런 죄책감 없이 나에게만 집중할 수 있는 드문 기회다. 우리는 이 기회를 이용해 관계를 맺은 동안 무시하고 방치했던 나의 일부를 다시 꺼내야 한다. 나를 다시 무대 위에 올려 관계 때문에 하지 못했던 일들을 해야 한다. 나는 이 과정을 자아의 재발견이라 부른다.[36] 그렇게 할 때 우리는 이별 후 긍정적인 감정과 자아감을 만끽할 수 있으며 개인적인 성장을 마음껏 누릴 수 있다.

많은 이들이 결국 나를 다시 찾게 되지만 나는 이 여정에서 약간의 강요를 받을 경우 어떠한 이점이 있을지 궁금했다. 그래서 최근에 이별한 사람들에게 2주에 걸쳐 임의로 두 가지 유형의 일을 시켰다. 한 그룹은 친구들과 어울리거나 헬스장에 가거나 영화를 보

자아의 재발견은 어떻게 측정할까?

이별은 우리의 자아감을 뒤흔든다. 관계를 맺기 전의 내가 누구였는지 떠올려 보는 일은 이별의 아픔을 극복하는 데 도움이 된다. 이별 후에 벌어지는 일들을 가늠하기 위해 나는 자아의 재발견을 측정하는 방법을 개발했다. 그중 일부를 공개한다.

1. 내가 한때 즐겼지만 상대 때문에 하지 못했던 일들을 했다.
   전혀 아니다   1   2   3   4   5   6   7   매우 그렇다

2. 상대와 있을 때 방치했던 나의 욕구에 더 많이 집중했다.
   전혀 아니다   1   2   3   4   5   6   7   매우 그렇다

3. 관계를 맺기 전의 나와 다시 만났다.
   전혀 아니다   1   2   3   4   5   6   7   매우 그렇다

4. 내가 누구인지 재발견했다.
   전혀 아니다   1   2   3   4   5   6   7   매우 그렇다

점수가 높을수록 관계를 맺기 전의 나를 재발견하는 과정에서 더 큰 발전이 있다는 의미다. 원하는 만큼 점수가 높지 않은가? 그렇다면 이 문장들을 바탕으로 내가 집중해야 할 부분을 파악해나가기 바란다.

러 가거나 외식하러 가는 등 평소처럼 즐거운 활동을 했다. 다른 그룹은 자아의 재발견에 집중했다. 예를 들어 해변을 좋아했지만 상대가 모래를 싫어해 가지 못했다면 해변을 찾아 휴면하고 있던 자신의 일부를 소생했다.

일상적인 활동이든 재발견에 집중하는 활동이든 재발견에 도움이 되어야 한다. 일상적인 활동은 집에 혼자 틀어박혀 아이스크림을 통째로 퍼먹거나 넷플릭스만 주구장창 보지 않도록 도와주고 재발견에 집중하는 활동은 내가 누구인지 다시 알아채게 해주기 때문이다. 두 활동 모두 도움이 되었지만 재발견 활동은 자아 상실감과 부정적인 감정, 외로움을 덜 느끼는 데 도움이 되었다. 재발견 활동에 참여한 그룹은 긍정적인 감정, 자기 수용, 삶의 목적, 전반적인 웰빙 등 긍정적인 결과를 더 많이 보고하기도 했다.

"훌륭한 관계는 좀처럼 실패하지 않지만 안 좋은 관계를 실패할 수밖에 없다."는 말을 명심하기 바란다. 우리가 바라든 바라지 않든 끝난 관계든 어떤 식으로든 무너지게 되어 있다. 하지만 그렇다고 우리가 영원히 그 상태로 남게 될 거라는 의미는 아니다. 일본에는 킨츠기라는 예술이 있다. 금, 플라티늄, 은 같은 귀금속을 섞은 나무 수액을 이용해 깨진 도자기를 고치는 예술이다. 이 과정을 통해 탄생한 작품은 원래 도자기보다 훨씬 더 아름답다. 이는 단순히 예술작품의 한 형태가 아니다. 흠을 숨겨야 할 문제가 아니라 개선할 수 있는 기회로 생각하는 삶의 철학이기도 하다. 관계가 끝날 때 우리에게는 바로 이 같은 기회가 주어진다. 금을 고쳐 전보다 더 나은 작품을 만들 수 있는 기회다.

관계는 중요하다. 시간은 짧다. 실수는 큰 대가를 낳는다. 관계는 우리가 삶에서 누리는 가장 큰 행복이 되어야 한다. 나를 지탱하는 관계를 찾았기를 바란다. 그렇지 않았다면 계속해서 찾기 바란다. 나 자신에게 이렇게 묻자. 한 시간, 일주일, 한 달, 한평생 나의 행복과 만족감을 책임질 관계는 어떠한 관계인가?

SUMMARY

◆ 투지를 갖고 인내심을 발휘하는 태도가 관계에 늘 도움이 되는 것은 아니며 오히려 안 좋은 결과를 낳을 수 있다.

◆ 우리는 미래를 잘 예측하지 못하며 이별 후 내가 느낄 안 좋은 감정을 지나치게 과대평가한다.

◆ 인내는 도움이 되지만 유효기간이 지난 관계에 우리를 가둘 수도 있다.

◆ 훌륭한 관계는 좀처럼 실패하지 않지만 안 좋은 관계는 실패할 수밖에 없다.

◆ 내가 괜찮은 사람이 되는 데 도움이 되지 않는다면 관계를 끝내는 것은 개인이 성장할 기회가 된다.

◆ 만족스럽지 못한 관계에 머무는 것보다는 혼자가 되는 편이 자신에게 훨씬 더 좋다.

시간을 내어줄 가치가 있는 관계를 열망하라

우리의 관계는 우리를 구축하고 규정하며 지탱하지만 한편으로는 우리를 망가뜨릴 수 있다. 여러분이 누려 마땅한 좋은 관계를 향해 나아가는 데 이 책이 도움이 되었기를 바란다. 마지막으로 유의할 사항을 몇 가지 살펴보자.

첫째, 과학은 권위적이지 않다. 우리는 연구 자료를 바탕으로 누군가 무엇을 해야 한다고 꼬집어 말할 수 없으며 모든 관계의 운명이 이 자료에 달려 있지도 않다. 관계 과학은 정보를 제공하고 우리가 단단한 관계를 구축하는 데 도움이 되도록 새로운 관점을 제안할 뿐이다. 자기 확장적이고 기분 좋게 하는 활동이 우리의 관계를 살릴 수 있을까? 아니다. 하지만 이러한 자기 확장적 활동을 수행할 때 우리의 관계가 개선될 확률이 높아진다. 의료 분야 연구 역시 마찬가지다. 우리는 담배를 피우면 폐암 같은 호흡기 질환에 걸릴 확률이 높다는 사실을 알지만 모든 흡연자가 그러한 질환에 걸리는 것은 아니다. 그래도 우리는 흡연에 관한 과학적인 연구 결과를 바탕으로 결정을 내린다. 우리는 계속해서 더 배우기 위해 과학자들의 의견에 귀 기울이기도 한다. 이 책이 대화의 출발점, 과학적인 정보에 기대 관계를 더 잘 이해하기 위한 시도의 첫 단계가 되어야 하는 이유다. 계속해서 읽고 묻고 배우기 바란다. 이야기나 개인적인 견해보다는 증거를 보여주는 과학 자료에 더 무게를 둔 채 깊은 통찰력을 꾀하기 바란다.

둘째, 과학 얘기가 나와서 말인데 나는 이 책에서 소개한 여러 연구를 정말로 자랑스럽게 여긴다. 총 350건의 논문을 참고했다. 물론 내가 이 책에서 소개하지 못한 연구가 훨씬 더 많다. 올바른 연구는 전적으로 개인적인 판단에 달려있지만 나는 일상에 얼마나 적용할 수 있는지 여부를 기준으로 삼았다. 전부 동료 리뷰를 거친 평판 좋은 잡지에 기고된 연구들이다. 이 연구는 과학이다. 모든 과학은 불완전할 수밖에 없다. 따라서 비판적인 시각을 유지해야 하겠지만 자신의 경험과 일치하지 않는 연구를 전부 지나치게 비판적으로 바라보는 것은 해결책이 될 수 없다.

셋째, 바람직하지 않은 관계를 지속하며 그러한 행동을 변명하기 위해 이 책에 담긴 내용을 왜곡하지 않도록 주의하기 바란다. 이 책의 목표는 독자가 정보를 토대로 결정을 내리도록 더 나은 정보를 제공하는 것이다. 《사랑에 관한 오해》는 괜찮은 관계를 맺고 있는 이들이 관계를 더욱 개선하기 위한 방법을 찾도록 장려하기 위한 메시지일 뿐이다. 늘 싸우고 가까운 관계를 피하고 상대를 무시하고 잠자리를 거부하고 상대를 사랑하지 않아도 괜찮다는 뜻이 아니다.

관계는 연인 간의 상호 사랑, 존경, 우정이라는 기반 위에 구축되어야 한다. 연인은 동등해야 하며 둘 사이에 어떠한 형태의 신체적, 언어적 폭력도 있어서는 안 된다. 여러분의 관계가 그렇지 않다면 관계를 있는 그대로 바라봐야 하며 상대의 용납 불가능한 행동을 받아들이거나 좋지 않은 관계를 용인하도록 부추기는 어떠한 종류의 파괴적인 사고방식도 거부해야 한다. 다시 한번 말하지만 우리 모두 좋은 관계를 맺을 자격이 있다.

아흔다섯 해를 산 뒤 지나온 삶을 돌아보며 "더 괜찮은 핸드폰을 살 걸.", "인터넷을 더 많이 할 걸.", "일을 조금 더 많이 할 걸." 하고 후회하는 사람은 없을 것이다. 우리는 아마도 이렇게 생각할 것이다.

"사랑하는 사람과 더 많은 시간을 보낼 걸."

시간을 내어줄 가치가 있는 관계를 찾아 잘 가꾸기 바란다.

프롤로그 ✦ 사랑을 지키는 법, 있는 그대로 보기

1. S. Lebowitz, "자신의 관계에 관해 모두가 알고 싶어 하는 10가지 사실", 〈비즈니스 인사이더〉, 2017년 12월 13일, https://www.businessinsider.com/most-popular-google-searches-on-relationships-2017-12.

2. D. Brooks and G. Collins, "고등학교 졸업생들을 위한 조언", 〈뉴욕 타임스〉, 2009년 6월 10일, https://opinionator.blogs.nytimes.com/2009/06/10/advice-for-high-school-graduates.

3. R. Weissbourd et al., "강연: 청소년들의 건강한 관계를 권장하고 여성혐오 및 성희롱을 예방하기 위해 어른들이 할 수 있는 일", 하버드 대학교 교육 대학원, 돌봄 공동 프로젝트, 2017년, https://static1.squarespace.com/static/5b7c56e255b-02c683659fe43/t/5bd51a0324a69425bd 079b59/1540692500558/mcc_the_talk_final.pdf.

4. J. Holt-Lunstad et al., "사망 위험 인자로서의 외로움과 사회적 고립: 메타 분석 리뷰", 〈심리 과학 조망〉 10, no. 2 (2015): 227-237.

5. V. Murthy, "일과 외로움이라는 유행병", 〈하버드 비즈니스 리뷰〉, 2017년 9월, https://hbr.org/cover-story /2017/09/work-and-the-loneliness-epidemic.

6. W. J. Chopik and E. O'Brien, "당신이 행복하면 내가 건강하다? 상대가 행복한 것은 나의 건강과 무관하다", 〈건강 심리학〉 36, no. 1 (2017): 21-30.

7. E. J. Boothby et al., "함께할 때 세상은 더 아름다워 보인다: 타인과의 거리는 우리의 시각적 경험을 증진시킨다", 〈대인 관계〉 24 (2017): 694-714.

8. S. Schnall et al., "사회적 지지와 지리적 경사에 관한 인식", 〈실험 사회 심리학 저널〉 44, no. 5 (2008): 1246-1255.

9. G. Gigerenzer and R. Garcia-Retamero, "카산드라의 후회: 알고 싶지 않은 심리",

〈심리학 리뷰〉 124, no. 2 (2017): 179-196.

10. 관계 결정 웹사이트, 2020년 6월 3일에 접속, http://relationshipdecisions.org.

11. S. Joel, G. MacDonald, and E. Page-Gould, "남고 싶은 마음, 떠나고 싶은 마음: 관계에서 남거나 떠나는 의사 결정 과정의 내용과 구조 파헤치기", 〈사회심리 및 성격 과학〉 9, no. 6(2018년): 631-644.

0장 ✦ 관계를 망가뜨리는 10가지 잘못된 믿음

1. T. K. MacDonald and M. Ross, "관계 예측의 정확성 평가하기: 사랑에 빠진 이들의 예측은 제3자의 예측과 왜, 어떻게 다른가?", 〈성격 및 사회 심리학 게시판〉 25, no. 11 (1999): 1417-1429.

2. J. S. Lerner et al., "감정과 의사 결정", 〈연간 심리학 리뷰〉 66 (2015): 799-823.

3. S. Vazire and E. N. Carlson, "성격의 자기 이해: 사람들은 스스로에 대해 아는가?", 〈사회 및 성격 심리학 컴퍼스〉 4, no. 8 (2010): 605-620.

4. M. Csikszentmihalyi and T. J. Figurski, "자기 인식과 일상적인 회피 경험", 〈성격 저널〉 50, no. 1 (1982): 15-28. 240

5. 미국 노동국, 노동 통계청, "미국인들의 시간 사용에 관한 설문조사", 2016년 12월 20일에 마지막으로 변경, https://www.bls.gov/tus/charts/leisure.htm.

6. T. D. Wilson et al., "생각해보자: 고삐 풀린 마음의 문제", 〈사이언스지〉 345, no. 6192 (2014): 75-77.

7. L. K. Son and N. Kornell, "무지의 장점", 〈행동 과정〉 83, no. 2 (2010): 207-212.

8. D. A. Moore and P. J. Healy, "과신하는 태도의 문제", 〈심리학 리뷰〉 115, no. 2 (2008): 502-517.

9. D. Dunning et al., "사회적 예측에서의 과신 효과", 〈성격 및 사회 심리학 저널〉 58, no. 4 (1990): 568-581.

10. J. Kruger and D. Dunning, "서투르고 무지한: 나의 무지를 깨닫지 못할 때 어떻게 비대한 자기 평가가 이루어지는가", 〈성격 및 사회 심리학 저널〉 77, no. 6 (1999): 1121-1134.

11. R. J. Eidelson, "발전하는 관계에서의 제휴 보상과 제한 비용", 〈영국사회심리학저널〉 20, no. 3 (1981): 197-204.

12. J. A. Lavner, B. R. Karney, and T. N. Bradbury, "결혼 초기의 관계 문제: 안정 혹은 변화", 〈가족 심리학 저널〉 28 (2014): 979-985.

13. T. L. Huston et al., "결혼 생활이라는 시련의 장: 결혼의 기쁨과 고통, 이혼의 예측변수로서 신혼 초기", 〈성격 및 사회 심리학 저널〉 80 (2001): 237-252.

14. H. C. Williamson et al., "이혼을 초래하는 문제는 결혼 초부터 존재할까, 시간이 흐르면서 불거질까?", 〈사회 및 대인 관계 저널〉 33, no. 8 (2016): 11 2 0 - 11 3 4 .

15. P. Rozin and E. B. Royzman, "부정 편향, 부정성 지배, 전염", 〈성격 및 사회 심리학 리뷰〉 5, no. 4 (2001): 296-320.

16. D. E. Levari et al., "만연한 생각이 유도한 인간 판단력의 개념 변화", 〈사이언스지〉 360, no. 6396 (2018): 1465-1467.

1장 ✦ 남자와 여자는 애초에 달라

1. S. Sprecher and S. Metts, "'로맨틱한 믿음 척도' 개발과 성 및 성 역할 정체성이 미치는 영향 연구", 〈사회 및 대인 관계 저널〉 6, no. 4 (1989): 387-411.

2. M. A. Harrison and J. C. Shortall, "사랑에 빠진 남녀: 사랑한다고 먼저 말하는 사람은 누구일까?", 〈사회 심리학 저널〉 151, no. 6 (2011): 727-736.

3. Sprecher and Metts, "'로맨틱한 믿음 척도' 개발, 로맨틱한 믿음 척도의 전체 질문지는 피어슨 교육 웹사이트 참고", 2020년 6월 3일에 접속, http://wps.ablongman. com/ab_mcl_activities_1/57/14645 /3749274.cw/index.html.

4. D. Joel et al., "생식기 너머의 성: 인간 뇌 모자이크", 〈미국국립과학원회보〉 112, no. 50 (2015): 15468-15473.

5. J. S. Hyde, "성 유사성 가설", 〈미국 심리학자〉 60, no. 6 (2005): 581-592.

6. J. S. Hyde, "성 유사성 및 차이점", 〈연간 심리학 리뷰〉 65 (2014): 373-398.

7. E. Zell, Z. Krizan, and S. R. Teeter, "메타 합성을 이용한 성 유사성 및 차이성 평가", 〈미국 심리학자〉 70, no. 1 (2015): 10-20.

8. P. B. Perrin et al., "화성과 금성 정렬하기: 로맨틱한 관계에서의 사회 구조 및 성 차이 불확실성", 〈성 역할〉 64, nos. 9-10 (2011): 613-628.

9. J. L. Petersen and J. S. Hyde, "성별에 따른 성적 취향 차이 연구에 관한 메타 분석 리뷰", 〈심리학 게시판〉 136, no. 1 (2010): 21-38.

10. B. J. Carothers and H. T. Reis, "지구에서 온 남자와 여자: 성의 잠재 구조 연구", 〈성격 및 사회 심리학 저널〉 104, no. 2 (2013): 385-407. 242

11. Hyde, "성 유사성 및 차이점", Petersen and Hyde, "성 연구에 관한 메타 분석 리뷰"

12. C. A. Seavey, P. A. Katz, and S. R. Zalk, "X 아기: 신생아의 성 구분 표시가 성인의 반응에 미치는 영향", 〈성 역할: 연구 저널〉 1, no. 2 (1975): 103-109; L. S. Sidorowicz and G. S. Lunney, "다시 살펴본 X 아기", 〈성 역할: 연구 저널〉 6, no. 1 (1980): 67-73.

13. M. Stern and K. H. Karraker, "신생아의 성 고정관념화: 성 구분 표시 연구 리뷰", 〈성

역할: 연구 저널〉20, nos. 9-10 (1989): 501-522.

14. R. Nickerson, "확증 편향: 다양한 모습으로 나타나는 만연한 현상", 〈일반 심리학 리뷰〉2, no. 2 (1998): 175-220.

15. J. Gray, 《화성에서 온 남자, 금성에서 온 여자: 상대와의 의사소통 능력을 향상하고 관계에서 원하는 바를 얻을 수 있는 실질적인 지침서》 (뉴욕: 하퍼콜린스, 1992년).

16. J. M. Gottman et al., "신혼부부의 관계를 바탕으로 결혼 생활의 행복과 안정성 예측", 〈결혼 및 가족 테라피 저널〉60 (1998): 5-22.

17. J. A. Hall and M. Canterberry, "성차별주의와 단정적인 구애 전략", 〈성 역할〉65, nos. 11-12 (2011): 840-853.

18. S. T. Fiske and S. E. Taylor, 《사회 인지(Social Cognition)》, 2판(뉴욕: 맥그로-힐, 1991년)

19. J. A. Simpson and S. W. Gangestad, "사회적 성의 개인 차이: 수렴 및 변별 타당도의 증거", 〈성격 및 사회 심리학 저널〉60, no. 6 (1991): 870-883.

20. L. Penke and J. B. Asendorpf, "글로벌 사회적 성 지향 너머로: 사회적 성을 향한 보다 차별화된 관점과 구애 및 로맨틱한 관계에 미치는 영향", 〈성격 및 사회 심리학 저널〉95 (2008): 1113-1135.

21. 사회적 성 척도의 전체 질문지는 라스 펜케 웹사이트 참고, 2020년 6월 3일에 접속, http://www.larspenke.eu/research/soi-r.html.

22. D. A. Weiser et al., "마음에 듦: 사회적 성, 외도를 저지르려는 의향, 틴더에서의 외도 경험", 〈성격 및 개인 차이〉133 (2018): 29-33.

23. Petersen and Hyde, "성 연구에 관한 메타 분석 리뷰"

24. P. M. Todd et al., "각기 다른 인지 절차, 배우자 선택이나 선호의 바탕이 되다", 〈미국국립과학원회보〉104, no. 38 (2007): 15011-15016.

25. E. J. Finkel and P. W. Eastwick, "임의적인 사회 규범은 상대를 선택하는 과정의 성 차이에 영향을 미친다", 〈심리 과학〉20, no. 10 (2009): 1290-1295.

26. S. Sprecher, M. Schmeeckle, and D. Felmlee, "최소 관심 원칙: 로맨틱한 관계에서 이루어지는 불평등한 감정 소모", 〈가족 사안 저널〉27, no. 9 (2006): 1255-1280.

27. J. A. Hall and M. S. Mast, "여자는 남자보다 관계에 늘 민감한가? 목표의 영향과 목차 범위", 〈성격 및 사회 심리학 게시판〉34, no. 1 (2008): 144-155.

2장 ✦ 사랑은 아무 문제가 없어야 해

1. G. L. Flett, P. L. Hewitt, and S. S. Sherry, 《성격의 부작용: 사회, 성격, 임상 심리학의 과학 및 실행(The Dark Side of Personality: Science and Practice in Social,

Personality, and Clinical Psychology》에 나오는 "깊고 어둡고 역기능적인: 완벽주의가 대인 관계에 미치는 파괴적인 영향", V. Zeigler-Hill and D. K. Marcus 편집(워싱턴 DC: 미국 심리학 협회, 2016년), 211-229.

2. R. W. Hill, M. C. Zrull, and S. Turlington, "완벽주의와 대인 관계 문제", 〈성격 평가 저널〉 69, no. 1 (1997): 81-103.

3. A. Hoffmann, J. Stoeber, and J. Musch, "다차원적인 완벽주의와 선택 교배: 완벽한 데이트?", 〈성격 및 개인 차이〉 86 (2015): 94-100. 244.

4. A. Bruk, S. G. Scholl, and H. Bless, "취약함 전시 효과의 미덕: 나의 취약함과 상대의 취약함에 대한 서로 다른 잣대", 〈성격 및 사회 심리학 저널〉.

5. S. W. S. Lee and N. Schwarz, "사랑을 틀에 가두기: 상대가 운명의 짝이라는 생각이 해로운 이유", 〈실험 사회 심리학 저널〉 54 (2014): 61-67.

6. A. M. Grant and B. Schwartz, "좋은 것도 지나치면 좋지 않다: 뒤집힌 U의 문제와 기회", 〈심리 과학 조망〉 6, no. 1 (2011): 61-76.

7. L. F. Emery et al., "우리는 행복해 보이는가? 페이스북에 전시된 연인들의 관계에 대한 인식", 〈대인 관계〉 22, no. 1 (2015): 1-7.

8. L. F. Emery et al., "내가 사랑에 빠졌는지 당신은 알 수 있는가? 페이스북에 드러난 애착과 관계", 〈성격 및 사회 심리학 게시판〉 40, no. 11 (2014): 1466-1479.

9. J. Naftulin, "미셸 오바마와 버락 오바마, 결혼 상담사를 찾는다고 고백: 필요할 때 우리는 도움을 받는다.", 〈인사이더〉, 2018년 11월 12일, https://www.insider.com/michelle-obama-barack-obama-marriage-counseling-2018-11.

10. A. M. Parker, W. B. de Bruin, and B. Fischhoff, "맥시마이저 vs 새티스파이어: 의사 결정 유형, 능력, 결과", 〈판단 및 의사 결정〉 2, no. 6 (2007): 342-350.

11. B. Schwartz et al., "맥시마이징 vs. 새크리파이싱: 행복은 선택의 문제다", 〈성격 및 사회 심리학 저널〉 83 (2002): 1178-1197.

12. R. L. Shiner, "맥시마이저, 새크리파이어, 번복할 수 있거나 번복할 수 없는 결정에 관한 그들의 만족도와 선호도", 〈사회 심리학 및 성격 과학〉 6, no. 8 (2015): 896-903.

13. C. R. Knee, "관계의 암묵 이론: 로맨틱한 관계의 시작, 위기 대응, 수명 평가 및 예측", 〈성격 및 사회 심리학 저널〉 74, no. 2 (1998): 360-370. 245.

14. E. T. Higgins, "자기 불일치: 자아 및 영향 이론", 〈심리학 리뷰〉 94, no. 3 (1987): 319-340.

15. S. A. Vannier and L. F. O'Sullivan, "높은 기대: 투자 모델 구조를 이용한 충족되지 못한 로맨틱한 기대와 관계 연구", 〈사회 및 대인 관계 저널〉 35, no. 8 (2018): 1045-1066.

16. C. M. Thompson and A. L. Vangelisti, "로맨틱한 관계에서 개방성의 기준이 충족되지 못할 때 무슨 일이 일어날까?", 〈사회 및 대인 관계 저널〉 33, no. 3 (2016): 320-

343.

17. C. R. Knee et al., "관계의 암묵 이론: 이상형에 못 미치면 어때?", 〈성격 및 사회 심리
    학 게시판〉 27, no. 7 (2001): 808-819.

18. R. D. Heino, N. B. Ellison, and J. L. Gibbs, "관계 쇼핑: 온라인 데이트의 시장 비유
    연구", 〈사회 및 대인 관계 저널〉 27, no. 4 (2010): 427-447.

19. Schwartz et al., "맥시마이징 vs. 새크리파이싱".

20. 보다 구체적인 그림을 그리고 싶으면 연구진들이 사용하는 전체 질문지를 작성하기
    바란다. 해피스마트 프로젝트 웹사이트 참조, 2020년 6월 3일에 접속, https://www.
    happysmarts.com/scale /maximizer-satisfier-scale/.

21. M. J. Hornsey et al., "완벽한 세상에서는 얼마만큼이 충분할까? 행복, 기쁨, 자유, 건
    강, 자기존중, 수명, 지성의 이상적인 수준에 관한 문화적 차이", 〈심리학 과학〉 29,
    no. 9 (2018): 1393-1404.

22. Knee, "관계의 암묵 이론: 평가 및 예측."

23. D. J. Weigel, C. B. Lalasz, and D. A. Weiser, "관계 유지하기: 관계의 암묵 이론이
    지닌 역할과 상대 적합성", 〈의사소통 리포트〉 29, no. 1 (2016): 23-34.

24. R. A. Cobb et al., "관계의 암묵 이론과 친밀한 관계의 폭력성: 관계가 성장할 수 있
    다고 믿으면 폭력을 덜 행사하게 될까?", 〈성격 및 사회 심리학 게시판〉 39, no. 3
    (2013): 279-290. 246.

25. K. L. Carswell and E. J. Finkel, "마법을 되살릴 수 있을까? 열정이 시든다는 믿음이
    관계 몰입에 미치는 완충 효과", 〈성격 및 사회 심리학 저널〉 115, no. 6 (2018):
    1002-1033.

26. E. Aronson and J. Mills, "입단 시련이 그룹을 향한 애정에 미치는 영향", 〈비정상 및
    사회 심리학 저널〉 59 (1959): 177-181.

27. L. Festinger, 《인지 부조화(Cognitive Dissonance)》(캘리포니아 스탠퍼드, 스탠퍼
    드 대학교 편집부, 1957년).

28. K. Shafer, T. M. Jensen, and J. H. Larson, "관계 노력 및 결혼의 질을 연구한 행위
    자-상대자 모델", 〈가족 관계: 응용 가족 연구 학제간 저널〉 63, no. 5 (2014): 654-
    666.

29. L. Campbell et al., "신뢰, 관계 평가 변동성, 관계 절차", 〈성격 및 사회 심리 저널〉
    99, no. 1 (2010): 14-31.

30. S. W. Whitton and M. A. Whisman, "관계 만족도 불안정성과 우울", 〈가족 심리학
    저널〉 24 (2010): 791-794.

31. X. B. Arriaga, "관계의 기복: 이제 막 시작된 로맨틱한 관계의 만족도 변화", 〈성격 및
    사회 심리학 저널〉 80, no. 5 (2001): 754-765.

32. C. J. Totenhagen et al., "폭풍 후에 찾아오는 평화: 연인의 일일 변동성에 따른 관계

의 수명", 〈사회 및 대인 관계 저널〉 33, no. 6 (2016): 768-791.

33. B. G. Ogolsky, C. A. Surra, and J. K. Monk, "결혼에 전념하는 길: 로맨틱한 관계의 발전 및 해체", 〈결혼 및 가족 저널〉 78, no. 2 (2016): 293-310.

3장 ✦ 괜찮은 얼굴이 아니면 끌리지 않아

1. I. Aharon et al., "아름다운 얼굴은 다양한 보상 가치가 있다: fMRI과 행동 증거", 〈신경〉 32 (2001): 537-551.

2. J. K. McNulty, L. A. Neff, and B. R. Karney, "처음의 끌림 너머로: 신혼부부의 외모", 〈가족 심리학 저널〉 22 (2008): 135-143.

3. C. Ma-Kellams, M. C. Wang, and H. Cardiel, "외모와 관계의 수명: 아름다움이 좋은 것만은 아니다", 〈대인 관계〉 24, no. 1 (2017): 146-161.

4. D. H. Felmlee, "치명적인 매력: 친밀한 관계의 애정과 불만", 〈사회 및 대인 관계 저널〉 12, no. 2 (1995): 295-311.

5. L. R. Ramsey, J. A. Marotta, and T. Hoyt, "성애화되고 대상화되지만 만족하지 못하는: 성애화를 즐길 경우 상대-대상화로 인해 관계 만족도가 낮아진다", 〈사회 및 대인 관계 저널〉 34, no. 2 (2017): 258-278.

6. K. Dion, E. Berscheid, and E. Walster, "아름다운 것이 좋다", 〈성격 및 사회 심리학〉 24, no. 3 (1972): 285-290.

7. A. Feingold, "우리는 외모에 대해 오해하고 있다", 〈심리학 게시판〉 111, no. 2 (1992): 304-341.

8. E. J. Lemay, M. S. Clark, and A. Greenberg, "아름다운 것이 좋은 이유는 우리가 아름다운 것을 바라기 때문이다: 대인 관계 목표 투영으로서의 외모 고정관념화", 〈성격 및 사회 심리학 게시판〉 36, no. 3 (2010): 339-353.

9. E. E. Bruch and M. E. J. Newman, "온라인 데이트 시장에서 나보다 나은 짝 찾기", 〈과학 발전〉 4, no. 8 (2018), eaap9815.

10. V. Swami et al., "긍정적인 환상의 부작용? 사랑에 빠지면 눈이 먼다는 편견과 질투 경험의 상관관계", 〈성격 및 개인 차이〉 53, no. 6 (2012): 796-800.

11. J. R. Oltmanns, P. M. Markey, and J. E. French, "연인 사이의 외모 차이와 상대를 지키기 위한 행동", 〈사회 및 대인 관계 저널〉 34, no. 4 (2017): 565-577. 248.

12. M. A. Fugère, A. J. Cousins, and S. MacLaren, "외모의 (부)조화와 상대를 향한 여성의 전념 부족", 〈성격 및 개인 차이〉 87 (2015): 190-195.

13. T. Reynolds and A. L. Meltzer, "외모와 다이어트 동기 및 행동의 상관관계를 더 잘 이해하기 위해 이원적 관점 채택", 〈신체 이미지〉 22 (2017): 48-52.

14. M. A. Fugère et al., "상대를 고를 때 여성 본인과 어머니가 외모에 부여하는 중요도", 〈진화 심리 과학〉 3 (2017): 243-252.

15. Felmlee, "치명적인 매력".

16. P. K. Jonason, M. Lyons, and A. Blanchard, "유유상종: 어둠의 3요소와 배우자 선택", 〈성격 및 개인 차이〉 78 (2015): 34-38.

17. P. K. Jonason and G. D. Webster, "더티 더즌: 어둠의 3요소를 측정하는 간단한 방법", 〈심리학 평가〉 22 (2010): 420-432. 전체 질문지가 궁금하면 다음 사이트를 참고하기 바란다. 오픈 심리측정학 프로젝트, 2020년 6월 3일에 접속, https:// open-psychometrics.org/tests/SD3/.

18. W. K. Campbell and S. M. Campbell, "나르시시즘만의 이점과 대가가 낳은 자기 규제 역학에 관하여: 문맥 강화 모델과 리더십 연구, 〈자아 및 정체성〉 8 (2009): 214-232.

19. S. N. Wurst et al., "나르시시즘과 로맨틱한 관계: 나르시스트를 향한 감탄과 경쟁이 미치는 각기 다른 영향", 〈성격 및 사회 심리학 저널〉 112, no. 2 (2017): 280-306.

20. D. N. Jones and D. A. Weiser, "어둠의 3요소의 각기 다른 외도 패턴", 〈성격 및 개인 차이〉 57 (2014): 20-24.

21. G. Brewer et al., "어둠의 3요소의 특징, 외도, 로맨틱한 복수", 〈성격 및 개인 차이〉 83 (2015): 122-127. 249.

22. S. I. Rick, D. A. Small, and E. J. Finkel, "치명적인 (재정) 매력: 쇼핑광과 구두쇠 부부", 〈마케팅 연구 저널〉 48, no. 2 (2011): 228-237.

23. S. M. Kalick and T. E. Hamilton, "매칭 가설 재검토", 〈성격 및 사회 심리학 저널〉 51, no. 4 (1986): 673-682.

24. Fugère et al., "외모의 (부)조화".

25. A. Feingold, "로맨틱한 상대와 동성 친구의 매력도 일치: 메타 합성과 이론 비평", 〈심리학 게시판〉 104, no. 2 (1988): 226-235.

26. McNulty et al., "초기 매력 너머로".

27. A. L. Meltzer et al., "상대의 외모가 결혼 만족도 궤적에 미치는 영향에서 보이는 성차이", 〈성격 및 사회 심리학 저널〉 106, no. 3 (2014): 418-428.

28. A. L. Meltzer et al., "아내가 남편보다 날씬할 때 결혼생활이 더 만족스럽다", 〈사회 심리학 및 성격 과학〉 2 (2011): 416-424.

29. L. L. Hunt, P. W. Eastwick, and E. J. Finkel, "공평한 경쟁의 장: 알고 지낸 기간이 길수록 상대의 외모는 중요하지 않다", 〈심리학 과학〉 26 (2015): 1046 -1053.

30. G. J. Lewandowski, A. Aron, and J. Gee, "성격이 중요하다: 이성의 외모를 향한 평가의 유연성", 〈대인 관계〉 14, no. 4 (2007): 571-585.

31. V. Swami et al., "피상적인 외모가 다가 아니다? 성격 정보는 남성이 여성의 몸매 매력도를 평가하는 데 영향을 미친다.", 〈사회 심리학 저널〉 150, no. 6 (2010): 628-

647.

32. M. D. Botwin, D. M. Buss, and T. K. Shackelford, "성격 및 배우자 선호도: 배우자 선택과 결혼 만족도에 영향을 미치는 다섯 가지 요소", 〈성격 저널〉65, no. 1 (1997): 107-136.

33. R. M. Montoya, R. S. Horton, and J. Kirchner, "매력을 느끼려면 서로 비슷해야 할까? 실질적인 유사성과 인지된 유사성의 메타 분석", 〈사회 및 대인 관계 저널〉25, no. 6 (2008): 889-922.

34. E. C. Klohnen and S. Luo, "대인 관계의 매력과 성격: 자아 유사성, 이상적인 유사성, 상보성 혹은 애착 안정성 중 무엇이 매력적인가?", 〈성격 및 사회 심리학 저널〉85, no. 4 (2003): 709-722.

35. S. L. Murray, J. G. Holmes, and D. W. Griffin, "로맨틱한 관계에서 긍정적인 환상의 자기 충족적인 성격: 사랑은 눈을 멀게 하는 게 아니라 앞을 내다보게 한다", 〈성격 및 사회 심리학 저널〉71, no. 6 (1996): 1155-1180.

36. D. H. Barelds and P. Dijkstra, "상대의 외모와 관계의 질에 관한 긍정적인 환상", 〈대인 관계〉16, no. 2 (2009): 263-283.

37. D. P. H. Barelds and P. Dijkstra, "상대의 성격과 관계의 질에 관한 긍정적인 환상", 〈성격 연구 저널〉45, no. 1 (2011): 37-43.

38. P. J. E. Miller, S. Niehuis, and T. L. Huston, "결혼 관계의 긍정적인 환상: 13년에 걸친 종적 연구", 〈성격 및 사회 심리학 게시판〉32, no. 12 (2006): 1579-1594.

39. D. Carnegie, 《카네기 인간론》(뉴욕: 사이먼 앤 슈스터, 1936).

4장 ✦ 사랑이란 신체적 끌림이야

1. K. Driesmans, L. Vandenbosch, and S. Eggermont, "진실한 사랑은 영원하다: 인기 있는 10대 영화가 벨기에 소녀들의 로맨틱한 믿음에 미치는 영향", 〈아동 및 미디어 저널〉10, no. 3 (2016): 304-320.

2. A. Aron et al., "초기의 강렬한 사랑과 관련된 보상, 동기, 감정 체계", 〈신경생리학 저널〉94, no. 1 (2005): 327-337; A. Bartels and S. Zeki, "로맨틱한 사랑의 신경 기저", 〈신경학 보고: 신경과학 연구의 빠른 의사소통을 위해〉11, no. 17 (2000): 3829-3834. 251.

3. E. Emanuele et al., "혈장 신경 성장 인자 수치 증가는 초반의 로맨틱한 사랑과 관련 있다", 〈정신신경내분비학〉20 (2005): 1-7.

4. P. C. Regan, 《인간관계 백과사전(Encyclopedia of Human Relationships)》중 "동반자적 사랑과 열정적인 사랑", H. T. Reis and S. Sprecher 편집(캘리포니아, 사우전

드 오크스: 세이지 출판사, 2009년), 1007-1011.

5. E. Hatfield and S. Sprecher, "친밀한 관계에서 열정적인 사랑 측정하기", 〈청년기 저널〉 9, no. 4 (1986): 383 - 410.

6. Regan, "동반자적 사랑과 열정적인 사랑"

7. D. G. Blanchflower and A. J. Oswald, "돈, 성관계, 행복: 실증 연구", 〈스칸디나비아 경제학 저널〉 106 (2004): 393-415.

8. J. M. Twenge, R. A. Sherman, and B. E. Wells, "1989년에서 2014년 사이 미국 성인의 성관계 횟수 감수", 〈성적 행동 아카이브〉 46 (2017): 2389-2401.

9. L. Smith LeBeau and J. T. Buckingham, "관계의 사회적 비교 성향, 불안정성, 인지된 관계 질", 〈사회 및 대인 관계 저널〉 25 (2008): 71-86.

10. A. L. Meltzer et al., "성관계 여운 측량: 성관계의 지속적인 혜택과 커플의 관계에 미치는 영향", 〈심리학 과학〉 28, no. 5 (2017): 587-598.

11. E. A. Schoenfeld et al., "성관계는 정말로 중요할까? 배우자의 비성적 행동, 성관계 횟수, 성관계 만족도, 결혼 만족도의 관계 연구", 〈성적 행동 아카이브〉 46, no. 2 (2017): 489-501.

12. J. K. McNulty, C. A. Wenner, and T. D. Fisher, "결혼 초기의 관계 만족도, 성 만족도, 성관계 횟수의 종적 관계", 〈성적 행동 아카이브〉 45, no. 1 (2016): 85-97.

13. E. A. Schoenfeld, C. A. Bredow, and T. L. Huston, "결혼에서 남자와 여자의 사랑은 다른 양상을 보일까?, 〈성격 및 사회 심리학 게시판〉 38 (2012): 1396-1409.

14. Schoenfeld et al., "성관계는 정말로 중요할까?", McNulty et al., "관계 만족도의 종적 상관관계"

15. G. Loewenstein et al., "성관계를 자주하면 행복할까?", 〈경제 행동 및 조직 저널〉 116 (2015): 206-218.

16. D. A. Donnelly and E. O. Burgess, "본의 아니게 성관계를 하지 않는 관계로 남겠다는 결정", 〈결혼 및 가족 저널〉 70, no. 2 (2008): 519-535.

17. A. Muise, U. Schimmack, and E. A. Impett, "성관계 횟수는 웰빙과 관련 있지만 자주 한다고 무조건 좋은 것은 아니다", 〈사회 심리학 및 성격 과학〉 7, no. 4 (2016): 295-302.

18. 성 건강 및 관계 연구소, 2020년 6월 3일에 접속, http://www.amymuise.com.

19. J. A. Maxwell et al., "성생활 암묵 이론이 성 웰빙과 관계 웰빙에 미치는 영향", 〈성격 및 사회 심리학 저널〉 112, no. 2 (2017): 238-279.

20. B. J. Gillespie, "나이든 부부의 성 횟수와 성 만족도 간의 상관관계", 〈성관계와 결혼 테라피 저널〉 43, no. 5 (2017): 403-423.

21. Schoenfeld et al., "성관계는 정말로 중요할까?"

22. A. Ben-Ari and Y. Lavee, "결혼의 이원적 친밀감: 내부 이야기에서 개념 모델에 이

르기까지", 〈사회 및 대인 관계 저널〉 24, no. 5 (2007): 627-644.

23. S. J. Matthews et al., "지루한 침실에 맞서기: 관계의 성 참신도를 측정하는 간략한 방법 개발과 검증", 〈캐나다 인간 성생활 저널〉 27, no. 3 (2018): 277-287.

24. S. Sprecher and S. Metts, "'로맨틱한 믿음 척도' 개발과 성 및 성 역할 정체성의 영향 연구", 〈사회 및 대인 관계 저널〉 6, no. 4 (1989): 387-411.

25. F. Zsok et al., "첫눈에 반하는 사랑은 어떠한 사랑일까? 실증 조사", 〈대인 관계〉 24, no. 4 (2017): 869-885. 253.

26. K. M. Welker et al., "자아 개방과 서로를 향한 관심이 열정적인 사랑에 미치는 영향", 〈대인 관계〉 21, no. 4 (2014): 692-708.

27. N. K. Grote and I. H. Frieze, "친밀한 관계에서의 동반자적 사랑 측정", 〈대인 관계〉 1, no. 3 (1994): 275-300.

28. G. W. Lewandowski Jr., "사랑하는 상대가 최고의 친구가 되어야 하는 이유", 더 컨버세이션, 2017년 2월 11일, https://theconversation .com/why-you-should-date-your-best-friend-72784.

29. V. L. Sheets, "삶의 열정: 평생에 걸친 자기 확장과 열정적인 사랑", 〈사회 및 대인 관계 저널〉 31, no. 7 (2014): 958-974; M. L. Hecht, P. J. Marston, and L. K. Larkey, "이성 관계에서 사랑하는 방법과 관계의 질", 〈사회 및 대인 관계 저널〉 11, no. 1 (1994): 25-43.

30. Grote and Frieze, "동반자적 사랑의 측정".

31. J. Lauer and R. Lauer, "오래 가는 결혼", 〈오늘의 심리〉 85 (1985): 22-26.

32. S. Sprecher and P. C. Regan, "연애 중이거나 결혼한 젊은 커플의 열정적인 사랑과 동반자적인 사랑", 〈사회과학 심리〉 62 (1998): 163-185.

33. L. E. VanderDrift, J. E. Wilson, and C. R. Agnew, "연애 중인 상대와 친구가 되는 것의 장점에 관하여", 〈사회 및 대인 관계 저널〉 30, no. 1 (2013): 115-131.

5장 ✦ 그가 나를 사랑한다면 바뀔 거야

1. A. Aron, M. Paris, and E. N. Aron, "사랑에 빠지다: 자기 개념 변화에 관한 전향 연구", 〈성격 및 사회 심리학 저널〉 69, no. 6 (1995): 1102-1112.

2. B. A. Mattingly, G. W. Lewandowski Jr., and K. P. McIntyre, "당신은 나를 더 괜찮은/괜찮지 않은 사람으로 만든다: 관계의 자기 변화 2차원 모델", 〈대인 관계〉 21 (2014): 176 -190.

3. K. P. McIntyre, B. A. Mattingly, and G. W. Lewandowski Jr., "'우리'가 '나'를 바꿀 때: 관계적 자기 변화와 관계 결과의 2차원 모델", 〈사회 및 대인 관계 저널〉 32

(2015): 857-878.

4. E. B. Slotter and L. Kolarova, "진짜 나를 바라보기: 즉흥적인 자기 확장에서 자존감의 역할", 〈사회 심리학과 성격 과학〉, 2019년.

5. L. J. Human et al., "변화는 나쁘가? 성격 변화는 중년기의 심리 건강 및 신진대사 장애와 관련 있다", 〈성격 저널〉 81, no. 3 (2013): 249-260.

6. S. N. Hira and N. C. Overall, "친밀한 관계 개선하기: 상대에게 주목하기 vs. 나를 바꾸기", 〈사회 및 대인 관계〉 28, no. 5 (2011): 610-633.

7. S. D. Jayamaha, C. Antonellis, and N. C. Overall, "애착 불안 및 로맨틱한 상대를 원하는 방향으로 바꾸기 위해 죄책감 유도하기", 〈대인 관계〉 23, no. 2 (2016): 311-338.

8. N. C. Overall et al., "애착 불안과 관계 위협에 대한 반응: 로맨틱한 상대에게 죄책감을 유도할 때 얻게 되는 혜택과 대가", 〈성격 및 사회 심리학 저널〉 106 (2014): 235-256.

9. Y. Kanat-Maymon, Y. Argaman, and G. Roth, "조건적 관심과 관계 질의 상관관계: 일지연구", 〈대인 관계〉 24, no. 1 (2017): 27-35.

10. J. S. Gore and S. E. Cross, "자기 개념 변화 규정 및 측정", 〈심리학 연구〉 56, no. 1 (2011): 135-141; E. B. Slotter and W. L. Gardner, "당신을 바라는 마음은 나를 어떻게 바꾸는가: 애착 불안이 로맨틱한 관계에서의 자기 개념 유연성에 미치는 영향", 〈자아 및 정체성〉 11, no. 3 (2012): 386-408. 255.

11. P. R. Pietromonaco and L. A. Beck, "성인들의 로맨틱한 관계에서의 애착 절차", 〈성격 및 사회 심리학 APA 핸드북〉, 3권, 〈대인 관계〉, M. Mikulincer et al 편집. (워싱턴, DC: 미국 심리학 협회, 2015년), 33-64.

12. R. Cuperman, R. L. Robinson, and W. Ickes, "자아감이 약한 개인의 자기 이미지 유연성에 관하여", 〈자아 및 정체성〉 13, no. 1 (2014): 1-23.

13. G. W. Lewandowski Jr., N. Nardone, and A. J. Raines, "관계의 질에서 자기 개념 명확성의 역할", 〈자아 및 정체성〉 9, no. 4 (2010): 416-433.

14. M. Parise et al., "이원 수준에서의 자기 개념 명확성과 관계 만족도", 〈대인 관계〉, 2019년.

15. J. D. Campbell et al., "자기 개념 명확성: 측정방법, 성격 상관관계, 문화적 경계", 〈성격 및 사회 심리학 저널〉 70, no. 1 (1996): 141-156.

16. B. W. Roberts and W. F. DelVecchio, "어린이에서 성인에 이르기까지 성격 특징의 순위 일관성: 종적 연구의 정량 평가", 〈심리학 게시판〉 126, no. 1 (2000): 3-25.

17. J. S. Reiff, H. E. Hershfield, and J. Quoidbach, "시간의 흐름에 따른 정체성: 자신의 성격이 크게 바뀌지 않을 거라 생각하는 이들은 10년 후 웰빙 지수가 높다", 〈사회 심리학 및 성격 과학〉, 2019년.

18. E. J. Finkel,《괜찮은 결혼: 최고의 결혼은 어떠한 모습일까(The All or Nothing Marriage: How the Best Marriages Work)》(뉴욕: 더턴, 2017년).

19. N. W. Hudson and B. W. Roberts, "성격 특성 바꾸기 목표: 성격 특성, 일상 행동, 스스로를 바꾸겠다는 목표 간의 동시적 관계",〈성격 연구 저널〉53 (2014): 68-83.

20. L. F. Emery et al., "당신은 바뀌었다: 자기 개념 명확성이 낮을수록 상대의 변화를 덜 응원한다",〈성격 및 사회 심리학 게시판〉44, no. 3 (2018): 318-331.

21. N. C. Overall, G. J. O. Fletcher, and J. A. Simpson, "서로의 성장을 돕다: 로맨틱한 상대의 응원, 자기 개선, 관계의 질",〈성격 및 사회 심리학 게시판〉36 (2010): 1496-1513.

22. N.Parker, "대리석 속의 천사," 미디엄 닷 컴, 2013년 7월 8일, https://medium.com/@nilsaparker/the-angel-in-the-marble-f 7aa43f333dc.

23. S. M. Drigotas et al., "이상적인 자아 조각가로서의 친밀한 상대: 행동 확언과 미켈란젤로 효과",〈성격 및 사회 심리학 저널〉77, no. 2 (1999): 293 -323.

24. S. M. Drigotas, "미켈란젤로 효과와 개인적인 웰빙",〈성격 저널〉70, no. 1 (2002): 59-77.

25. J. H. Buhler et al., "미켈란젤로 효과는 나이가 들수록 중요할까? 미켈란젤로 효과에 관한 전 생애적 관점",〈사회 및 대인 관계 저널〉36 (2018): 1392-1412.

26. N. W. Hudson and R. C. Fraley, "의지적 성격 특성 변화: 우리는 나의 성격 특성을 바꾸겠다고 선택할 수 있을까?",〈성격 및 사회 심리학 저널〉109, no. 3 (2015): 4 9 0-5 0 7.

27. A. Cloutier and J. Peetz, "사람들은 바뀐다: 변화를 향한 기대와 로맨틱한 관계 질의 상관관계",〈사회 및 대인 관계 저널〉34 (2017): 676-698.

28. V. Young, M. Curran, and C. Totenhagen, "일지 연구: 긍정적인 관계 특징을 이해하기 위해 관계와 관계의 불확실성 바꾸기",〈사회 및 대인 관계 저널〉30, no. 1 (2013): 132-148.

29. E. Hatfield,《소규모 그룹과 사회 교류(Small Groups and Social Interaction)》중 "공정성 이론과 연구: 개요", 2권, H. H. Blumberg et al. 편집(영국 치체스터: 윌리, 1983년), 401-412.

30. J. Traupmann et al., "친밀한 관계의 평등성 측정하기",〈응용 심리학 측정〉5 (1981): 467-480.

31. A. DeMaris, "오래가는 결혼생활에서 결혼 평등성의 20년 궤적: 평등성은 중요할까?",〈사회 및 대인 관계 저널〉27, no. 4 (2010): 449-471.

32. D. Bellani, G. E. Andersen, and L. Pessin, "결혼 안정성에서 평등성이 중요할 때: 독일과 미국 부부 비교",〈대인 및 사회 관계 저널〉35 (2018): 1273 -1298.

33. J. Quittschalle and P. Y. Herzberg, "남성은 두 배나 이득이 있다-평등성이 커플의

애정 및 신체 매력에 미치는 영향", 〈대인 관계〉 24, no. 3 (2017): 513-533.

34. M. Ross and F. Sicoly, "가능성과 귀속성의 자기중심 편향", 〈성격 및 사회 심리학 저널〉 37, no. 3 (1979): 322-336.

35. D. Schneider, "시장 수익과 가사일: 성별 실적 이론이라는 새로운 시험", 〈결혼 및 가족 저널〉 73 (2011): 845-860.

36. 미시간 대학교, "남편은 정확히 얼마나 많은 가사일을 수행하는가?", 〈사이언스데일리〉, 2008년 4월 8일, www.sciencedaily.com/releases/2008/04/080403191009.htm.

37. Z. Ravanera, R. Beaujot, and J. Liu, "수입과 보살핌 모델: 노동 분담의 결정 요인", 〈캐나다 사회심리학 리뷰〉 46, no. 4 (2009): 319-337.

38. J. H. van Hooff, "전통적인 성 역할에 바탕한 가사일 분담에 대한 이성 커플의 설명과 합리화", 〈성 연구 저널〉 20, no. 1 (2011): 19-30.

39. T. Leopold, "가사일 만족도에 관한 엇갈리는 트렌드: 여성은 낮아지고 남성은 높아지다", 〈결혼 및 가족 저널〉 (2018년).

6장 ✦ 이기적으로 구는 건 잘못된 거야

1. P. A. M. Van Lange et al., "친밀한 관계에서 희생하려는 의지", 〈성격 및 사회 심리학 저널〉 72 (1997): 1373-1395.

2. E. A. Impett, S. L. Gable, and L. A. Peplau, "포기하고 내어주기: 친밀한 관계에서 이루어지는 일상적인 희생의 대가와 혜택", 〈성격 및 사회 심리학 저널〉 89 (2005): 327-344.

3. E. Impett, A. Muise, and C. Harasymchuk, "침실에서 희생하기: 일상에서 상대의 성적 욕망에 순응할 때 얻게 되는 대가와 이득", 〈사회 및 대인 관계 저널〉 36 (2019): 2455-2473.

4. C. J. Totenhagen et al., "좋은 날, 안 좋은 날: 희생은 관계의 질을 높이는가?", 〈사회 및 대인 관계 저널〉 30, no. 7 (2013): 881-900.

5. M. L. Visserman et al., "나? 우리? 자기 제어는 개인 문제와 관계 문제 간의 건강한 균형을 촉진한다", 〈사회 심리학 및 성격 과학〉 8 (2017): 55 - 65.

6. E. A. Impett et al., "억제는 희생을 오염시킨다: 로맨틱한 관계에서 감정을 억누를 때 발생하는 감정적, 관계적 비용", 〈성격 및 사회 심리학 게시판〉 38, no. 6 (2012): 707-720.

7. Impett et al., "포기하고 내어주기".

8. D. C. Jack and D. Dill, "자기 침묵하기 척도: 여성들의 우울증과 친밀감 관계 개요",

〈여성 심리 계간지〉 16, no. 1 (1992): 97-106.

9. M. S. Harper and D. P. Welsh, "입 다물기: 청소년 커플의 침묵하기와 관계 및 개인 기능과의 관계", 〈사회 및 대인 관계 저널〉 24, no. 1 (2007): 99-116.

10. V. E. Whiffen, M. L. Foot, and J. M. Thompson, "자기 침묵은 결혼의 갈등과 우울 간의 연결고리를 약화시킨다", 〈사회 및 대인 관계 저널〉 24, no. 6 (2007): 993 -1006.

11. B. A. Mattingly, K. P. McIntyre, and G. W. Lewandowski Jr., eds., 《대인관계와 자기 개념 변화(Interpersonal Relationships and Self-Concept Change)》 (스위스 참: 스프린저 출판사, 2020년)

12. A. Aron et al., 《친밀한 관계 옥스퍼드 핸드북(Oxford Handbooks of Close Relationships)》 중 "친밀한 관계의 동기 부여 및 인지를 다룬 자기 확장 모델", J. A. Simpson and L. Campbell 편집 (뉴욕: 옥스퍼드 대학교 편집부 2013년), 90-115.

13. A. Muise et al., "시야 넓히기: 자기 확장 활동은 단단한 관계의 욕망과 만족도를 높여준다", 〈성격 및 사회 심리학 저널〉 116, no. 2 (2019): 237-258.

14. L. E. VanderDrift, G. W. Lewandowski Jr., and C. R. Agnew, "현재 관계의 자기 확장 부족과 다른 관계를 향한 관심", 〈사회 및 대인 관계 저널〉 28 (2011): 356-373.

15. G. W. Lewandowski Jr. and R. A. Ackerman, "무언가 부족하다: 외도 취약성의 예측변수로서의 충만함과 자기 확장 필요", 〈사회 심리학 저널〉 146 (2006): 389-403.

16. B. A. Mattingly et al., "관계 및 자기 확장 암묵 이론: 관계 기능에 미치는 함의", 〈사회 및 대인 관계 저널〉 36 (2018): 1579-1599.

17. S. Sinek, "충만함과 행복은 어떻게 다를까?", 링크드인, 2017년 9월 2일, 2019년 5월 30일에 접속, https://www.linkedin.com/pulse/whats-difference -between-fulfillment-happiness-simon-sinek/.

18. R. F. Baumeister et al., "행복한 삶과 의미 있는 삶의 주요 차이점", 〈긍정 심리학 저널〉 8, no. 6 (2013): 505-516.

19. S. Dubner, "코브라 효과", 〈프리코노믹스〉, 에피소드 96, 2012년 10월 11일, http://freakonomics.com/podcast/the-cobra-effect-a -new-freakonomics-radio-podcast/.

20. B. Q. Ford et al., "부정적인 감정과 생각 수용하기의 심리학적 혜택: 실험실, 일상, 종적 증거", 〈성격 및 사회 심리학 저널〉 115, no. 6 (2018): 1075-1092.

21. J. R. Ferrari and D. M. Tice, "남녀의 자기불구화로서의 미루기: 실험실 환경에서의 과제 회피 전략", 〈성격 연구 저널〉 34, no. 1 (2000): 73-83.

22. K. R. Von Culin, E. Tsukayama, and A. L. Duckworth, "투지 분석하기: 장기 목표에서 인내와 열정의 동기부여적 연관성", 〈긍정 심리학 저널〉 9, no. 4 (2014): 306-312.

23. L. F. Emery, C. Walsh, and E. B. Slotter, "내가 누구인지 알고 더하기: 자기 개념 명확성이 낮을 때 자기 확장이 이루어질 확률이 낮다", 〈사회 심리 및 성격 과학〉 6,no. 3 (2015): 259-266.

24. F. Righetti and E. Impett, "친밀한 관계에서의 희생: 동기, 감정, 관계 결과", 〈사회 및 성격 심리학 컴퍼스〉 11, no. 10 (2017).

25. H. C. Fivecoat et al., "배우자의 자기 확장 기회 응원: 오래된 커플의 관계 만족도에 미치는 영향", 〈사회 및 대인 관계 저널〉 32, no. 3 (2015): 368-385.

26. C. Harasymchuk et al., "관계에 흥미 더하기?: 상대적 지루함이 공통된 활동에 미치는 영향", 〈사회 및 대인 관계 저널〉 34, no. 6 (2017): 833-854.

27. A. Aron et al., 《친밀한 관계 옥스퍼드 핸드북(Oxford Handbooks of Close Relationships)》 중 "친밀한 관계의 동기 부여 및 인지를 다룬 자기 확장 모델", J. A. Simpson and L. Campbell 편집(뉴욕: 옥스퍼드 대학교 편집부 2013년), 90-115.

28. C. J. Carpenter and E. L. Spottswood, "자기 확장 모델을 이용한 SNS에서의 로맨틱한 관계 점검", 〈컴퓨터와 인간 행동〉 29, no. 4 (2013): 1531-1537.

29. A. Muise et al., "시야 넓히기: 자기 확장 활동은 단단한 관계의 욕망과 만족도를 높여준다", 〈성격 및 사회 심리학 저널〉 116, no. 2 (2019): 237-258.

30. K. K. Melton, M. Larson, and M. L. Boccia, "가족 경험 구조 생태학을 이용한 커플 레크리에이션 및 옥시토신 연구", 〈결혼 및 가족 저널〉 81 (2019): 771-782.

7장 ✦ 1분 1초도 아까울 만큼 곁에 있어야 해

1. D. M. Frost and C. Forrester, "로맨틱한 관계에서의 친밀감 차이: 상대적 웰빙, 안정성, 정신 건강에 미치는 영향", 〈성격 및 사회 심리학 게시판〉 39, no. 4 (2013): 456-469.

2. C. Hazan and P. Shaver, "애착 과정으로 개념화된 로맨틱한 사랑", 〈성격 및 사회 심리학 저널〉 52, no. 3 (1987): 511-524.

3. P. K. Jonason et al., "관계의 걸림돌: 사람들이 잠정적인 상대에게 바라지 않는 특징", 〈성격 및 사회 심리학 게시판〉 41, no. 12 (2015): 1697-1711.

4. M. Mikulincer and P. R. Shaver, "사회적 응원에 관한 애착 및 행동 구조 관점", 〈사회 및 대인 관계 저널〉 26 (2009): 7-19.

5. S. E. Stanton and L. Campbell, "당신 생각에서 벗어날 수 없다: 애착 불안이 심한 사람들에게 관계 고찰은 인지 부하를 낳는다", 〈사회 및 대인 관계 저널〉 32, no. 4 (2015): 441-455.

6. A. N. Cooper et al., "일상적인 관계의 질 변화: 애착과 성의 역할", 〈사회 및 대인 관

계 저널〉 35, no. 3 (2018): 348-371.

7. C. Chang, "양면적인 페이스북 사용자: 애착 불안 성향과 목표 인지", 〈사회 및 대인 관계 저널〉 36 (2019): 2528-2548.

8. L. F. Emery et al., "내가 관계를 맺고 있다는 걸 알겠는가? 페이스북에 전시된 애착과 관계", 〈성격 및 사회 심리학 게시판〉 40, no. 11 (2014): 1466-1479.

9. T. C. Marshall et al., "페이스북과 관련된 질투의 예측인자로서의 애착 성향과 로맨틱한 관계에서의 감시", 〈대인 관계〉 20, no. 1 (2013): 1-22.

10. C. R. Harris and R. S. Darby, 《질투 핸드북: 이론, 연구, 학제적 접근(Handbook of Jealousy: Theory, Research, and Multidisciplinary Approaches)》 중 "성인의 질투", S. L. Hart and M. Legerstee 편집 (뉴저지, 호보켄: 윌리-블랙웰, 2010년), 547-571.

11. R. Wegner et al., "애착, 관계 의사소통 성향, 로맨틱한 관계에서의 질투 유발 기술 사용", 〈성격 및 개인 차이〉 129 (2018): 6 -11.

12. T. J. Wade and A. B. Weinstein, "질투 유발: 어떠한 전략이 가장 효과적으로 받아들여지는가?", 〈사회, 진화, 문화 심리학 저널〉 5, no. 4 (2011): 231-238.

13. A. A. Fleischmann et al., "괴물 간지럽히기: 관계에서 질투 유발하기", 〈사회 및 대인 관계 저널〉 22, no. 1 (2005): 49-73.

14. D. M. Buss, 《위험한 열정: 사랑과 성관계만큼 질투가 필요한 이유(The Dangerous Passion: Why Jealousy Is As Necessary As Love and Sex)》(뉴욕: 프리 프레스, 2000년).

15. C. Dandurand and M. F. Lafontaine, "질투와 커플 만족도: 로맨틱한 애착 관점", 〈결혼 및 가족 리뷰〉 50, no. 2 (2014): 154-173.

16. R. A. Elphinston et al., "로맨틱한 질투 및 관계 만족: 심사숙고의 대가", 〈서양 의사소통 저널〉 77, no. 3 (2013): 293-304.

17. E. Berscheid, M. Snyder, and A. M. Omoto, "관계 친밀감 목록: 대인 관계의 친밀감 평가", 〈성격 및 사회 심리학 저널〉 57, no. 5 (1989): 792-807.

18. D. J. Mashek, A. Aron, and M. Boncimino, "자신을 가까운 이들을 혼동하기", 〈성격 및 사회 심리학 게시판〉 29, no. 3 (2003): 382-392.

19. E. B. Slotter and W. L. Gardner, "당신을 원하는 마음은 나를 어떻게 바꾸는가: 애착 불안이 로맨틱한 관계의 자기 개념 유연성에 미치는 영향", 〈자아 및 정체성〉 11, no. 3 (2012): 386-408.

20. E. B. Slotter and W. L. Gardner, "나쁜 남자(혹은 여자)와의 데이트가 지닌 위험: 로맨틱한 욕망 때문에 잠정적인 상대의 부정적인 특징을 취하게 될 때", 〈실험 사회 심리학 저널〉 48, no. 5 (2012): 1173-1178.

21. D. J. Mashek and M. D. Sherman, 《친밀함 핸드북(Handbook of Closeness and

Intimacy)》중 "친밀한 상대와의 거리 바라기", D. J. Mashek and A. P. Aron 편집 (뉴 저지, 마흐: 로렌스 얼바움 어소시에이츠, 2004년), 343-356.

22. D. Mashek et al., "로맨틱한 관계에서 거리를 두고 싶은 욕망", 〈기본 및 응용 사회 심리학〉 33, no. 4 (2011): 333-345.

23. S. B. Richman et al., "나를 바꿔 다가가다: 사회적 배제는 자기 개념 유연성을 높인 다", 〈실험 사회 심리학 저널〉 57 (2015): 64-77.

24. R. F. Baumeister and M. R. Leary, "소속되고자 하는 욕망: 인간의 기본적인 동기로 서의 대인관계 애착 욕망", 〈심리학 게시판〉 117, no. 3 (1995): 497-529.

25. B. Le et al., "로맨틱한 상대 그리워하기: 원형 분석", 〈대인 관계〉 15, no. 4 (2008): 511-532.

26. B. Le et al., "그리움이 관계를 유지시켜준다: 로맨틱한 상대 그리워하기, 몰입, 관계 유지, 육체적 부정 행위", 〈사회 및 대인 관계 저널〉 28, no. 5 (2011): 653-667.

27. K. J. Bao and S. Lyubomirsky, "오래 가는 관계: 로맨틱한 관계에서 쾌락 적응에 맞 서기", 〈긍정 심리학 저널〉 8, no. 3 (2013): 196-206.

28. L. D. Nelson and T. Meyvis, "소모를 막다: 쾌락 경험 적응 차단하기", 〈마케팅 연구 저널〉 45 (2008): 654-664.

29. L. C. Jiang and J. T. Hancock, "부재는 의사소통을 개선한다: 물리적 분리, 대인관계 미디어, 관계의 친밀감", 〈의사소통 저널〉 63 (2013): 556-577.

30. G. Kelmer et al., "장거리 연애의 관계 질, 몰입, 안정성", 〈가족 절차〉 52, no. 2 (2013): 257-270.

31. D. J. Lindemann, "완주하다: 주말 부부의 개인주의와 상호의존성", 〈결혼 및 가족 저 널〉 79, no. 5 (2017): 1419-1434.

32. L. Stafford, A. J. Merolla, and J. D. Castle, "장거리 연애를 하는 이들이 물리적으로 가까워질 때", 〈사회 및 대인 관계 저널〉 23, no. 6 (2006): 901-919.

33. G. J. Leonardelli, C. L. Pickett, and M. B. Brewer, 《실험 사회 심리학의 발전(Advances in Experimental Social Psychology)》중 "최적의 식별력 이론: 사회 정체성, 사회 인지, 집단 관계 구조", 43권, M. P. Zanna and J. M. Olson 편집(샌디에이고: 아카데믹 프레스, 2010년), 63-113.

34. E. B. Slotter, C. W. Duffy, and W. L. Gardner, "'나'와 '우리' 사이의 균형: 로맨틱한 관계에 존재하는 다양한 동기를 이해하기 위한 최적의 식별력 이론", 〈실험 사회 심 리학 저널〉 52 (2014): 71-81.

35. A. Aron, E. N. Aron, and D. Smollan, "상대를 자아에 포함하기 척도와 대인 관계 친밀함 구조", 〈성격 및 사회 심리학 저널〉 63 (1992): 596-612.

36. C. R. Agnew et al., "인지 상호의존: 친밀한 관계의 몰입과 심적 표상", 〈성격 및 사회 심리학 저널〉 74, no. 4 (1998): 939-954.

37. S. Gächter, C. Starmer, and F. Tufano, "관계의 친밀감 측정하기: '상대를 자아에 포함하기'의 종합적 평가", 〈PLOS 원〉 10, no. 6 (2015).

38. A. Aron et al.,"상호 친밀감 형성 실험: 절차 및 일부 예비 조사 결과", 〈성격 및 사회 심리학 게시판〉 23, no. 4 (1997): 363-377.

39. R. B. Slatcher, "해리와 샐리가 딕과 제인을 만났을 때: 커플 사이에 친밀감 꾀하기", 〈대인 관계〉 17, no. 2 (2010): 279-297.

40. Y. U. Girme, N. C. Overall, and S. Faingataa, "함께 하는 데이트: 함께하는 관계 활동의 유지 기능", 〈대인 관계〉 21, no. 1 (2014): 125-149.

8장 ✦ 싸움은 안 할수록 좋은 거야

1. A. Rauer et al., "행복한 커플이 겪는 결혼 문제는 무엇일까? 다중기법, 두 표본 검증", 〈가족 절차〉(2019년).

2. D. M. Buss, "성별 간 갈등: 전략적 개입 및 분노 환기", 〈성격 및 사회 심리학 저널〉 56, no. 5 (1989): 735-747.

3. L. A. Baxter and W. W. Wilmot, "친밀한 관계에서 금기시되는 주제", 〈사회 및 대인 관계 저널〉 2, no. 3 (1985): 253-269.

4. R. J. Eidelson and N. Epstein, "인지 및 관계 부조화: 역기능적 관계 믿음 측정법 개발", 〈진찰 및 임상 심리학 저널〉 50 (1982): 715-720.

5. H. M. Foran and A. M. S. Slep, "비현실적인 관계 기대의 자기 보고 측정법 입증", 〈심리학 평가〉 19, no. 4 (2007): 382-396.

6. C. E. Clifford et al., "주기적, 비주기적 관계 회피 vs. 결정의 영향 시험", 〈대인 관계〉 24, no. 1 (2017): 223-238.

7. L. K. Knobloch and J. A. Theiss, "관계 불확실성과 교제 중인 관계 대화: 종적 행위자-상대자 상호의존 모형", 〈의사소통 모노그램〉 78, no. 1 (2011): 3-26.

8. M. E. Roloff and D. H. Solomon, "관계 몰입이 불만을 표출하거나 참게 만드는 상황", 〈충돌관리 국제 저널〉 13, no. 3 (2002): 276-291.

9. L. K. Knobloch and D. H. Solomon, "관계 불확실성의 원인 및 내용 측정", 〈의사소통 연구〉 50, no. 4 (1999): 261-278.

10. L. K. Knobloch, "결혼생활의 관계 불확실성", 〈사회 및 대인 관계 저널〉 25, no. 3 (2008): 467-495.

11. A. L. McCurry, P. Schrodt, and A. M. Ledbetter, "로맨틱한 관계에서의 종교적 대화 예측변수로서의 관계 불확실성과 의사소통 효험", 〈사회 및 대인 관계 저널〉 29, no. 8 (2012): 1085-1108.

12. J. M. Gottman, "결혼 파경과 안정성 이론", 〈가족 심리학 저널〉 7 (1993): 57-75.

13. A. Hooper et al., "기본 재고하기: 존 가트맨의 묵시록의 네 기사와 감정적 홍수와의 잠재적 인구학적 차이 이해하기", 〈가족 저널〉 25, no. 3 (2017): 224-229.

14. R. A. Ackerman et al., "청소년기의 긍정적인 양육 환경이 대인 관계에 남긴 유산", 〈심리학 과학〉 24, no. 3 (2013): 243-250.

15. K. Sanford, "커플의 갈등 해결이라는 잠재적 변화 점수 모델: 부정적인 행동은 나쁜 가, 무해한가, 도움이 되는가?", 〈사회 및 대인 관계 저널〉 31, no. 8 (2014): 1068-1088.

16. K. S. Birditt, M. R. Nevitt, and D. M. Almeida, "일상의 대인 관계 대처 전략: 자기 보고된 웰빙 및 코르티솔의 의미", 〈사회 및 대인 관계 저널〉 32, no. 5 (2015): 687-706.

17. N. B. Nichols et al., "커플의 갈등에서 보이는 두 가지 유형의 이탈: 후퇴와 수동적 부동", 〈심리학 평가〉 27, no. 1 (2015): 203-214.

18. L. B. Luchies et al., "호구 효과: 주는 것이 자존감과 자기 개념 명확성에 악영향을 미치는 경우", 〈성격 및 사회 심리학 저널〉 98, no. 5 (2010): 734-749.

19. J. K. McNulty, "용서는 배우자의 일탈 확률을 높인다", 〈가족 심리학 저널〉 24, no. 6 (2010): 787-790.

20. J. K. McNulty, "용서의 부작용: 용서하는 경향을 통해 결혼생활에서 지속되는 심리 적, 신체적 공격을 예측할 수 있다", 〈성격 및 사회 심리학 게시판〉 37, no. 6 (2011): 770-783.

21. J. P. Caughlin and T. D. Golish, "대화 주제 회피와 불만족 간의 관계 분석: 개념적 설명과 대인 관계 설명 비교하기", 〈의사소통 모노그램〉 69, no. 4 (2002): 275-295.

22. Clifford et al., "회피의 영향 시험"

23. C. M. Thompson and A. L. Vangelisti, "로맨틱한 관계에서 개방성의 기준이 충족되 지 못할 때 무슨 일이 일어나는가? 스트레스, 대처, 관계 결과 분석", 〈사회 및 대인 관 계 저널〉 33, no. 3 (2016): 320-343.

24. J. P. Caughlin et al., "다양한 가족 형태에서의 가족 비밀: 의사소통 경계 관리 관점", 〈의사소통 연구〉 51 (2000): 116-134.

25. J. F. Jensen and A. J. Rauer, "내부 바라보기 vs. 외부 바라보기: 청소년의 관계 작업 과 로맨틱한 기능", 〈대인 관계〉 21, no. 3 (2014): 451-467.

26. K. Cortes and A. E. Wilson, "경미한 실수가 또 다른 실수를 낳을 때: 애착 불안, 주 관적 시간, 현재로 침입한 관계의 과거", 〈성격 및 사회 심리학 게시판〉 42, no. 12 (2016): 1693-1708.

27. J. M. Gottman and N. Silver, 《결혼은 왜 성공하거나 실패하는가: 결혼에서 실패하 지 않는 법(Why Marriages Succeed or Fail: And How You Can Make Yours

Last)》(뉴욕: 시몬 앤 슈스터, 1995년)

28. R. L. Weiss, 《관계 개입, 평가, 이론 개발(Advances in Family Intervention, Assessment, and Theory)》 중 "전략적 행동 결혼 테라피: 평가 및 개입 모델을 향하여", 1권, J. P. Vincent 편집(코네티컷, 그린위치: JAI 프레스, 1980년), 229–271.

29. K. Tan, A. M. Jarnecke, and S. C. South, "신혼부부의 충동성, 의사소통, 결혼 만족도", 〈대인 관계〉 24, no. 2 (2017): 423–439.

30. C. R. Agnew et al., "인지 상호의존: 친밀한 관계의 몰입과 심적 표상", 〈성격 및 사회 심리학 저널〉 74, no. 4 (1998): 939–954.

31. E. Auger, T. D. Menzies, and J. E. Lydon, "일상적인 경험과 관계의 웰빙: 관계 정체성의 역설적 효과", 〈성격 저널〉 85, no. 5 (2017): 741–752.

32. S. M. Laurent and M. W. Myers, "당신이 나인 걸 알겠지만 나는 누구인가? 관점 취하기와 상대에게서 자기 보기", 〈실험 사회 심리학 저널〉 47, no. 6 (2011): 1316–1319.

33. E. J. Finkel et al., "갈등 재평가를 위해 잠시 개입할 때 장기적으로 결혼의 질이 유지된다", 〈심리 과학〉 24, no. 8 (2013): 1595–1601.

34. R. D. Rogge et al., "결혼의 고난과 해체를 막으려면 기술 훈련이 필요할까? 3년에 걸쳐 3가지 방법을 살펴본 실험 연구", 〈진찰 및 임상 심리 저널〉 81, no. 6 (2013): 949–961.

35. C. R. Rogers, 《고객 중심적인 테라피: 현 방법, 함의 및 이론(Client-Centered Therapy: Its Current Practice, Implications and Theory)》 (보스턴: 휴튼 미플린, 1951년).

36. R. B. Venaglia and E. P. Lemay Jr., "갈등을 유발하는 상대의 행동에 대한 정확한 인식과 편향된 인식이 감정적 경험을 결정짓는다", 〈사회 및 대인 관계 저널〉 36 (2019): 3293–3312.

37. N. C. Overall and J. K. McNulty, "갈등이 발생할 때 어떠한 유형의 의사소통이 친밀한 관계에 도움이 될까?" 〈심리학 현 의견〉 13 (2017): 1–5.

38. A. M. Gordon and S. Chen, "내가 어디에서 왔는지 당신은 알고 있는가? 이해는 갈등이 관계 만족도에 미치는 부정적인 영향을 막는 데 도움이 된다", 〈성격 및 사회 심리학 저널〉 110, no. 2 (2016): 239–260.

39. Venaglia and Lemay, "정확한 인식과 편향된 인식".

9장 ✦ 항상 나를 응원해주어야 해

1. G. Seidman, "로맨틱한 상대에게 필요한 다섯 가지 핵심 자질", 〈오늘의 심리〉, 2017

년 2월 25일, https://www .psychologytoday.com/us/blog/close-encoun-ters/201702/5 -essential-qualities-romantic-partner.

2. J. A. Hall, "로맨틱한 관계의 유머: 메타 분석", 〈대인 관계〉 24, no. 2 (2017): 306-322.

3. L. Campbell, R. A. Martin, and J. R. Ward, "커플의 갈등을 해결하는 과정에서 유머의 역할을 살펴본 관찰 연구", 〈대인 관계〉 15, no. 1 (2008): 41-55.

4. A. B. Horn et al., "대인 관계 감정 규제로서 커플의 긍정적인 유머: 일상에서 심리학적 친밀감의 중재 역할에 관한 이원 연구", 〈사회 및 대인 관계 저널〉 36, no. 8 (2019): 2376-2396.

5. L. E. Kurtz and S. B. Algoe, "웃음을 활용하자: 관계 웰빙의 행동 지표로서의 웃음 공유", 〈대인 관계〉 22, no. 4 (2015): 573-590.

6. G. G. Gallup Jr. et al., "오르가즘은 여성에게 상대 선택에 관한 피드백을 주는가?", 〈진화 심리학〉 12, no. 5 (2014): 958-978.

7. C. M. Hui et al., "맨해튼 효과: 관계 몰입 때문에 상대의 욕망을 응원하지 못하는 경우", 〈성격 및 사회 심리학 저널〉 106, no. 4 (2014): 546-570.

8. N. Bolger, A. Zuckerman, and R. C. Kessler, "눈에 보이지 않는 응원과 스트레스 적응", 〈성격 및 사회 심리학 저널〉 79, no. 6 (2000): 953-961.

9. Z. Francis, V. Sieber, and V. Job, "당신도 피곤해 보이지만 나도 피곤하다: 의지 이론과 로맨틱한 관계에서 상대를 응원하고자 하는 마음", 〈사회 및 대인 관계 저널〉 37, no. 3 (2019) 738-757.

10. M. Howland and J. A. Simpson, "보이지 않게: 눈에 보이지 않는 응원의 이원적 관점", 〈심리학 과학〉 21, no. 12 (2010): 1878-1885.

11. Y. U. Girme et al., "응원은 눈에 보여야 하는가? 눈에 보이지 않는 일상의 응원은 다음 날 관계의 웰빙을 증진시킨다", 〈가족 심리학 저널〉 32, no. 7 (2018): 882-893.

12. C. L. Gosnell and S. L. Gable, "당신은 나를 고갈시킨다: 긍정적이고 부정적인 사건을 응원하는 것이 자기 통제에 미치는 영향", 〈대인 관계〉 24, no. 3 (2017): 598-622.

13. N. Bolger et al., "보이지 않는 응원과 스트레스 적응".

14. J. A. Williamson et al., "높은 사회적 응원은 긍정적인 기분과 관련 있지만 지나칠 경우 부정적인 기분과 관련 있다", 〈사회 및 대인 관계 저널〉(2019년)

15. Girme et al., "응원은 눈에 보여야 하는가?"

16. P. E. Shrout, C. M. Herman, and N. Bolger, "스트레스에 적응할 때 제공되는 실질적이고 감정적인 응원의 대가와 혜택: 극심한 스트레스를 겪고 있는 커플의 일지 연구", 〈대인 관계〉 13, no. 1 (2006): 115-134.

17. N. Bolger and D. Amarel, "사회적 지지의 가시성이 스트레스 적응에 미치는 영향: 실험 증거", 〈성격 및 사회 심리학 저널〉 92 (2007): 458-475.

18. L. A. Beck and M. S. Clark, "건전한 공동 결혼을 이루는 요소와 관계를 맺는 단계가 중요한 이유", 〈가족 이론 및 리뷰 저널〉 2, no. 4 (2010): 299-315.

19. V. S. Helgeson and H. L. Fritz, "경직된 친화성 이론", 〈성격 및 사회 심리학 리뷰〉 2, no. 3 (1998): 173-183.

20. J. L. Derrick and S. L. Murray, "열등감을 낮춰 관계 인식 개선하기: 애착 성향의 역할", 〈대인 관계〉 14, no. 4 (2007): 531-549.

21. S. Thai et al., "네가 지금보다 발전하는 것이 우리에게 좋다: 로맨틱한 관계에서의 애착 회피와 사회적 비교", 〈사회 및 대인 관계 저널〉 33, no. 4 (2016): 493 -514.

22. M. S. Clark and J. R. Mills, 《사회 심리학 이론 핸드북(Handbook of Theories of Social Psychology)》 중 "공동(그리고 교환) 관계 이론", P. M. Van Lange et al. 편집 (캘리포니아, 사우전드 오크스: 세이지 출판사, 2012년), 232-250.

23. M. J. Bresnahan, H. C. Chiu, and T. R. Levine, "태국과 미국의 공동 성향과 교환적인 성향의 예측 변수로서의 자아 해석", 〈아시아 사회 심리학 저널〉 7, no. 2 (2004): 187-203.

24. S. N. Jarvis, J. McClure, and N. Bolger, "교환 성향이 로맨틱한 커플의 일상적인 갈등과 친밀감에 미치는 영향 살펴보기", 〈사회 및 대인 관계 저널〉, (2019년).

25. Clark and Mills, "공동(그리고 교환) 관계 이론".

26. 상동.

27. R. T. Pinkus et al., "좋든 싫든: 로맨틱한 커플 간의 일상적인 사회 비교", 〈성격 및 사회 심리학 저널〉 95, no. 5 (2008): 1180-1201.

28. J. Mills et al., "공동의 힘 측정", 〈대인 관계〉 11, no. 2 (2004): 213-230.

29. L. Campbell and T. Marshall, "불안 애착과 관계 절차: 상호작용주의자 관점", 〈성격 저널〉 79, no. 6 (2011): 917-947.

30. R. L. Brock and E. Lawrence, "좋은 것도 지나치면 좋지 않다: 상대의 부족한 응원 vs. 지나친 응원", 〈가족 심리학 저널〉 23, no. 2 (2009): 181-192.

31. R. S. Lazarus and S. Folkman, 《스트레스, 평가, 대처하기(Stress, Appraisal, and Coping)》 (뉴욕: 스프린저 출판사, 1984년).

32. K. R. Blake et al., "관계 평가와 인지 재평가는 친밀한 관계에서 벌어지는 공격과 폭력적인 행동 성향의 부정적인 영향을 완화한다", 〈폭력 심리학〉 8, no. 2 (2018): 218-228.

33. B. C. Feeney and E. P. Lemay Jr., "관계의 위험 극복하기: 감정 자원의 역할", 〈성격 및 사회 심리학 게시판〉 38, no. 8 (2012): 1004-1017.

34. C.M.WalshandL.A.Neff, "관계 투자의 중요성: 감정 자원과 상대의 잘못에 대한 반응", 〈사회 및 대인 관계 저널〉(2019년).

35. T. N. Bradbury and F. D. Fincham, "결혼의 속성: 점검 및 비판", 〈심리학 게시판〉

107, no. 1 (1990): 3 -33.

36. F. D. Fincham, 《사회 인지(Social Cognition)》 중 "친밀한 관계의 속성: 분열에서 통합까지", M. B. Brewer and M. Hewstone 편집(매사추세츠, 몰든: 블랙웰 출판사, 2004년), 165-193.

37. J. N. Hook et al., "특정한 모욕과 용서의 부정적인 내부 인과적 속성", 〈대인 관계〉 22, no. 3 (2015): 449-459.

38. J. M. Graham and C. W. Conoley, "삶의 스트레스 인자와 결혼 질의 관계에서 결혼의 속성이 맡은 역할", 〈대인 관계〉 13, no. 2 (2006): 231-241.

39. J. A. Durtschi et al., "결혼 초기의 이원 절차: 속성, 행동, 결혼 질", 〈가족 관계: 응용 가족 연구 학제간 저널〉 60, no. 4 (2011): 421-434.

40. Brock and Lawrence, "좋은 것도 지나치면 좋지 않다".

41. M. Parise et al., "급류 속에서 차분해지기: 낙관주의와 뒤로 물러나는 상대", 〈대인 관계〉 24, no. 1 (2017): 131-145.

42. S. Srivastava et al., "친밀한 관계에서의 낙관주의: 긍정적으로 상황을 바라보는 태도가 삶에 미치는 영향", 〈성격 및 사회 심리학 저널〉 91, no. 1 (2006): 143-153.

43. S. Allen, "감사의 과학", 캘리포니아 대학교 버클리 캠퍼스, 대의 과학 센터, 존 템플턴 재단을 위해 준비한 백서, 2018년, https://ggsc.berkeley.edu/images/uploads/GGSC-JTF_White_Paper-Gratitude -FINAL.pdf.

44. J. K. McNulty and A. Dugas, "감사를 향한 이원적 관점은 감사의 이득과 대가를 이해하는 데 도움이 된다: 감사하지 않는 마음이 '약한 연결고리'로 작용함을 보여주는 증거", 〈가족 심리학 저널〉, 33, no. 7 (2019): 876-881.

45. B. L. Fredrickson, "긍정 심리학에서 긍정적인 감정의 역할: 긍정적인 감정을 확장하고 쌓는 이론", 〈미국 심리학자〉 56, no. 3 (2001): 218-226.

46. S. L. Gable, G. C. Gonzaga, and A. Strachman, "일이 잘 풀릴 때 곁에 있어줄래? 긍정적인 사건을 향한 상대의 응원", 〈성격 및 사회 심리학 저널〉 91, no. 5 (2006): 904-917.

47. B. J. Peters, H. T. Reis, and S. L. Gable, "좋은 것을 더 좋게: 대인 관계 자본화 점검 및 이론 모형", 〈사회 및 성격 심리학 컴퍼스〉 (2018년).

48. A. F. Pagani et al., "당신이 나의 행복을 공유하면 당신은 나의 일부가 된다: 자본화와 커플 정체성 경험", 〈성격 및 사회 심리학 게시판〉 (2019년).

10장 ✦ 헤어지게 되면 나는 무너질 거야

1. L. Lee, "이별 절차: 개인적인 (로맨틱한) 관계 종식 점검 구조", 〈사회 및 대인 관계

저널〉 1, no. 1 (1984): 49-73.

2. A. J. Stewart et al., 《함께 이별하기: 이혼은 가족을 어떻게 바꾸는가(Separating To-gether: How Divorce Transforms Families)》 (뉴욕: 길포드 프레스, 1997년).

3. C. E. Rusbult, C. R. Agnew, and X. B. Arriaga, 《사회 심리학 이론 핸드북(Handbook of Theories of Social Psychology)》 2권 중 "몰입 절차 투자 모델", P. A. M. Van Lange, A. W. Kruglanski, and E. T. Higgins 편집 (캘리포니아, 사우전드 오크스: 세이지 출판사, 2012년), 218-231.

4. H. Garland, "이미 많은 돈을 낭비한 것에 돈을 더 쓰기: 지속적인 프로젝트에 더 많이 투자하겠다는 결정에 매몰 비용이 미치는 영향", 〈응용 심리학 저널〉 75, no. 6 (1990): 728-731.

5. S. Joel et al., "남겠다는/떠나겠다는 결정은 얼마나 상호의존적인가? 상대를 위해 관계를 지속하는 결정에 관하여", 〈성격 및 사회 심리학 저널〉 115, no. 5 (2018): 805-824.

6. D. M. Tice and E. Bratslavsky, "기분 좋아지기 위해 주다: 일반적인 자기 통제 맥락에서 감정 통제의 위치", 〈심리학 연구〉 11, no. 3 (2000): 149-159.

7. G. W. Lewandowski Jr. et al., "자기 확장적 관계 잃기: 자기 개념에 미치는 영향", 〈대인 관계〉 13, no. 3 (2006): 317-331.

8. E. B. Slotter and W. L. Gardner, "너를 바라는 것이 나를 어떻게 변화시키는가: 애착 불안이 로맨틱한 관계에서의 자기 개념 유연성에 미치는 영향", 〈자아 및 정체성〉 11, no. 3 (2012): 386-408.

9. A. Manvelian et al., "당신과 함께, 당신 없이? 이혼 후 찾아오는 자아 상실", 〈사회 및 임상 심리학 저널〉 37, no. 4 (2018): 297-324.

10. P. W. Eastwick et al., "이별 후에 찾아오는 고통 예측 실패: 시간 경과에 따른 감정 예측 실수", 〈실험 사회 심리학〉 44, no. 3 (2008): 800-807.

11. N. Hsieh and L. Hawkley, "나이든 사람들의 결혼에서 나타나는 외로움: 이원적 혐오, 무관심, 애매모호함의 상관 관계", 〈사회 및 대인 관계 저널〉 35, no. 10 (2018): 1319-1339.

12. S. Gomillion, S. L. Murray, and V. M. Lamarche, "날개를 들어 올려주는 바람 잃기: 연인과의 이별이 목표 성취에 미치는 잠정적인 영향", 〈사회 심리학 및 성격 과학〉 6, no. 5 (2015): 513-520.

13. S. S. Spielmann et al., "홀로되기가 두려워 만족스럽지 못한 관계에 정착하기", 〈성격 및 사회 심리학 저널〉 105 (2013): 1049-1073.

14. X. B. Arriaga et al., "개인의 웰빙과 관계 유지의 불화: 공격적인 상대와 관계를 유지할 때 겪게 되는 예상치 못한 위험", 〈사회 심리학 및 성격 과학〉 4, no. 6 (2013): 676-684.

15. A. Duckworth, 《그릿: IQ, 재능, 환경을 뛰어넘는 열정적 끈기의 힘》 (뉴욕: 스크리 브너, 2016년).

16. G. M. Lucas et al., "상황이 안 좋을 때: 투지는 쓸데없는 인내심을 발휘하게 만든다", 〈성격 연구 저널〉 59 (2015): 15-22.

17. A. Larbi and C. Fons-Rosen, "언제 그만둘지 알고 있다: 투지 요인"(조사 보고서, 899, 바르셀로나 경영대학원, 2016년), https://www.eui.eu/Documents/Depart-ments Centres/Economics/Seminarsevents/Alaoui-paper.pdf.

18. T. Halkjelsvik and J. Rise, "지루한 임무를 완수하기 위한 비합리적인 결정의 지속 동기", 〈성격 및 사회 심리학 게시판〉 41, no. 1 (2015): 90-102.

19. Lee, "이별 절차"

20. T. C. Marshall, "과거 연인의 페이스북 감시: 이별 후 회복과 개인 성장과의 연관성", 〈사이버심리학, 행동, 사회 연결망〉 15, no. 10 (2012): 521-526.

21. S. Sprecher, C. Zimmerman, and E. M. Abrahams, "인간적인 이별 방법 선택하기: 상대를 향한 온정적인 사랑의 영향과 이별하는 이유", 〈사회 심리학〉 41, no. 2 (2010): 66-75.

22. R. L. Griffith et al., "과거 연인과 친구로 남기: 예측 변수, 이유, 결과", 〈대인 관계〉 24, no. 3 (2017): 550-584.

23. R. M. Dailey et al., "헤어졌다 반복하는 관계: 다른 관계와 어떻게 다를까?", 〈대인 관계〉 16, no. 1 (2009): 23-47.

24. L. F. O'Sullivan et al., "좋은 사람은 얼마든지 있다: 회복력 있는 성격은 청년기에 로맨틱한 관계의 이별을 경험한 뒤 적응하는 데 얼마나 도움이 될까?", 〈청소년 저널〉 48, no. 5 (2019): 949-962.

25. G. W. Lewandowski Jr., "관계 해체와 자기 개념: 대인 관계 친밀감과 자기 확장의 역할" (스토니 브룩 대학교 박사 논문, 2002년).

26. T. Tashiro and P. Frazier, "이러한 관계는 다시는 없을 거야: 로맨틱한 관계가 끝난 이후에 이루어지는 개인적인 성장", 〈대인 관계〉 10 (2003): 113-128.

27. G. W. Lewandowski Jr. and N. Bizzoco, "덜어냄으로써 더 얻기: 질 낮은 관계가 끝난 후에 찾아오는 성장", 〈긍정 심리학 저널〉 2, no. 1 (2007): 40-54.

28. P. T. Costa Jr. et al., "중년기의 성격: 안정성, 본질적인 성숙, 삶의 사건을 대하는 태도", 〈평가〉 7, no. 4 (2000): 365-378.

29. J. Specht, B. Egloff, and S. C. Schmukle, "안정성과 평생의 성격 변화: 나이와 삶의 주요 사건이 5가지 성격 특성 요소의 평균 수치와 순위 안정성에 미치는 영향", 〈성격 및 사회 심리학 저널〉 101, no. 4 (2011): 862-882.

30. G. M. Larson and D. A. Sbarra, "로맨틱한 관계 이별 연구에 참여할 경우 자기 개념 명확성의 변화를 통한 정서 회복에 도움이 된다", 〈사회 심리학 및 성격 과학〉 6, no.

4 (2015): 399-406.

31. D. M. Wegner, "정신 통제라는 아이러니한 과정", 〈심리학 리뷰〉 101 (1994): 34-52.

32. Lewandowski and Bizzoco, "덜어냄으로써 더 얻기".

33. G. W. Lewandowski Jr., "글쓰기를 통해 이별 후 긍정적인 감정 증진하기", 〈긍정 심리학 저널〉 4, no. 1 (2009): 21-31.

34. E. B. Slotter and D. E. Ward, "한 가닥 희망: 구원하는 서사와 인지 재평가가 로맨틱한 관계가 끝난 뒤 개인이 겪는 정신적인 고통에서 갖는 상대적인 역할", 〈사회 및 대인 관계 저널〉 32, no. 6 (2015): 737-756.

35. D. A. Sbarra et al., "표현적인 글쓰기는 이혼 후의 정서 회복에 방해가 된다", 〈임상 실험 과학〉 1, no. 2 (2013): 120-134.

36. Lewandowski and Bizzoco, "덜어냄으로써 더 얻기".

옮긴이 **이지민**

번역가이자 작가. 책을 읽고 글을 쓰는 일을 하고 싶어 5년 동안 다닌 직장을 그만두고 번역가가 되었다. 고려대학교에서 건축공학을, 이화여자대학교 통번역대학원에서 번역을 공부했으며 현재 뉴욕에 살고 있다. 《영원히 사울 레이터》, 《아트 하이딩 인 뉴욕》, 《마이 시스터즈 키퍼》, 《망각에 관한 일반론》, 《근원의 시간 속으로》, 《엘크 머리를 한 여자》 등 60권 가량의 책을 우리말로 옮겼으며 저서로는 《그래도 번역가로 살겠다면》, 《어른이 되어 다시 시작하는 나의 사적인 영어 공부》, 《브루클린 동네책방에는 커피를 팔지 않는다》가 있다.

사랑에 관한 오해

1판 1쇄 발행 2022년 4월 27일
1판 2쇄 발행 2022년 8월 4일

지은이 개리 르완도스키
옮긴이 이지민

발행인 양원석 **편집장** 정효진 **책임편집** 한지연
디자인 김유진, 김미선 **해외저작권** 임이안, 함지영 **영업마케팅** 양정길, 윤송, 김지현

펴낸 곳 ㈜알에이치코리아
주소 서울시 금천구 가산디지털2로 53, 20층 (가산동, 한라시그마밸리)
편집문의 02-6443-8859 **도서문의** 02-6443-8800
홈페이지 http://rhk.co.kr
등록 2004년 1월 15일 제2-3726호

ISBN 978-89-255-7841-5 (03180)